Der insolvenzrechtliche Rangrücktritt durch Nichtgesellschafter

Schriften zum Gesellschaftsrecht und Unternehmensinsolvenzrecht

Herausgegeben von Hans-Friedrich Müller und Peter Reiff

Band 3

PL ACADEMIC RESEARCH

Teresa Trutnau

# Der insolvenzrechtliche Rangrücktritt durch Nichtgesellschafter

## Notwendigkeit, Grenzen und Auswirkungen der Erweiterung der gesetzlichen Rechtsfolgen mittels ergänzender Vereinbarung

PL ACADEMIC RESEARCH

**Bibliografische Information der Deutschen Nationalbibliothek**
Die Deutsche Nationalbibliothek verzeichnet diese Publikation in der Deutschen Nationalbibliografie; detaillierte bibliografische Daten sind im Internet über http://dnb.d-nb.de abrufbar.

Zugl.: Tübingen, Univ., Diss., 2016

D 21
ISSN 2366-729X
ISBN 978-3-631-67901-2 (Print)
E-ISBN 978-3-653-07070-5 (E-Book)
E-ISBN 978-3-631-69503-6 (EPUB)
E-ISBN 978-3-631-69504-3 (MOBI)
DOI 10.3726/978-3-653-07070-5


PL Academic Research ist ein Imprint der Peter Lang GmbH.

Peter Lang – Frankfurt am Main · Bern · Bruxelles · New York · Oxford · Warszawa · Wien



Diese Publikation wurde begutachtet.

www.peterlang.com

# Vorwort

Die vorliegende Arbeit wurde im Wintersemester 2015/2016 von der Juristischen Fakultät der Eberhard Karls Universität Tübingen als Dissertation angenommen. Das Manuskript wurde im September 2015 abgeschlossen. Nachfolgende Entwicklungen in Rechtsprechung und Literatur wurden nicht mehr berücksichtigt.

Mein Dank gilt all jenen, die mich bei der Erstellung der Arbeit unterstützt haben, sei es durch Anregungen, Ratschläge und wertvolle Hinweise oder auch durch Ermunterungen und teilweise notwendige Ablenkung.

Insbesondere danke ich meinem Doktorvater, Prof. Dr. Dipl.-Kfm. Christoph Thole, für die gewinnbringenden Denkanstöße, aber gleichzeitig auch dafür, dass er mir die nötige Freiheit bei der Erarbeitung gewährt hat. Ihm und Prof. Dr. Jan Schürnbrand danke ich überdies für die zügige Erstellung der Erst- und Zweitgutachten. Weiterhin danke ich Prof. Dr. Peter Reiff und Prof. Dr. Hans-Friedrich Müller, LL.M für die Aufnahme der Arbeit in die vorliegende Schriftenreihe.

Danken möchte ich ferner meinen Kollegen, Dr. Anne-Kathrin Bettecken und Dr. Daniel Schillerwein, die mir häufig als Diskussionspartner zur Verfügung standen und mir dadurch neue Sichtweisen auf Problemstellungen ermöglicht haben.

Dr. Christoph Bopp danke ich für die Geduld und unersetzliche Aufmunterungen, vor allem in den beschwerlichen Phasen.

Der größte Dank gilt meinen Eltern Dorothea Eble-Trutnau und Dr. Günter Trutnau für die ideelle, fachliche und finanzielle Unterstützung während meiner gesamten Ausbildung im Allgemeinen und im Besonderen für die Förderung der Arbeit durch mehrfaches Korrekturlesen.

Stuttgart, im Juni 2016 *Teresa Trutnau*

# Inhaltsübersicht

# Inhaltsverzeichnis

# Abkürzungsverzeichnis

| | |
|---|---|
| a.A. | anderer Ansicht |
| Abs. | Absatz |
| a.F. | alte Fassung |
| AG | Die Aktiengesellschaft |
| AG | Amtsgericht |
| AktG | Aktiengesetz |
| Anm. | Anmerkung |
| arg. e. | Argument aus |
| Art. | Artikel |
| Aufl. | Auflage |
| BaFin | Bundesanstalt für Finanzdienstleistungsaufsicht |
| BB | Betriebsberater |
| BFH | Bundesfinanzhof |
| BGB | Bürgerliches Gesetzbuch |
| BGBl. | Bundesgesetzblatt |
| BGH | Bundesgerichtshof |
| BilanzR | Bilanzrecht |
| BMF | Bundesministerium der Finanzen |
| bspw. | beispielsweise |
| BT-Drs. | Deutscher Bundestag Drucksache |
| bzw. | beziehungsweise |
| DB | Der Betrieb |
| Diss. | Dissertation |
| DStR | Deutsches Steuerrecht |
| ebd. | ebenda |
| Erg.-Band | Ergänzungsband |
| EStG | Einkommensteuergesetz |
| EWiR | Entscheidungen zum Wirtschaftsrecht |
| f. | folgende/r/s |
| ff. | folgende |
| FG | Finanzgericht |
| FK-InsO | Frankfurter Kommentar zur Insolvenzordnung |
| FMStG | Finanzmarktstabilisierungsgesetz |
| FMStGErgG | Finanzmarktstabilisierungsergänzungsgesetz |
| Fn. | Fußnote |

| | |
|---|---|
| FS | Festschrift |
| GG | Grundgesetz |
| GmbHG | Gesetz betreffend die Gesellschaften mit beschränkter Haftung |
| GmbHR | GmbH-Rundschau |
| GmbH-StB | GmbH-Steuerberater |
| HGB | Handelsgesetzbuch |
| HK-InsO | Insolvenzordnung (Heidelberger Kommentar) |
| h.M. | herrschende Meinung |
| Hrsg. | Herausgeber/herausgegeben |
| IDW | Institut der Wirtschaftsprüfer |
| InsO | Insolvenzordnung |
| InsO-E | Insolvenzordnung Entwurf |
| i.V.m. | in Verbindung mit |
| JZ | Juristenzeitung |
| KO | Konkursordnung |
| KPB | Kübler/Prütting/Bork Kommentar zur Insolvenzordnung |
| KStG | Körperschaftsteuergesetz |
| KTS | Zeitschrift für Insolvenzrecht |
| MDR | Monatsschrift für Deutsches Recht |
| MoMiG | Gesetz zur Modernisierung des GmbH-Rechts und zur Bekämpfung von Missbräuchen |
| MüKo | Münchener Kommentar |
| n.F. | neue Fassung |
| NJW | Neue Juristische Wochenschrift |
| NJW-RR | Neue Juristische Wochenschrift Rechtsprechungs-Report Zivilrecht |
| Nr. | Nummer |
| NWB | Neue Wirtschafts-Briefe |
| NZG | Neue Zeitschrift für Gesellschaftsrecht |
| NZI | Neue Zeitschrift für das Recht der Insolvenz und Sanierung |
| o.ä. | oder ähnliches |
| OLG | Oberlandesgericht |
| RegE | Regierungsentwurf |
| Rn. | Randnummer |
| S. | Seite/Satz |
| s. | siehe |
| s.o. | siehe oben |

| | |
|---|---|
| sog. | sogenannt |
| v. | von/vom |
| Verf. | Verfasser |
| VermAnlG | Vermögensanlagengesetz |
| vgl. | vergleiche |
| Vorbem. | Vorbemerkung |
| WM | Zeitschrift für Wirtschafts- und Bankrecht |
| WPg | Die Wirtschaftsprüfung |
| WpPG | Wertpapierprospektgesetz |
| ZGR | Zeitschrift für Unternehmens- und Gesellschaftsrecht |
| ZHR | Zeitschrift für das gesamte Handels- und Wirtschaftsrecht |
| ZInsO | Zeitschrift für das gesamte Insolvenzrecht |
| ZIP | Zeitschrift für Wirtschaftsrecht |
| zit. | zitiert |
| ZWH | Zeitschrift für Wirtschaftsstrafrecht und Haftung im Unternehmen |
| ZZP | Zeitschrift für Zivilprozess |

# Literaturverzeichnis


*Adloff, Johannes*: Der Rangrücktritt zur Vermeidung der Insolvenz, in: Festschrift für Hans-Jürgen Hellwig zum 70. Geburtstag, hrsg. v. Hoffmann-Becking, Michael / Hommelhoff, Peter / Graf von Westphalen, Friedrich, Köln 2010, S. 433–443 (zit.: *Adloff* in FS Hellwig).

*Ahrens, Martin / Gehrlein, Markus / Ringstmeier, Andreas*: Fachanwaltskommentar Insolvenzrecht, 2. Auflage, Köln 2014 (zit.: A/G/R-*Bearbeiter*, InsO).

*Altmeppen, Holger*: Die rätselhafte Haftung von Geschäftsleitern für insolvenzbegründende „Zahlungen" an Gesellschafter, in: Festschrift für Uwe Hüffer zum 70. Geburtstag, hrsg. v. Kindler, Peter/Koch, Jens u.a., München 2010, S. 1–14 (zit.: *Altmeppen* in FS Hüffer).

–: Ist das besicherte Gesellschafterdarlehen im Insolvenzverfahren der Gesellschaft subordiniert oder privilegiert?, ZIP 2013, 1745.

–: Überflüssigkeit der Anfechtung von Sicherheiten für Gesellschafterdarlehen, NZG 2013, 441.

*Altmeppen, Holger / Roth, Günter*: Gesetz betreffend die Gesellschaften mit beschränkter Haftung (GmbHG), 7. Auflage, München 2012 (zit.: *Bearbeiter* in Altmeppen/Roth, GmbHG).

*Andres, Dirk / Leithaus, Rolf / Dahl, Michael*: Insolvenzordnung, 3. Auflage, München 2014 (zit.: *Bearbeiter* in Andres/Leithaus, InsO).

*Bamberger, Georg / Roth, Herbert (Hrsg.)*: Kommentar zum Bürgerlichen Gesetzbuch, 3. Auflage, München 2012 (zit.: Bamberger/Roth/*Bearbeiter*, BGB).

*Baetge, Jörg / Brüggemann, Benedikt*: Ausweis von Genussrechten auf der Passivseite der Bilanz des Emittenten, DB 2005, 2145.

*Baumbach, Adolf / Hopt, Klaus*: Handelsgesetzbuch, 36. Auflage, München 2014 (zit.: Baumbach/Hopt/*Bearbeiter*, HGB).

*Baumbach, Adolf / Hueck, Alfred*: Kommentar GmbHG, 20. Auflage, München 2013 (zit.: Baumbach/Hueck/*Bearbeiter*, GmbHG).

*Baums, Theodor*: Haftung wegen Falschinformation des Sekundärmarkts, ZHR 167 (2003), 139.

*Bayer, Walter*: Emittentenhaftung versus Kapitalerhaltung, WM 2013, 961.

*Berndt, Thomas*: Bilanzielle Behandlung von Rangrücktrittsvereinbarungen, BB 2006, 2744.

*Bitter, Georg*: Insolvenzanfechtung nach § 135 InsO bei freiwilligem Rangrücktritt?, ZIP 2013, 2.

–: Anfechtung von Sicherheiten für Gesellschafterdarlehen, ZIP 2013, 1497.

–: Wirksamkeit von Rangrücktritten und vorinsolvenzlichen Durchsetzungssperren, ZIP 2015, 345.

*Bitter, Georg / Hommerich, Christoph*: Die Zukunft des Überschuldungsbegriffs Expertenbefragung im Auftrag des Bundesministeriums der Justiz – Abschlussbericht vom 15. Mai 2012 – (zit.: *Bitter/Hommerich*, Überschuldungsbegriff).

*Bitter, Georg / Rauhut, Tilman*: Zahlungsunfähigkeit wegen nachrangiger Forderungen, insbesondere aus Genussrechten, ZIP 2014, 1005.

*Bloß, Henning / Zugelder, Stefanie*: Auswirkungen des insolvenzrechtlichen Nachrangs auf Sicherheiten, NZG 2011, 332.

*Bork, Reinhard*: Anfechtung bei Rücktritt in den Rang des § 39 Abs. 1 Nr. 4½ InsO, ZIP 2012, 2277.

–: Genussrechte und Zahlungsunfähigkeit, ZIP 2014, 997.

*Bork, Reinhard / Schäfer, Carsten (Hrsg.)*: Kommentar zum GmbH-Gesetz, 2. Auflage, Köln 2012 (zit.: Bork/Schäfer/*Bearbeiter*, GmbHG).

*Bormann, Michael*: Passivierungspflicht für eigenkapitalersetzende Gesellschafterdarlehen, GmbHR 2001, 689.

*Bösl, Konrad / Schimpfky, Peter / von Beauvais, Ernst-Albrecht (Hrsg.)* Fremdfinanzierung für den Mittelstand, 1. Auflage, München 2014 (zit.: *Bearbeiter* in Bösl/Schimpfky/Beauvais, Fremdfinanzierung).

*Braun, Eberhard (Hrsg.)*: Insolvenzordnung, 6. Auflage, München 2014 (zit.: Braun/*Bearbeiter*, InsO).

*Braun, Norbert*: Bilanzielle Behandlung von Gesellschafterdarlehen mit Rangrücktrittsklausel, DStR 2012, 1360.

*Bruse, Matthias*: Zur Berücksichtigung Allgemeiner Geschäftsbedingungen bei der Sittenwidrigkeitskontrolle von Konsumentenkreditverträgen, BB 1986, 478.

*Bunnemann, Jan / Zirngibl, Nikolas (Hrsg.)*: Die Gesellschaft mit beschränkter Haftung in der Praxis, 2. Auflage, München 2011 (zit.: Bunnemann/Zirngibl/*Bearbeiter*, Die GmbH in der Praxis).

*Bünning, Martin*: Passivierungsaufschub bei sog. Hybridanleihen und –darlehen, BB 2014, 2267.

*Buschmann, Marco*: Finanzplankredit und MoMiG, NZG 2009, 91.

*Canaris, Claus-Wilhelm*: Der Zinsbegriff und seine rechtliche Bedeutung, NJW 1978, 1891.

*Canaris, Claus-Wilhelm / Larenz, Karl*: Methodenlehre der Rechtswissenschaft, 3. Auflage, Berlin, Heidelberg 1995 (zit.: *Canaris/Larenz*, Methodenlehre).

*Dahl, Michael / Schmitz, Jan*: Probleme von Überschuldung und Zahlungsunfähigkeit nach FMStG und MoMiG, NZG 2009, 567.

*Diem, Andreas*: Akquisitionsfinanzierungen, 3. Auflage, München 2013 (zit.: *Diem*, Akquisitionsfinanzierungen).

*Dittmer, Jana*: Die Feststellung der Zahlungsunfähigkeit von Gesellschaften mit beschränkter Haftung, Diss., Tübingen 2013 (zit.: *Dittmer*, Die Feststellung der Zahlungsunfähigkeit).

*Duss, Marco*: Gedanken zu einem Rangrücktritt des Gläubigers bei Überschuldung einer Aktiengesellschaft nach schweizerischem Recht, AG 1973, 133.

*Eidenmüller, Horst*: Die GmbH im Wettbewerb der Rechtsformen, ZGR 2007, 168.

*Ekkenga, Jens*: Sachkapitalerhöhung gegen Schuldbefreiung, ZGR 2009, 581.

*Fedke, Tibor*: Konzerninnenfinanzierung nach dem MoMiG in insolvenznahen Szenarien, NZG 2009, 928.

*Fleischer, Holger*: Finanzplankredite und Eigenkapitalersatz im Gesellschaftsrecht, *Diss.*, Köln; Berlin; Bonn; München 1995 (zit.: *Fleischer*, Finanzplankredite und Eigenkapitalersatz).

–: Eigenkapitalersetzende Gesellschafterdarlehen und Überschuldungsstatus, ZIP 1996, 773.

–: Der Finanzplankredit im Gesamtgefüge der einlagegleichen Gesellschafterleistungen – Zugleich eine Besprechung von BGH, Urteil vom 28.6.1999, II ZR 272–98 –, DStR 1999, 1774.

*Frystatzki, Christian*: Insolvenzrechtliche Anforderungen an Rangrücktrittsvereinbarungen, NZI 2013, 609.

*Führ, Thorsten / Wahl, Axel*: Die Auswirkungen des MoMiG auf abgetretene Gesellschafterdarlehensforderungen, NZG 2010, 889.

*Funk, Thomas*: Der Rangrücktritt bei Gesellschafterdarlehen nach MoMiG im Steuerrecht, BB 2009, 867.

*Gehrlein, Markus*: Die Behandlung von Gesellschafterdarlehen durch das MoMiG, BB 2008, 846.

–: Das Eigenkapitalersatzrecht im Wandel seiner gesetzlichen Kodifikationen, BB 2011, 3.

–: BB-Rechtsprechungsreport zur Unternehmensinsolvenz 2010, BB 2011, 1539.

*Gehrlein, Markus / Ekkenga, Jens / Simon, Stefan*: Gesetz betreffend die Gesellschaften mit beschränkter Haftung, Kommentar, 2. Auflage, Köln 2014 (zit.: *Bearbeiter* in Gehrlein/Ekkenga/Simon, GmbHG).

*Geiser, Gordon*: Die zeitliche Reichweite der Rangrücktrittsvereinbarung in Bezug auf Forderungen aus Gesellschafterdarlehen nach § 19 II 2 InsO – Redaktionsversehen oder bewusste Abkehr?, NZI 2013, 1056.

*Gottwald, Peter (Hrsg.)*: Insolvenzrechts-Handbuch, 5. Auflage, München 2015 (zit.: Gottwald/*Bearbeiter*, Insolvenzrechts-Handbuch).

*Graf-Schlicker, Marie Luise (Hrsg.)*: Kommentar zur Insolvenzordnung, 4. Auflage, Köln 2014 (zit.: Graf-Schlicker/*Bearbeiter*, InsO).

*Groh, Manfred*: Eigenkapitalersatz in der Bilanz, BB 1993, 1882.

*Gundlach, Ulf / Frenzel, Volkhard / Strandmann, Uwe*: Die Insolvenzverwaltung nach den Änderungen durch das MoMiG, NZI 2008, 647.

*Gundlach, Ulf / Müller, Udo*: Das Insolvenzantragsrecht eines nachrangigen Insolvenzgläubigers im Fall des qualifizierten Rangrücktritts, ZInsO 2011, 84.

*Guski, Roman*: Das rechtliche Interesse beim Insolvenzantrag, WM 2011, 103.

*Haack, Michael*: Der Forderungsrücktritt als Mittel einer Überschuldungsbeseitigung, KTS 1980, 309.

*Haas, Ulrich*: Eigenkapitalersetzende Gesellschafterdarlehen und Feststellung der Überschuldung oder Zahlungsunfähigkeit, NZI 1999, 209.

–: Das neue Kapitalersatzrecht nach dem RegE-MoMiG, ZInsO 2007, 617.

–: Die Passivierung von Gesellschafterdarlehen in der Überschuldungsbilanz nach MoMiG und FMStG, DStR 2009, 326.

*Haas, Ulrich / Scholl, Stefanie*: Drohverlustrückstellungen in der Überschuldungsbilanz und deren Neutralisation durch Rangrücktrittsvereinbarungen, ZInsO 2002, 645.

*Habersack, Mathias*: Die Bürgschaft für eine nachrangige Forderung, in: Festschrift Graf von Westphalen, hrsg. v. Genzow, Christian / Grunewald, Barbara / Schulte-Nölke, Hans, Köln 2010, S. 273–287 (zit.: *Habersack* in FS Graf v. Westphalen).

–: Grundfragen der freiwilligen oder erzwungenen Subordination von Gesellschafterkrediten, ZGR 2000, 384.

–: Gesellschafterdarlehen nach dem MoMiG: Anwendungsbereich, Tatbestand und Rechtsfolgen der Neuregelung, ZIP 2007, 2145.

*Häsemeyer, Ludwig*: Beteiligtenverhalten im Zivilrechtsstreit, ZZP 118 (2005), 265.

*Häuselmann, Holger*: Rangrücktritt versus Forderungsverzicht mit Besserungsabrede, BB 1993, 1552.

*Heerma, Jan Dirk*: Passivierung bei Rangrücktritt: widersprüchliche Anforderungen an Überschuldungsbilanz und Steuerbilanz?, BB 2005, 537.

*Heilmann, Hans*: Der Vertrag zugunsten Dritter – ein schuldrechtliches Verfügungsgeschäft, NJW 1968, 1853.

–: Der Vertrag zugunsten Dritter im Insolvenzrecht, KTS 1972, 14.

*Henkel, Andreas / Wentzler, Jochen*: Die rechtssichere Gestaltung des Rangrücktritts, GmbHR 2013, 239.

*Henle, Walter / Bruckner, Volkmar*: Zur Wirkung qualifizierter Rangrücktrittserklärungen auf das Innenverhältnis der Gesellschafter in der Insolvenz der Gesellschaft, ZIP 2003, 1738.

*Henssler, Martin / Strohn, Lutz (Hrsg.)*: Gesellschaftsrecht, 2. Auflage, München 2014 (zit.: Henssler/Strohn/*Bearbeiter*, Gesetz).

*Herget, Rudolf*: Das Zurücktreten mit Forderungen bei Überschuldung der Aktiengesellschaft, AG 1974, 137.

*Herlinghaus, Andreas*: Forderungsverzichte und Besserungsvereinbarungen zur Sanierung von Kapitalgesellschaften, Diss., Bonn 1994 (zit.: *Herlinghaus*, Forderungsverzichte).

*Herr, Sascha / Bantleon, Ulrich*: Crowdinvesting als alternative Unternehmensfinanzierung – Grundlagen und Marktdaten in Deutschland, DStR 2015, 532.

*Hess, Harald*: Kommentar zur Insolvenzordnung, Heidelberg, München, Landsberg, Frechen, Hamburg 1999 (zit.: *Hess*, InsO (1999)).

–: Insolvenzrecht, Band I, 2. Auflage, Heidelberg, München, Landsberg, Frechen, Hamburg 2013 (zit.: *Hess*, InsR).

*Heuermann, Bernd / Brandis, Peter (Hrsg.)*: Blümich Einkommensteuergesetz, Körperschaftsteuergesetz, Gewerbesteuergesetz, 126. Ergänzungslieferung, München Stand: November 2014 (zit.: Blümich/*Bearbeiter*, Gesetz, Paragraph).

*Hirte, Heribert*: Bilanzierung kapitalersetzender Darlehen im Überschuldungsstatus – Bemerkungen zum Urteil des OLG Düsseldorf vom 18.2.1999, 6 U 38/98 –, DStR 2000, 1829.

–: Die Neuregelung des Rechts der (früher: kapitalersetzenden) Gesellschafterdarlehen durch das „Gesetz zur Modernisierung des GmbH-Rechts und zur Bekämpfung von Missbräuchen“ (MoMiG), WM 2008, 1429.

*Hommelhoff, Peter*: Eigenkapitalersetzende Gesellschafterdarlehen und Konkursantragspflicht, in: Handelsrecht und Steuerrecht, Festschrift für Georg Döllerer, hrsg. v. Knobbe-Keuk, Brigitte / Klein, Franz / Moxter, Adolf, Düsseldorf 1988, S. 245–268 (zit.: *Hommelhoff* in FS Döllerer).

*Hopt, Klaus J. / Wiedemann, Herbert (Hrsg.)*: Aktiengesetz Großkommentar, Siebenter Band / Teil 1 §§ 221–240, 4. Auflage, Berlin 2012 (zit.: *Bearbeiter* in Großkomm AktG).

*Huber, Ulrich*: Finanzierungsfolgenverantwortung de lege lata und de lege ferenda, in: Festschrift für Hans-Joachim Priester zum 70. Geburtstag, hrsg. v. Hommelhoff, Peter / Rawert, Peter / Schmidt, Karsten, Köln 2007, S. 259–283 (zit.: *Huber* in FS Priester).

*Huber, Ulrich / Habersack, Mathias*: GmbH-Reform: Zwölf Thesen zu einer möglichen Reform des Rechts der kapitalersetzenden Gesellschafterdarlehen, BB 2006, 1.

*Hultsch, Christoph / Roß, Norbert / Drögemüller, Steffen*: Zum Nachrangerfordernis beim Eigenkapitalausweis von Genussrechtskapital im handelsrechtlichen Jahresabschluss, BB 2007, 819.

*Hüffer, Uwe*: Aktiengesetz, 11. Auflage, München 2014 (zit.: Hüffer/*Bearbeiter*, AktG).

*Jaeger, Ernst*: Konkursordnung mit Einführungsgesetzen, Zweiter Band, 8. Auflage, Berlin, New York 1970 (zit.: Jaeger/*Bearbeiter*, KO).

–: Insolvenzordnung Großkommentar, Band 1, Berlin 2004 (zit.: Jaeger/*Bearbeiter*, InsO).

*Jäger, Karl-Heinz*: Die Zahlungsunfähigkeit im neuen Insolvenzrecht, BB 1997, 1575.

*Janssen, Bernhard*: Bilanzierung einer mit Rangrücktritt versehenen Verbindlichkeit in der Handels- und in der Steuerbilanz, BB 2005, 1895.

*Joost, Detlev / Strohn, Lutz (Hrsg.)*: Handelsgesetzbuch, Band 1, 3. Auflage, München 2014 (zit.: Ebenroth/Boujong/Joost/Strohn/*Bearbeiter*, HGB).

*Kahlert, Günter*: Steuerbilanzielle Behandlung des Rangrücktritts nach dem Konzept des IX. Senats des BGH, DStR 2015, 734.

*Kahlert, Günter*: Passivierung eines Rangrücktritts in der Steuerbilanz, NWB 26 (2012), 2141.

*Kahlert, Günter / Gehrke, Hans Dieter*: Der Rangrücktritt nach MoMiG im GmbH-Recht: Insolvenz- und steuerrechtliche Aspekte, DStR 2010, 227.

*Kammeter, Roland / Geißelmeier, Werner*: Der Rangrücktritt – Bestandsaufnahme und Auswirkungen des MoMiG im Handelsbilanz- und Steuerrecht, NZI 2007, 214.

*Kebekus, Frank / Zenker, Wolfgang*: Verstrickung Adieu – Auswirkungen von Beteiligungswechseln und Zessionen auf Nachrang und Anfechtbarkeit von „Gesellschafterdarlehen", in: Festschrift für Jobst Wellensiek zum 80. Geburtstag, hrsg. v. Flitsch, Michael / Hagebusch, Alfred / Oberle, Thomas / Seagon, Christopher / Schreiber, Werner, München 2011 (zit.: *Kebekus/Zenker* in FS Wellensiek).

*Kiethe, Kurt*: Mezzanine-Finanzierung und Insolvenzrisiko, DStR 2006, 1763.

*Klein, Martin*: Rangrücktrittsvereinbarungen – als Sanierungsinstrument ein Auslaufmodell?, GmbHR 2005, 663.

*Knobbe-Keuk, Brigitte*: Stille Beteiligung und Verbindlichkeiten mit Rangrücktrittsvereinbarung im Überschuldungsstatus und in der Handelsbilanz des Geschäftsinhabers, ZIP 1983, 127.

*Kreft, Gerhart (Hrsg.)*: Insolvenzordnung, Heidelberger Kommentar, 7. Auflage, Heidelberg; München; Landsberg; Frechen; Hamburg 2014 (zit.: HK-InsO/*Bearbeiter*).

*Kübler, Bruno / Prütting, Hanns / Bork, Reinhard (Hrsg.)*: Kommentar zur Insolvenzordnung, 62. Ergänzungslieferung, Köln Stand: Februar 2015 (zit.: KPB/*Bearbeiter*, InsO).

*Lackner, Karl / Kühl, Kristian*: Strafgesetzbuch, 28. Auflage, München 2014: (zit.: Lackner/Kühl/*Bearbeiter*, StGB).

*Langenbucher, Katja*: Kapitalerhaltung und Kapitalmarkthaftung, ZIP 2005, 239.

*Leithaus, Rolf / Schaefer, Thiemo*: Rangrücktrittsvereinbarung zur Vermeidung der Überschuldung anno 2010 – Unter welchen Voraussetzungen lässt sich eine Rangrücktrittsvereinbarung aufheben?, NZI 2010, 844.

*Leonhardt, Peter / Smid, Stefan / Zeuner, Mark*: Insolvenzordnung, 3. Auflage, Stuttgart 2010 (zit.: L/S/Z-*Bearbeiter*, InsO).

*Livonius, Barbara*: Passivierung von Forderungen mit Rangrücktritt im Überschuldungsstatus nach der Insolvenzordnung, ZInsO 1998, 309.

*Lorz, Rainer / Pfisterer, Benedikt / Gerber, Olaf (Hrsg.)*: Beck'sches Formularbuch GmbH-Recht, München 2010 (zit.: *Bearbeiter* in Formularbuch GmbH-Recht).

*Löwisch, Gottfried*: Eigenkapitalersatzrecht Kommentar zu §§ 32a, 32b GmbHG, München 2007 (zit.: *Löwisch*, Eigenkapitalersatzrecht).

*Maier-Reimer, Georg / Etzbach, Peter*: Die Patronatserklärung, NJW 2011, 1110.

*Martinek, Michael / Omlor, Sebastian*: Auswirkungen von gesetzlichem und vertraglichem Rangrücktritt auf nicht-akzessorische Sicherheiten – Teil I –, WM 2008, 617 – Teil II –, WM 2008, 665.

*Maunz, Theodor / Dürig, Günter*: Grundgesetz Kommentar, Loseblatt-Kommentar, München Stand März 2014 (zit.: *Bearbeiter* in Maunz/Dürig, GG).

*Mayer, Christian*: Der vertragliche Nachrang von Forderungen – Über Rechtsnatur und Rechtsfolgen der Forderungssubordination bei Nachrangdarlehen, Finanzplankredit, Mezzanine-Finance und Rangrücktritt, 2007 (zit.: *Mayer*, Der vertragliche Nachrang von Forderungen).

*Medicus, Dieter*: Bürgerliches Recht, 24. Auflage, München 2013 (zit.: *Medicus*, Bürgerliches Recht).

*Merz, Siegfried / Hübner, Alexander-Leon*: Aktivierung von Sicherheiten Dritter und Behandlung rangrückgetretener Forderungen im Überschuldungsstatus gemäß § 19 Abs. 2 InsO, DStR 2005, 802.

*Michalski, Lutz (Hrsg.)*: Kommentar zum Gesetz betreffend die Gesellschaften mit beschränkter Haftung (GmbH-Gesetz), Band I, 2. Auflage, München 2010 (zit.: Michalski/*Bearbeiter*, GmbHG).

*Mock, Sebastian*: Genussrechtsinhaber in der Insolvenz des Emittenten, NZI 2014, 102.

*Mühlhaus, Gunter / Kaltenhäuser, Nicola*: Rangrücktritt zur finanziellen Restrukturierung (I), GmbH-StB 2012, 185.

*Müller, Friedrich / Christensen, Ralph*: Juristische Methodik, Band I, 10. Auflage, Berlin 2009 (zit.: *Müller/Christensen*, Juristische Methodik).

*Müller, Welf*: Der Überschuldungsstatus im Lichte der neueren Gesetzgebung, in: Festschrift für Uwe Hüffer zum 70. Geburtstag, hrsg. v. Kindler, Peter / Koch, Jens u.a., München 2010, S. 701–716 (zit.: *Müller* in FS Hüffer).

*Münchener Kommentar*: zum Aktiengesetz, 3. Auflage, München 2011 (zit.: *Bearbeiter* in MüKo AktG).

zum Bürgerlichen Gesetzbuch, 6. Auflage, München 2012 (zit.: *Bearbeiter* in MüKo BGB).

zum Bilanzrecht, München 2013 (zit.: *Bearbeiter* in MüKo BilanzR).

zum GmbHG, München 2011 (zit.: *Berarbeiter* in MüKo GmbHG).

zur Insolvenzordnung, 3. Auflage, München 2013 (zit.: *Bearbeiter* in MüKo InsO).

zum StGB, 2. Auflage, München 2014 (zit.: *Bearbeiter* in MüKo StGB).

zur ZPO, München 2013 (zit.: *Bearbeiter* in MüKo ZPO).

*Musielak, Hans-Joachim / Voit, Wolfgang (Hrsg.)*: Zivilprozessordnung mit Gerichtsverfassungsgesetz, 12. Auflage, München 2015 (zit.: Musielak/Voit/*Bearbeiter*, ZPO).

*Mylich, Falk*: Probleme und Wertungswidersprüche beim Verständnis von § 135 Abs. 1 Alt. 2 Nr. 2 InsO n.F., ZGR 2009, 474.

–: Kreditsicherheiten für Gesellschafterdarlehen, ZHR 176 (2012), 547.

–: Kreditsicherheiten für Gesellschafterdarlehen – Stand der Dinge und offene Fragen, ZIP 2013, 2444.

*Nerlich, Jörg / Römermann, Volker*: Insolvenzordnung Kommentar, 27. Ergänzungslieferung, München Stand: August 2014 (zit.: Nerlich/Römermann/*Bearbeiter*, InsO).

*Niesert, Burkhard / Hohler, Anne*: Die Haftung des Geschäftsführers für die Rückzahlung von Gesellschafterdarlehen und ähnlichen Leistungen – Zugleich ein Beitrag zur Auslegung des § 64 S. 3 GmbHG, NZI 2009, 345.

*Obermüller, Manfred*: Insolvenzrecht in der Bankpraxis, 8. Auflage, Köln 2011 (zit.: *Obermüller*, Insolvenzrecht).

–: Der vertragliche Rangrücktritt von Forderungen – Versuch einer Bestandsaufnahme –, WM 1988, 685.

*Priester, Hans-Joachim*: Gläubigerrücktritt zur Vermeidung der Überschuldung, DB 1977, 2429.

–: Sind eigenkapitalersetzende Gesellschafterdarlehen Eigenkapital?, DB 1991, 1917.

*Primozic, Frank / Schaaf, Joel Felix*: AGB-Kontrolle von Rangrücktrittsvereinbarungen, ZInsO 2014, 1831.

*Raeschke-Kessler, Hilmar / Christopeit, Joachim*: Die harte Patronatserklärung als befristetes Sanierungsmittel, NZG 2010, 1361.

*Reichsgerichtsrätekommentar*: Kommentar zum Bürgerlichen Gesetzbuch, 12. Auflage, Berlin, New York 1982 (zit.: RGRK/*Bearbeiter*, BGB).

*Rieder, Markus*: Die Beendigung von Patronatserklärungen – Ein Überblick unter Berücksichtigung der neuesten BGH-Rechtsprechung, GWR 2010, 544.

*Rosenberg, Leo / Schwab, Karl Heinz / Gottwald, Peter*: Zivilprozessrecht, 17. Auflage, München 2010 (zit.: *Rosenberg/Schwab/Gottwald*, Zivilprozessrecht).

*Rund, Thomas*: Zivile Grundlagen bedeutsamer Steuerrechtsfälle bei Kapitalgesellschaft und GmbH & Co. KG – Der Rangrücktritt zur Pensionszusage für beherrschende Gesellschafter-Geschäftsführer, GmbHR 2009, 1149.

*Schildknecht, Urs*: Passivierungsverbote nach Rangrücktrittsvereinbarungen, DStR 2005, 181.

*Schimansky, Herbert / Bunte, Hermann-Josef / Lwowski, Hans-Jürgen (Hrsg.)*: Bankrechts-Handbuch, München 2011 (zit.: *Bearbeiter* in Schimansky/Bunte/Lwowski, Bankrechts-Handbuch).

*Schmidt, Andreas*: Hamburger Kommentar zum Insolvenzrecht, 5. Auflage, Köln 2015 (zit.: Schmidt/*Bearbeiter*, InsO).

*Schmidt, Karsten*: Konkursgründe und präventiver Gläubigerschutz – ein Beitrag zur Diskussion um den Konkursgrund der Überschuldung – , AG 1978, 334.

–: Eigenkapitalersatz und Überschuldungsfeststellung – Ein Diskussionsbeitrag gegen Fehlschlüsse aus der Insolvenzordnung, GmbHR 1999, 9.

–: Finanzplanfinanzierung, Rangrücktritt und Eigenkapitalersatz, ZIP 1999, 1241.

–: Rangrücktritt bei Gesellschafterdarlehen: Problem gebannt?, DB 2006, 2503.

–: Entbehrlicher Rangrücktritt im Recht der Gesellschafterdarlehen? – Kritik an § 19 Abs. 2 E-InsO im MoMiG-Entwurf, BB 2008, 461.

–: Überschuldung und Insolvenzantragspflicht nach dem Finanzmarktstabilisierungsgesetz, DB 2008, 2467.

–: Der insolvenzabwendende Rangrücktritt: ein steuerrechtlicher Wiedergänger? Bemerkungen nach dem BFH-Urteil vom 30.11.2011, in: Das Steuerrecht der Unternehmen, Festschrift für Gerrit Frotscher zum 70. Geburtstag, hrsg. v. Lüdicke, Jürgen / Mössner, Jörg / Hummel, Lars, Freiburg 2013, S. 535–550 (zit.: *K. Schmidt* in FS Frotscher).

–: Überschuldung und Unternehmensfortführung oder: per aspera ad astra, ZIP 2013, 485.

–: Rangrücktritt insolvenzrechtlich / Rangrücktritt steuerrechtlich – Aktueller Hinweis auf eine „Bringschuld" von Gesetzgebung und Rechtsprechung –, DB 2015, 600.

–: Dogmatik und Praxis des Rangrücktritts – Das Urteil des BGH v. 5.3.2015 – IX ZR 133/14 – ein großer Wurf des IX. Zivilsenats! … auch ein Treffer??, ZIP 2015, 901.

*Schmidt, Karsten / Lutter, Marcus (Hrsg.)* Aktiengesetz Kommentar, 2. Auflage, Köln 2010 (zit.: K. Schmidt/Lutter/*Bearbeiter*, AktG).

*Schmidt, Karsten / Uhlenbruck, Wilhelm (Hrsg.)*: Die GmbH in Krise, Sanierung und Insolvenz, 4. Auflage, Köln 2009 (zit.: K. Schmidt/Uhlenbruck/*Bearbeiter*, Die GmbH in Krise).

*Schönke, Adolf / Schröder, Horst*: Strafgesetzbuch, 29. Auflage, München 2014 (zit.: *Bearbeiter* in Schönke/Schröder, StGB).

*Scholz, Franz (Hrsg.)*: Kommentar zum GmbH-Gesetz III. Band, 11. Auflage, Köln 2015 (zit.: Scholz/*Bearbeiter*, GmbHG).

*Schwenker, Jörg / Fischer, Carola*: Restrukturierungsmaßnahmen in der Krise der GmbH, DStR 2010, 1117.

*Seppelt, Michael*: Gesellschafterdarlehen mit Rangrücktritt in der Liquidationsschlussbilanz, BB 2010, 1395.

*Serick, Rolf*: Überschuldete Gesellschaft und konkursabwendender Forderungsrücktritt eines Nichtgesellschafters, ZIP 1980, 9.

*Soehring, Kay*: Die Nachfolge in Rechtslagen aus Prozessverträgen, NJW 1969, 1093.

*Soergel, Theodor*: Bürgerliches Gesetzbuch, Band 2, 13. Auflage, Stuttgart 1999 (zit.: Soergel/*Bearbeiter*, BGB) Band 5/1a, 13. Auflage, Stuttgart 2014 (zit.: Soergel/*Bearbeiter*, BGB).

*Solomon, Dennis*: Die Aufhebbarkeit der Drittberechtigung beim Vertrag zugunsten Dritter in rechtsvergleichender Perspektive, in: Festschrift für Harm Peter Westermann zum 70. Geburtstag, hrsg. v. Aderhold, Lutz / Grunewald, Barbara / Klingberg, Dietgard / Paefgen, Walter G., Köln 2008, S. 655–679 (zit.: *Solomon* in FS Westermann).

*Spliedt, Jürgen*: MoMiG in der Insolvenz – ein Sanierungsversuch, ZIP 2009, 149.

*Von Staudinger, Julius*: Kommentar zum Bürgerlichen Gesetzbuch mit Einführungsgesetz und Nebengesetzen, Buch 1 §§ 134–138, Berlin 2011 (zit.: Staudinger/*Bearbeiter* (2011), BGB).

Buch 2 §§ 241–243, Berlin 2015
(zit.: Staudinger/*Bearbeiter* (2015), BGB).

Buch 2 §§ 244–248, Berlin 1997
(zit.: Staudinger/*Bearbeiter* (1997), BGB).

Buch 2 §§ 255–304, Berlin 2014
(zit.: Staudinger/*Bearbeiter* (2014), BGB).

Buch 2 §§ 488–490, Berlin 2011
(zit.: Staudinger/*Bearbeiter* (2011), BGB).

Buch 2 §§ 305–310, Berlin 2013
(zit.: Staudinger/*Bearbeiter* (2013), BGB).

Buch 2 §§ 765–778, Berlin 2012
(zit.: Staudinger/*Bearbeiter* (2012), BGB).

Buch 2 §§ 812–822, Berlin 2007
(zit.: Staudinger/*Bearbeiter* (2007), BGB).

Buch 3 §§ 1113–1203, Berlin 2015
(zit.: Staudinger/*Bearbeiter* (2015), BGB).

*Stoffels, Markus*: Schranken der Inhaltskontrolle, JZ 2001, 843.

*Sutter, Oliver / Fiedler, Bernhard*: Rechtliche Einordnung der Rangrücktrittsvereinbarung als Teil der Gläubigervereinbarung (Intercreditor Agreement), ZInsO 2011, 552.

*Taplan, Matthias / Baumgartner, Gerald / Baumgartner, Egid*: Die Rangrücktrittsvereinbarung im Insolvenz- und Steuerrecht, GmbHR 2015, 347.

*Taraschka, Franz*: Zur bilanzsteuerrechtlichen Behandlung des Rangrücktritts, DStR 2006, 109.

*Teller, Horst / Steffan, Bernhard*: Rangrücktrittsvereinbarungen zur Vermeidung der Überschuldung bei der GmbH, 3. Auflage, Köln 2003 (zit.: *Teller/Steffan*, Rangrücktrittsvereinbarungen).

*Teubner, Ernst / Künzel, Thomas*: Prozessverträge – Zulässigkeit, Abschluss und Wirkungen, MDR 1988, 720.

*Thiessen, Jan*: Johann Buddenbrook und die Reform des GmbH-Rechts (Teil I), DStR 2007, 202.

*Thole, Christoph*: Gläubigerschutz durch Insolvenzrecht – Anfechtung und verwandte Regelungsinstrumente in der Unternehmensinsolvenz, Tübingen 2010 (zit.: *Thole*, Gläubigerschutz).

–: Umgehung der Anfechtung nach § 135 InsO durch Abtretung?, ZInsO 2012, 661.

–: Nachrang und Anfechtung bei Gesellschafterdarlehen – zwei Seiten derselben Medaille?, ZHR 176 (2012), 513.

–: Gesellschaftsrechtliche Maßnahmen in der Insolvenz, 2. Auflage, Köln 2015 (zit.: *Thole*, Gesellschaftsrechtliche Maßnahmen).

–: Fünf aktuelle Probleme des Nachrangs (§ 39 InsO), in: Festschrift für Bruno M. Kübler zum 70. Geburtstag, hrsg. v. Bork, Reinhard / Kayser, Godehard / Kebekus, Frank, München 2015, S. 681–695 (zit.: *Thole* in FS Kübler).

*Thonfeld, Henning*: Der „instabile Überschuldungsbegriff" des Finanzmarktstabilisierungsgesetztes, NZI 2009, 15.

*Uhlenbruck, Wilhelm / Hirte, Heribert / Vallender, Heinz (Hrsg.)*: Insolvenzordnung Kommentar, 13. Auflage, München 2010 (zit.: Uhlenbruck/*Bearbeiter*, InsO (2010)).

*Uhlenbruck, Wilhelm / Hirte, Heribert / Vallender, Heinz (Hrsg.)* Insolvenzordnung Kommentar, 14. Auflage, München 2015 (zit.: Uhlenbruck/*Bearbeiter*, InsO).

*Ulmer, Peter*: Konkursantragspflicht bei Überschuldung der GmbH und Haftungsrisiken bei Konkursverschleppung, KTS 1981, 469.

*Ulmer, Peter / Habersack, Mathias / Löbbe, Marc (Hrsg.)*: GmbHG Großkommentar Band 2, 2. Auflage, Tübingen 2014 (zit.: Ulmer/*Bearbeiter*, GmbHG).

*Ulmer, Peter / Habersack, Mathias / Winter, Martin (Hrsg.)*: GmbHG Großkommentar Band 3, 1. Auflage, Tübingen 2008 (zit.: Ulmer/*Bearbeiter*, GmbHG, 1. Aufl., 2008).

–: GmbHG Großkommentar Ergänzungsband MoMiG, 1. Auflage, Tübingen 2010 (zit.: Ulmer/*Bearbeiter*, GmbHG Erg.-Band).

*Vogt, Gabriele*: Steuerliche Behandlung des Verzichts auf eigenkapitalersetzende Darlehen, DStR 2001, 1881.

*Wagner, Gerhard*: Alternative Streitbeilegung und Verjährung, NJW 2001, 182.

*Wagner, Gerhard*: Prozeßverträge – Privatautonomie im Verfahrensrecht, Tübingen 1998 (zit.: *Wagner*, Prozeßverträge).

*Wälzholz, Eckhard*: Die insolvenzrechtliche Behandlung haftungsbeschränkter Gesellschaften nach der Reform durch das MoMiG, DStR 2007, 1914.

–: Das MoMiG kommt: Ein Überblick über die neuen Regelungen, mehr Mobilität, Flexibilität und Gestaltungsfreiheit bei gleichzeitigem Gläubigerschutz, GmbHR 2008, 841.

*Wazlawik, Thomas*: Die Passivierung von Verbindlichkeiten im Überschuldungsstatus, NZI 2004, 608.

–: Die Überschuldung als Eröffnungsgrund, NZI 2012, 988.

*Weber, Claus-Peter / Küting, Peter / Eichenlaub, Raphael*: Zweifelsfragen im Rahmen der Beurteilung des Vorliegens von Insolvenzeröffnungsgründen – Zugleich Anmerkung zu IDW ES 11 –, GmbHR 2014, 1009.

*Weitnauer, Wolfgang*: Der Rangrücktritt – Welche Anforderungen gelten nach aktueller Rechtsprechung?, GWR 2012, 193.

*Westerburg, Justus / Schwenn, Dirk*: Rangrücktrittsvereinbarungen für Gesellschafterdarlehen bei der GmbH – Entwicklung zu mehr Rechtssicherheit?, BB 2006, 501.

*Westermann, Harm Peter / Grunewald, Barbara / Maier-Reimer, Georg (Hrsg.)*: Erman Bürgerliches Gesetzbuch, 14. Auflage, Köln 2014 (zit.: Erman/*Bearbeiter*, BGB).

*Wimmer, Klaus (Hrsg.)*: Frankfurter Kommentar zur Insolvenzordnung, 8. Auflage, Köln 2015 (zit.: FK-InsO/*Bearbeiter*).

*Winnefeld, Robert*: Bilanz-Handbuch, 4. Auflage, München 2006 (zit.: *Winnefeld*, Bilanz-Handbuch).

*Wittig, Arne*: Rangrücktritt – Antworten und offene Fragen nach dem Urteil des BGH vom 8.1.2001, NZI 2001, 169.

*Wolf, Manfred / Neuner, Jörg*: Allgemeiner Teil des Bürgerlichen Rechts, 10. Auflage, München 2012 (zit.: *Wolf/Neuner*, Allgemeiner Teil).

*Wolf, Thomas*: Der Gesellschafterrangrücktritt bei Überschuldung (und Zahlungsunfähigkeit), ZWH 2014, 261.

*Zöller, Richard*: Zivilprozessordnung, 31. Auflage, Köln 2016 (zit.: Zöller/*Bearbeiter*, ZPO).

# A. Einleitung und Problemaufriss

Ein wesentliches Prinzip bei der Durchführung des Insolvenzverfahrens über das Vermögen eines Schuldners ist die Gleichbehandlung der Gläubiger im Verfahren und insbesondere bei der Verteilung der Insolvenzmasse. Gleichwohl ist es den Gläubigern unbenommen, zu Gunsten der übrigen Gläubiger auf die Gleichbehandlung durch eine vertragliche Vereinbarung mit dem Schuldner zu verzichten. Insoweit hat die Privatautonomie Vorrang vor dem verfahrensrechtlichen Grundsatz. Der gewillkürte Rangrücktritt, der im Falle der Eröffnung des Insolvenzverfahrens zur Folge hat, dass die Forderung des Gläubigers gegenüber den übrigen Insolvenzgläubigern nachrangig befriedigt wird, stellt eine solche Vereinbarung dar.

Der Rangrücktritt ist ein lange bekanntes rechtliches Instrument[1], das zu dem Zweck entwickelt wurde, ein in eine finanzielle Schieflage geratenes Unternehmen von der Pflicht der Insolvenzantragstellung zu befreien. Durch den rechtsgeschäftlich vereinbarten Nachrang einer Forderung können einer Gesellschaft liquide Mittel zugeleitet werden, ohne dass die zugrunde liegende Verbindlichkeit in der Überschuldungsbilanz ausgewiesen werden müsste. Diese Wirkung stellt daher regelmäßig den Hauptzweck einer Rangrücktrittsvereinbarung dar.[2]

Obwohl die Möglichkeit der Beseitigung eines Insolvenzeröffnungsgrundes mittels der Vereinbarung eines Rangrücktritts seit langer Zeit anerkannt ist, fand sie zunächst keinen Ausdruck im Gesetz. Erst im Zuge der Reform des Insolvenzrechts durch Schaffung der Insolvenzordnung[3] entschloss sich der Gesetzgeber dazu, die Möglichkeit der vertraglichen Vereinbarung eines Rangrücktritts gesetzlich festzulegen. Dies geschah durch die Norm des § 39 Abs. 2 InsO. Allerdings findet die insolvenzvermeidende Wirkung des Rangrücktritts in dieser Vorschrift keine Erwähnung.

Eine weitere grundlegende Gesetzesreform brachte schließlich eine gesetzliche Regelung zu den Auswirkungen des vertraglichen Rangrücktritts auf einen

---

1 Eine erstmalige Erwähnung findet die Konstruktion in RGSt 61, 387, 388.

2 *Winnefeld*, Bilanz-Handbuch, Kapitel D, Rn. 1538; *Funk*, BB 2009, 867, 867; *Berndt*, BB 2006, 2744, 2744; *Seppelt*, BB 2010, 1395, 1395; *Heerma*, BB 2005, 537, 538; *Janssen*, BB 2005, 1895, 1896; *Schildknecht*, DStR 2005, 181, 181; *Mühlhaus/Kaltenhäuser*, GmbH-StB 2012, 185, 186; *Herlinghaus*, Forderungsverzichte, S. 89; *Bitter*, ZIP 2013, 2, 2; *Habersack*, ZGR 2000, 384, 400.

3 BGBl. 1994 I, S. 2866.

Insolvenzeröffnungsgrund – in diesem Fall der Überschuldung – mit sich. Mit Inkrafttreten des Gesetzes zur Modernisierung des GmbH-Rechts und zur Bekämpfung von Missbräuchen (MoMiG)[4] hielt die Regelung des § 19 Abs. 2 S. 2 InsO Einzug in die Insolvenzordnung. Darin findet sich eine Befreiung für näher bezeichnete Gesellschafterforderungen von der Passivierungspflicht in der Überschuldungsbilanz, sofern für diese ein Rangrücktritt vereinbart wurde. Daraus folgt zunächst, dass das Gesetz keine Vorschrift über gewillkürte Rangrücktritte außenstehender Dritter, die nicht mit der Gesellschaft durch eine Beteiligung verbunden sind, enthält. Welche Auswirkungen Rangrücktrittsvereinbarungen solcher Nicht-Gesellschafter auf die Überschuldungsbilanz haben können, stellt einen Schwerpunkt dieser Arbeit dar.

Erörterungswürdige Probleme ergeben sich daneben mittelbar aus zwei Grundsatzentscheidungen des Bundesgerichtshofs[5]. Nicht zuletzt die Festlegung der Voraussetzungen für die überschuldungsvermeidende Wirkung in der Form, dass ein „qualifizierter Rangrücktritt“ zu vereinbaren ist, ist grundsätzlich zu hinterfragen. In untrennbarem Zusammenhang mit dem Erfordernis des „qualifizierten Rangrücktritts“ steht die Frage nach der Rechtsnatur einer Rangrücktrittsvereinbarung. Die Arbeit wird hierzu aufzeigen, dass es einer strikten Trennung zwischen dem „Rangrücktritt“ im Sinne der BGH-Rechtsprechung und dem „Rangrücktritt“, der aus den gesetzlichen Regelungen folgt, bedarf. Aus dieser Abgrenzung ergibt sich schließlich der weitere Aufbau der Bearbeitung, der eine konzeptionelle Differenzierung zwischen dem insolvenzrechtlichen Rangrücktritt und dem „qualifizierten Rangrücktritt“ für sämtliche behandelten Themenbereiche erfordert. Daneben liegt der Fokus darauf, die Auswirkungen der jeweiligen Arten von Vereinbarungen auf die Insolvenzeröffnungsgründe zu prüfen. Mit dieser Frage steht in Zusammenhang, ob und welche Konsequenzen die zuvor ermittelten Wirkungen auf die Berechtigung zu der Stellung eines Insolvenzantrags haben.

Ein weiterer Schwerpunkt der Arbeit liegt darin, die Rechtsfolgen des Rangrücktritts näher zu bestimmen. Dazu gehört es insbesondere, die Reichweite einer solchen Vereinbarung auf Nebenschulden, Sekundäransprüche und die Gewährung von Sicherheiten zu untersuchen.

Die vorgenannten Themen erhalten dadurch eine gesteigerte Brisanz, dass sie in erster Linie für den Rangrücktritt von Nicht-Gesellschaftern betrachtet

4 BGBl. 2008 I, S. 2026.

5 BGHZ 146, 264 = NJW 2001, 1280 und BGH NJW 2015, 1672 = ZIP 2015, 638 = WM 2015, 623 = DStR 2015, 767 = NZI 2015, 315.

werden. Die Aktualität folgt insbesondere daraus, dass der Rangrücktritt vermehrt in Zusammenhang mit Finanzierungsmodellen auftaucht, die ein großes Publikum ansprechen sollen.[6] Eine gesetzliche Regulierung existiert bislang für diesen Bereich noch nicht. Vielfach wird daher ein Gleichlauf mit dem Gesellschafterdarlehensrecht gefordert.[7] Ob dies jedoch sachgerecht ist, bedarf eingehender Betrachtung. Zusätzlich ist in den Blick zu nehmen, wie sich eine Anwendung der Grundsätze des Gesellschafterdarlehensrechts auf die Zulässigkeit der Vereinbarung eines Rangrücktritts in Formularverträgen auswirken kann. Hierzu sind die Grenzen der vertraglichen Gestaltung zu ermitteln. Die Grenzen der Zulässigkeit hängen wiederum im Wesentlichen davon ab, wie weit die Rechtsfolgen des Rangrücktritts gehen (müssen).

Schließlich findet die Rangrücktrittsvereinbarung als Sanierungsinstrument möglicherweise ihre Grenzen darin, dass sie den Gläubigerschutz nicht einschränken darf oder sogar, dass die übrigen Gläubiger eines erhöhten Schutzes bedürfen. Von dieser Annahme ausgehend ist zu klären, ob eine nachträgliche Aufhebung der Vereinbarung möglich ist und wie eine vor der Insolvenzeröffnung auf die nachrangige Forderung geleistete Zahlung anfechtungsrechtlich zu beurteilen ist.

Insgesamt ist es das Bestreben der Arbeit, die Defizite der derzeit geltenden gesetzlichen Regelungen aufzuzeigen und die Versuche der Rechtsprechung, diese Schwächen auszugleichen, kritisch zu hinterfragen. Im Zuge dessen werden die möglichen künftigen Auswirkungen auf die Praxis der Rangrücktrittsvereinbarung mit Nicht-Gesellschaftern als Sanierungsinstrument beleuchtet.

---

6 Vgl. hierzu die Bedingungen der größten Crowdinvesting-Plattformen Companisto (https://www.companisto.com/de/how-companisto-works) und Seedmatch (https://www.seedmatch.de/faq).

7 Die folgenden Stimmen fordern eine Anwendung des § 19 Abs. 2 S. 2 InsO auf Nicht-Gesellschafter: Ulmer/*Habersack*, GmbHG, Anh. § 30, Rn. 129; *Müller* in MüKo GmbHG, § 64, Rn. 40; HK-InsO/*Kirchhof*, § 19, Rn. 24; Schmidt/*Schröder*, InsO, § 19, Rn. 43; A/G/R-*Kadenbach*, InsO, § 19, Rn. 40; *Kahlert/Gehrke*, DStR 2010, 227, 230; *Ekkenga*, ZGR 2009, 581, 621 f.; *Leithaus/Schaefer*, NZI 2010, 844, 846; Braun/*Bußhardt*, InsO, § 19, Rn. 20.

# B. Die Rangrücktrittsvereinbarung – Grundlagen

## I. Aufkommen und Entwicklung

Das Rechtsinstitut der Rangrücktrittsvereinbarung wurde etwa in den 1920er Jahren durch die juristische Praxis entwickelt.[8] Eine Entscheidung des Reichsgerichts vom 24. Oktober 1927 setzte sich erstmals mit der Möglichkeit auseinander, dass eine Forderung eines Gesellschafters nicht auf der Passivseite der Überschuldungsbilanz der Gesellschaft auftauchen müsse, wenn der Gesellschafter *„rechtsverbindlich auf ihre Geltendmachung verzichtet hat"*.[9] Damit ist der erste Zweck der Rangrücktrittsvereinbarung definiert: nämlich die Ausweisung einer Forderung in der Überschuldungsbilanz zu vermeiden und damit eine Insolvenz bzw. damals den Konkurs zu verhindern oder zumindest zu verzögern.[10] Da das Gesetz aber neben der Überschuldung auch die Zahlungsunfähigkeit als Grund für die Eröffnung eines Insolvenzverfahrens vorsieht, entspräche es den Interessen der Parteien einer Rangrücktrittsvereinbarung, wenn auch dieser Eröffnungsgrund umgangen werden könnte.[11]

Die Rangrücktrittsvereinbarung war zunächst gesetzlich nicht geregelt. Im Zuge der Einführung der Insolvenzordnung vom 05. Oktober 1994 wurde sie erstmals in § 39 Abs. 2 InsO erwähnt.[12] Durch das Gesetz zur Modernisierung des GmbH-Rechts und zur Bekämpfung von Missbräuchen (MoMiG), das am 01. November 2008 in Kraft trat, wurde die Norm des § 19 Abs. 2 S. 2 InsO ergänzt. Darin sind die inhaltlichen Voraussetzungen einer Rangrücktrittsvereinbarung über die Forderung eines Gesellschafters mit der Zielsetzung der Nichtpassivierung dieser Forderung in der Überschuldungsbilanz festgelegt.[13] Eine Regelung dazu, unter welchen Voraussetzungen eine Rangrücktrittsvereinbarung darüber hinaus dazu geeignet sein kann, die Zahlungsunfähigkeit zu vermeiden, kann dem Gesetz hingegen nicht entnommen werden.

8 *Herlinghaus*, Forderungsverzichte, S. 87.

9 RGSt 61, 387, 388.

10 BGH NJW 1983, 120, 121.

11 Näher dazu unten C.II.

12 Vgl. BT-Drs. 12/2443, S. 123 (dort zunächst noch unter § 46).

13 Vgl. BT-Drs. 16/6140, S. 56; BT-Drs. 16/9737, S. 58.

Die Rechtsprechung beschäftigte sich zunächst ebenfalls eher beiläufig mit der Konstruktion der Rangrücktrittsvereinbarung.[14] In zwei Entscheidungen aus den Jahren 2001 und 2015 erfolgte indes schließlich eine grundlegende Auseinandersetzung mit diesem Sanierungsinstrument.[15]

## II. Hintergründe der Diskussion um die Rangrücktrittsvereinbarung in Gesetz und Rechtsprechung

Aufgrund der Tatsache, dass die Rangrücktrittsvereinbarung zunächst nicht im Gesetz normiert war, war der Gesetzgeber dazu angehalten, auf dieses „Phänomen" aus der juristischen Praxis zu reagieren. Der BGH hat seinerseits die teils lückenhaften Regelungen zum Anlass genommen, eigene Grundsätze und Voraussetzungen für den überschuldungsvermeidenden Rangrücktritt aufzustellen. Diese finden sich im Wesentlichen in zwei Urteilen wieder, die hier der weiteren Diskussion vorangestellt näher dargestellt werden.

### 1. Entwicklung der gesetzlichen Regelungen des Rangrücktritts

Die maßgeblichen Regelungen zum Rangrücktritt erlangten zwar erst mit Inkrafttreten der InsO bzw. des MoMiG Gültigkeit. Ebenfalls in den Blick zu nehmen sind aber die korrespondierenden Regelungen der Konkursordnung (KO), die den Grundstein für die Vorschriften über den Nachrang im Insolvenzverfahren gelegt haben.

Darüber hinaus erfolgt eine Übersicht über das Recht der Gesellschafterdarlehen, soweit dieses mit der Problematik des Rangrücktritts in Verbindung steht. Aufgrund der Tatsache, dass Rangrücktritte in der Praxis häufig von Gesellschaftern erklärt werden, wird er, worauf noch näher einzugehen sein wird, von der Rechtsprechung eng mit dem Recht über die Gesellschafterdarlehen verknüpft.

#### *a) Gesetzliche Regelungen über den Nachrang im Konkurs- und Insolvenzverfahren*

#### *aa) Der Nachrang im Recht der Konkursordnung (KO)*

Gemäß § 63 KO waren die Forderungen, die unter Geltung der InsO gemäß § 39 Abs. 1 Nr. 1–5 dem gesetzlichen Nachrang unterliegen, von der Geltendmachung

---

14 Vgl. bspw. BGH NJW 1983, 120, 121; BFHE 161, 87, 95 = DB 1990, 1998, 2000; BGHZ 124, 282, 286 = NJW 1994, 724, 724 f.; OLG Düsseldorf NJW-RR 1996, 1443, 1444.

15 Näheres dazu unter B.II.2.

im Konkursverfahren ausgeschlossen. Einen Nachrang gab es folglich nach den Regelungen der KO noch nicht. Vielmehr nahmen die dem § 63 KO unterfallenden Forderungen nicht an dem Verfahren teil.

Das hatte zur Folge, dass die ausgeschlossenen Forderungen selbst dann nicht berücksichtigt wurden, wenn ein Überschuss nach Befriedigung sämtlicher anderer Forderungen verblieb. Dieser konnte dann an den Schuldner bzw. die Anteilseigener der Schuldnerin ausbezahlt werden.[16] Daraus resultiert zugleich, dass die Rechtsfigur des vertraglichen Rangrücktritts bereits existent war, noch bevor es den gesetzlichen Nachrang im Verteilungsverfahren gab.

*bb) Die Einführung der Insolvenzordnung (InsO)*

Die Regelung des § 39 Abs. 1 InsO sieht in Abkehr von § 63 KO und damit von dem Ausschluss der nachrangigen Forderungen vom Verfahren vor, dass die dort erwähnten Gläubiger lediglich im Rang hinter die übrigen Gläubigern zurücktreten. Damit räumte der Gesetzgeber den nachrangigen Gläubigern eine Teilnahme am Verfahren und somit zumindest eine theoretische Möglichkeit der Befriedigung ihrer Forderungen ein. Durch diese Gesetzesänderung sollte verhindert werden, dass bei Verbleib eines Überschusses nach Befriedigung sämtlicher anderer Gläubiger dieser an den Schuldner bzw. die Anteilseigner der Schuldnerin ausbezahlt wird, bevor nicht auch die nachrangigen Forderungen befriedigt wurden.[17]

Zusätzlich sind die Forderungen nachrangiger Gläubiger gemäß § 39 InsO abweichend von § 63 KO nunmehr ebenfalls Insolvenzforderungen. Die Stellung als Insolvenzgläubiger gemäß § 38 InsO wird nämlich nicht durch die Rangfolge der Befriedigung im Verfahren, sondern durch die (wenn auch nur theoretische) Haftung der Insolvenzmasse auch für die nachrangigen Forderungen bestimmt.[18]

Darüber hinaus wurde in § 39 Abs. 2 InsO die Möglichkeit geregelt, dass „normale", also nicht bereits nach dem Gesetz nachrangige Insolvenzforderungen durch eine Vereinbarung in nachrangige Forderungen umgewandelt werden können. In diesem Fall kann ein beliebiger Rang des § 39 Abs. 1 InsO oder auch der des § 39 Abs. 2 InsO gewählt werden.[19] Ebenso können gesetzlich nachrangige Forderungen gemäß § 39 Abs. 1 InsO im Rang noch weiter zurücktreten

16 BT-Drs. 12/2443, S. 123.

17 *Livonius*, ZInsO, 1998, 309, 311.

18 HK-InsO/*Ries*, § 39, Rn. 6; KPB/*Pape*, InsO, § 38, Rn. 11; FK-InsO/*Bornemann*, § 39, Rn. 6; Schmidt/*Lüdtke*, InsO, § 39, Rn. 1; *Ehricke* in MüKo InsO, § 39, Rn. 1.

19 *Bork*, ZIP 2012, 2277, 2279; *Ehricke* in MüKo InsO, § 39, Rn. 62.

als nach dem Gesetz vorgesehen.[20] Die Vereinbarung eines besseren Rangs ist dagegen aufgrund der damit verbundenen Benachteiligung anderer Gläubiger unzulässig.[21] Überdies ergibt sich aus der Bezeichnung als „Rücktritt“, dass eine Besserstellung durch eine vergleichbare Vereinbarung nicht erreicht werden kann.[22] Der gewillkürte Rangrücktritt ist aber im Übrigen entsprechend dem Grundsatz der Privatautonomie in Umfang und Reichweite frei von den Vertragsparteien bestimmbar.[23] Es steht zur Disposition des Gläubigers, ob er am Insolvenzverfahren teilnimmt und ob er sich mit der Befriedigung in einem tieferen Rang begnügt.[24] Ist der Rang für die Forderung in der Vereinbarung nicht ausdrücklich bestimmt, so erhält sie nach der Auslegungsregel des § 39 Abs. 2 InsO den Rang hinter den Forderungen gemäß § 39 Abs. 1 Nr. 5 InsO.[25]

Die Vereinbarung eines Rangrücktritts ist sowohl zwischen der Schuldnergesellschaft und einem ihrer Gesellschafter, der „seiner“ Gesellschaft ein Darlehen o.ä. gewährt hat, als auch zwischen der Schuldnerin und einem außenstehenden Gläubiger (Nichtgesellschafter) möglich.[26] Der Rangrücktritt kann gleichzeitig mit der Begründung der Forderung oder nachträglich vereinbart werden.[27]

#### *cc) Die Gesetzesnovelle des MoMiG*

Am 01.11.2008 trat das Gesetz zur Modernisierung des GmbH-Rechts und zur Bekämpfung von Missbräuchen (MoMiG) in Kraft.[28] Es enthielt mit der Vorschrift des § 19 Abs. 2 S. 2 InsO erstmals eine gesetzliche Regelung über die Voraussetzungen eines Rangrücktritts, der den Zweck der Überschuldungsvermeidung verfolgt. Allerdings sind nach dem Wortlaut des § 19 Abs. 2 InsO lediglich Forderungen aus Gesellschafterdarlehen oder wirtschaftlich entsprechenden Rechtshandlungen erfasst, für die ein Rangrücktritt vereinbart wurde.

---

20 FK-InsO/*Bornemann*, § 39, Rn. 98.

21 Schmidt/*Lüdtke*, InsO, § 39, Rn. 63; KPB/*Preuß*, InsO, § 39, Rn. 24; Braun/*Bäuerle*, InsO, § 39, Rn. 3.

22 Graf-Schlicker/*Bremen*, InsO, § 39, Rn. 47.

23 *Habersack*, ZGR 2000, 384, 400 f.

24 Uhlenbruck/*Hirte*, § 39, Rn. 52.

25 *Habersack*, ZGR 2000, 384, 404; FK-InsO/*Bornemann*, § 39, Rn. 99; Schmidt/*Lüdtke*, InsO, § 39, Rn. 63; KPB/*Preuß*, InsO, § 39, Rn. 24; *Ehricke* in MüKo InsO, § 39, Rn. 62.

26 BGH v. 05.03.2015 – IX ZR 133/14, Rn. 14 = NZI 2015, 315; *Priester*, DB 1991, 1917, 1920; *Teller/Steffan*, Rangrücktrittsvereinbarungen, Rn. 2; Ulmer/*Habersack*, GmbHG, Anh. § 30, Rn. 182; *Kiethe*, DStR 2006, 1763, 1765; *Serick*, ZIP 1980, 9, 9 ff.

27 *Habersack*, ZGR 2000, 384, 400 f.

28 BGBl. 2008 I, S. 2026.

Gemäß § 19 Abs. 2 S. 2 InsO muss eine solche Forderung dann nicht in der Überschuldungsbilanz passiviert werden, wenn gemäß § 39 Abs. 2 InsO zwischen Gläubiger und Schuldner der Nachrang im Insolvenzverfahren hinter den in § 39 Abs. 1 Nr. 1–5 InsO bezeichneten Forderungen vereinbart worden ist. Nach Ansicht des Gesetzgebers ist der Inhalt einer überschuldungsvermeidenden Rangrücktrittserklärung damit gesetzlich vorgegeben.[29] Ausweislich des Wortlauts des § 19 Abs. 2 InsO bestimmt sich dieser Inhalt durch die darin niedergelegte Verweisung nach den Vorgaben des § 39 Abs. 2 InsO; jedoch mit der Besonderheit, dass in Bezug auf die Rangtiefe ein Rang hinter § 39 Abs. 1 Nr. 5 InsO zu wählen ist. Das Gesetz geht folglich seit Inkrafttreten der Gesetzesnovelle davon aus, dass der Inhalt einer Rangrücktrittsvereinbarung zur Vermeidung der Überschuldung im Wesentlichen dem des insolvenzrechtlichen Rangrücktritts gemäß § 39 Abs. 2 InsO entspricht.[30]

#### *b) Gesellschafterdarlehensrecht*

Bereits aus der Einfügung des neuen § 19 Abs. 2 S. 2 InsO folgt, dass die Problematik um die Rangrücktrittsvereinbarungen untrennbar mit dem Recht der Gesellschafterdarlehen verbunden ist.

##### *aa) Rückzahlungssperre und Nachrang im Eigenkapitalersatzrecht*

Auf eine ausführliche Darstellung des ehemals geltenden Eigenkapitalersatzrechts wird an dieser Stelle verzichtet. Eingegangen wird allein auf die Vorschriften und Rechtsprechungsregeln, die mit dem Nachrang im Insolvenzverfahren in Zusammenhang stehen.

###### (1) Beschränkungen vor Eröffnung des Insolvenzverfahrens

Die Rechtsprechung[31] schuf in analoger Anwendung des § 30 Abs. 1 GmbHG für Gesellschaften mit beschränkter Haftung[32] und der §§ 57, 62 AktG für

---

29 BT-Drs. 16/9737, S. 58.

30 Ob ein solcher Inhalt auch tatsächlich dazu geeignet ist, eine Nichtpassivierung der Forderung in der Überschuldungsbilanz zu erreichen, wird unter C.I.2.b)bb) noch näher erörtert.

31 Vgl. insbesondere das Grundsatzurteil des BGH v. 26.03.1984 – II ZR 14/84 = BGHZ 90, 370 = NJW 1984, 1891.

32 *Löwisch*, Eigenkapitalersatzrecht, Rn. 66, 323; *Huber* in FS Priester, S. 260; Baumbach/Hueck/*Fastrich*, GmbHG, § 30, Rn. 9; Michalski/*Heidinger*, GmbHG, § 32b, Rn. 262 ff.

Aktiengesellschaften[33] eine Rückzahlungssperre für eigenkapitalersetzende Gesellschafterdarlehen. Gemäß diesen Rechtsprechungsregeln war die Rückzahlung eines Gesellschafterdarlehens ausgeschlossen, solange es als eigenkapitalersetzend angesehen wurde. Ob ein Darlehen Eigenkapitalersatz in diesem Sinne darstellte oder nicht, wurde danach beurteilt, ob sich die Gesellschaft zum Zeitpunkt der Hingabe des Darlehens in der „Krise“ befand.[34] Gemäß § 32a Abs. 1 GmbHG a.F. war die Gesellschaft in der Krise, wenn ihr die Gesellschafter als ordentliche Kaufleute Eigenkapital zugeführt hätten. Aus dieser wenig konkreten Formulierung folgt bereits, dass es einer Vielzahl von Kriterien bedurfte, um feststellen zu können, ob eine „Krise“ der Gesellschaft tatsächlich vorlag.[35]

Wurde das Merkmal der Krise bejaht, führte dies zu der Verstrickung eines Gesellschafterdarlehens, da die Valuta dazu benötigt wurde, eine Unterbilanz auszugleichen.[36] Daraus folgte wiederum, dass für das Darlehen eine Auszahlungssperre bestand.[37] Die Sperre sollte sicherstellen, dass ein Gesellschafterdarlehen nicht befriedigt wurde, solange sich die Gesellschaft in einer finanziell angespannten Lage befand.[38]

#### (2) Beschränkungen im eröffneten Insolvenzverfahren

Darüber hinaus konnten Gesellschafter gemäß § 32a Abs. 1 GmbHG a.F. Rückforderungsansprüche aus eigenkapitalersetzenden Gesellschafterdarlehen im Insolvenzverfahren über das Vermögen der Schuldnergesellschaft lediglich als nachrangige Gläubiger geltend machen. Die Regelung des § 39 Abs. 1 Nr. 5 InsO a.F. bestimmte die Rangfolge in der Weise, dass die Forderungen aus eigenkapitalersetzenden Gesellschafterdarlehen erst nach sämtlichen anderen gesetzlich nachrangigen Forderungen Berücksichtigung fanden. Gleiches galt gemäß § 32a Abs. 3 S. 1 GmbHG a.F. i.V.m. § 39 Abs. 1 Nr. 5 InsO a.F. für Rechtshandlungen, die einem Gesellschafterdarlehen wirtschaftlich entsprechen. Während der Geltung der Konkursordnung war die Geltendmachung einer solchen Forderung im Konkursverfahren demgegenüber noch insgesamt ausgeschlossen.[39]

---

33 *Altmeppen* in FS Hüffer, S. 1, 5.

34 *Löwisch*, Eigenkapitalersatzrecht, Rn. 66, 323.

35 Vgl. zu den verschiedenen Kriterien Michalski/*Heidinger*, GmbHG, § 32b, Rn. 44 ff.

36 Michalski/*Heidinger*, GmbHG, § 32b, Rn. 262.

37 Michalski/*Heidinger*, GmbHG, § 32b, Rn. 263.

38 Vgl. dazu Michalski/*Heidinger*, GmbHG, § 32b, Rn. 7 ff.

39 Vgl. § 32a Abs. 1 GmbHG in der Fassung vom 27.04.1998; s. dazu auch oben B.II.1.a)aa).

Begründet wurden die Sonderregelungen für eigenkapitalersetzende Gesellschafterdarlehen damit, dass den Gesellschaftern eine „Finanzierungsverantwortung“ für die Gesellschaft obliege.[40]

### *bb) Reformierung durch das MoMiG*

Mit dem MoMiG wurde das Eigenkapitalersatzrecht abgeschafft.[41] Damit verlor auch die zuvor anerkannte Rückzahlungssperre in Bezug auf Forderungen aus eigenkapitalersetzenden Darlehen ihre rechtliche Grundlage. Das zuvor für die Bestimmung des Eigenkapitalersatzes maßgebliche Merkmal der „Krise“ der Gesellschaft war folglich ebenfalls nicht mehr von Bedeutung.[42]

Stattdessen sieht die geänderte Vorschrift des § 39 Abs. 1 Nr. 5 InsO vor, dass sämtliche Forderungen auf Rückgewähr von Gesellschafterdarlehen sowie Forderungen aus Rechtshandlungen, die einem Gesellschafterdarlehen wirtschaftlich entsprechen, im Rang hinter die übrigen Gläubiger zurücktreten. Bezüglich der Forderungen aus Rechtshandlungen, die einem Gesellschafterdarlehen wirtschaftlich entsprechen, ist die bisherige Regelung des § 32a Abs. 3 S. 1 GmbHG a.F. in die InsO übernommen worden.[43] Eine Rechtshandlung entspricht einem Darlehen wirtschaftlich, wenn eine Überlassung von Kapital für eine gewisse Zeit ermöglicht wird.[44] Umfasst sein sollen auch Forderungen eines Gesellschafters aus einem sonstigen Rechtsverhältnis, die gestundet wurden und solche, die fällig sind, aber nicht geltend gemacht wurden.[45] Zusätzlich können Rechtshandlungen Dritter, die formal nicht die Gesellschaftereigenschaft erfüllen, unter den Anwendungsbereich des § 39 Abs. 1 Nr. 5 InsO fallen, wenn die fragliche Rechtshandlung der Darlehensgewährung durch einen Gesellschafter wirtschaftlich

---

40 BGHZ 90, 381, 389 = NJW 1984, 1893, 1894 f. („*Verantwortung [...] für eine ordnungsmäßige Unternehmensfinanzierung*“); BGHZ 127, 336–344 f. = NJW 1995, 326, 329 (erstmals als „Finanzierungs*folgen*verantwortung“ bezeichnet); *Habersack*, ZGR 2000, 384, 389 f.; *Altmeppen* in Altmeppen/Roth, GmbHG, Anh. §§ 32a, 32b, Rn. 4; *Huber* in FS Priester, S. 267 ff.; *Thole*, ZHR 176 (2012), 513, 514 f.

41 *Gehrlein*, BB 2008, 846, 847; *Huber* in FS Priester, S. 281.

42 BGHZ 188, 363, 372 f. = NJW 2011, 1503, 1506; *Thole*, Gesellschaftsrechtliche Maßnahmen, Rn. 383; *Ehricke* in MüKo InsO, § 39, Rn. 36; Ulmer/*Habersack*, GmbHG, Anh. § 30, Rn. 10.

43 BT-Drs. 16/6140, S. 56.

44 Henssler/Strohn/*Fleischer*, InsO, § 39, Rn. 14; HK-InsO/*Kleindiek*, § 39, Rn. 37; Schmidt/*Lüdtke*, InsO, § 39, Rn. 43; KPB/*Preuß*, InsO, § 39, Rn. 81.

45 *Ehricke* in MüKo InsO, § 39, Rn. 43.

entspricht.[46] Insoweit wird auch der personelle Anwendungsbereich des § 32a Abs. 3 S. 1 GmbHG a.F. beibehalten.[47] Eine solche einem Gesellschafterdarlehen entsprechende Darlehensgewährung liegt dann vor, wenn Dritte der Gesellschaft in eigenem Namen Kredit gewähren, die Mittel hierfür aber von einem Gesellschafter erhalten, sowie wenn eine gesellschaftergleiche Beteiligung des Dritten am Vermögen der Gesellschaft besteht, einhergehend mit mitgliedschaftlichem Interesse an der Finanzierung der Gesellschaft.[48]

Konsequenz des Wegfalls der zuvor geltenden Rückzahlungssperre ist, dass der Gesellschafter selbst bei Eintritt oder Bestehen einer Krise der Gesellschaft die Rückzahlung seines Darlehens einfordern kann. In der Zeit vor Eröffnung des Insolvenzverfahrens der Schuldnergesellschaft ist er also in der Geltendmachung seines Anspruchs nicht beschränkt. Daraus folgt, dass der Schutz der übrigen Gläubiger der Schuldnergesellschaft nach alter Rechtslage umfangreicher war als nach Einführung des neuen § 39 Abs. 1 Nr. 5 InsO. Sie konnten darauf vertrauen, dass die Insolvenzmasse nicht aufgrund von Rückzahlungen von Gesellschafterdarlehen geschmälert würde. Nach dem Willen des Gesetzgebers soll das insolvenzrechtliche Anfechtungsrecht und damit namentlich der Tatbestand des § 135 Abs. 1 InsO allerdings jene Schutzlücken schließen, die durch die Aufgabe der Rückzahlungssperre entstehen könnten.[49] Hierauf wird noch zurückzukommen sein.[50]

Die dogmatische Begründung der Sonderregelungen für Gesellschafterdarlehen bereitete allerdings nach der Aufgabe des Eigenkapitalersatzrechts einige Schwierigkeiten. Die Finanzierungsfolgenverantwortung bestehe nach einer Ansicht weiterhin, auch wenn das Merkmal der Krise nicht mehr zu prüfen sei.[51] Nach anderer Ansicht seien die Beschränkungen, die Gesellschafterdarlehen nach dem geltenden Recht erfahren, ein Ausdruck der Haftungsbeschränkung

---

46 BGHZ 196, 220, 223 = NJW 2013, 2282, 2283; *Ehricke* in MüKo InsO, § 39, Rn. 48; Uhlenbruck/*Hirte*, InsO, § 39, Rn. 40; Henssler/Strohn/*Fleischer*, InsO, § 39, Rn. 24.

47 Vgl. BT-Drs. 16/6140, S. 56; a.A. *Wälzholz*, DStR 2007, 1914, 1918.

48 *Habersack*, ZIP 2007, 2145, 2148.

49 BT-Drs. 16/6140, S. 42; *Rund*, GmbHR 2009, 1149, 1150; *Adloff* in FS Hellwig, S. 441 f.

50 S. unter G.I.1.c).

51 *Altmeppen* in Altmeppen/Roth, GmbHG, Anh. §§ 32a, 32b, Rn. 9 ff. (unwiderlegliche Vermutung der Krise); Michalski/*Dahl*, GmbHG, Anh. II §§ 32a, 32b aF, Rn. 6; *Thiessen*, DStR 2007, 202, 207 f.; BGH, NZG 2013, 469, 471 (lediglich „Verlagerung" der Novellenregeln der §§ 32a, 32b GmbHG a.F. in das Insolvenzrecht); *Thole*, ZHR 176 (2012), 513, 527 (zumindest als Rechtfertigung für den Nachrang gemäß § 39 Abs. 1 Nr. 5 InsO); a.A. *Gehrlein* in MüKo, InsO, § 135, Rn. 7.

und beugten ihrer missbräuchlichen Ausnutzung vor.[52] Eine weitere Ansicht begründet die Regelungen mit der besonderen Stellung der Gesellschafter innerhalb der Gesellschaft und dem Informationsvorsprung, der mit ihr einhergehe.[53]

## 2. Durch den BGH aufgestellte Grundsätze betreffend den Rangrücktritt

Die nachfolgend dargestellten BGH-Urteile haben jeweils die Voraussetzungen aufgezeigt, die ein Rangrücktritt mit dem Zweck der Vermeidung der Überschuldung einer Gesellschaft erfüllen muss. Da dies zumeist der in erster Linie verfolgte Zweck der Parteien einer Rangrücktrittsvereinbarung ist[54], sind die in diesen Urteilen aufgestellten Grundsätze von entscheidender Bedeutung für die Bestimmung der elementaren Eigenschaften von Rangrücktrittsvereinbarungen.

Das erste der Urteile erging kurze Zeit nach Inkrafttreten der InsO, aber noch vor der Änderung des Gesetzes durch das MoMiG. Das zweite Urteil betraf zwar ebenfalls einen Sachverhalt, der nach alter, vor Inkrafttreten des MoMiG geltender Rechtslage zu beurteilen war. Der IX. Senat erstreckt seine Ausführungen allerdings ausdrücklich auf die derzeit geltende Rechtslage.[55]

### *a) Die erforderliche Rangtiefe zum Zwecke der Vermeidung der Überschuldung (BGH, Urteil vom 08.01.2001 - II ZR 88/99)*

Nach dem Sachverhalt des Urteils vom 08.01.2001[56] war durch den II. Zivilsenat des BGH unter anderem festzustellen, zu welchem Zeitpunkt die Schuldnerin als insolvenzrechtlich überschuldet anzusehen war. Da der Schuldnerin eigenkapitalersetzende Gesellschafterdarlehen gewährt worden waren, musste der BGH prüfen, ob die Forderungen aus diesen Darlehen im Überschuldungsstatus der Schuldnerin zu berücksichtigen waren. Für eines dieser eigenkapitalersetzenden

---

52 *Huber/Habersack*, BB 2006, 1, 1f.; *Habersack*, ZIP 2007, 2145, 2147; *Huber* in FS Priester, S. 275 ff.; *Fedke*, NZG 2009, 928, 930; *Niesert/Hohler*, NZI 2009, 345, 348; *Gehrlein*, BB 2011, 3, 5.

53 *Gehrlein*, BB 2008, 846, 849 (Begründung mit dem „Näheverhältnis" der Gesellschafter zur Gesellschaft); *Gehrlein* in MüKo, InsO, § 135, Rn. 10 (Benachteiligung der anderen Gläubiger durch Verwendung einer missbräuchlichen Finanzierungsform, begründet auf Informationsvorsprung der Gesellschafter).

54 S. dazu noch unten B.IV.

55 BGH NJW 2015, 1672, 1673.

56 Die folgenden Ausführungen sind insgesamt diesen Fundstellen entnommen: BGHZ 146, 264 = NJW 2001, 1280.

Gesellschafterdarlehen war ein Rangrücktritt vereinbart worden. Dies nahm der BGH zum Anlass, die Anforderungen an einen überschuldungsvermeidenden Rangrücktritt festzuschreiben.

### *aa) Erfordernis der Vereinbarung eines Rangrücktritts*

Das Gericht stellte zunächst klar, dass allein die Einordnung als eigenkapitalersetzendes Gesellschafterdarlehen nicht dazu führen kann, dass die daraus resultierende Rückzahlungsforderung nicht im Überschuldungsstatus der Gesellschaft aufzuführen ist. Vielmehr müsse der betreffende Gesellschafter zuvor einen Rangrücktritt erklären, um diese Rechtsfolge herbeiführen zu können.

Forderungen aus eigenkapitalersetzenden Gesellschafterdarlehen verlören auch in Zeiten der Krise der Gesellschaft ihre Eigenschaft als Verbindlichkeit nicht. Ebenso wenig würden sie in dieser Zeit zu statutarischem Kapital der Gesellschaft. Darüber hinaus verdiene das Erhaltungsinteresse der Gesellschafter gegenüber dem Interesse der Gläubiger und der Allgemeinheit an einer auf rechtssicherer Grundlage getroffenen Entscheidung über die Insolvenzreife keinen Vorzug.

Der Geschäftsführer erhalte durch die Vereinbarung eines Rangrücktritts eine zweifelsfreie und rechtssichere Grundlage für die Entscheidung, ob die Gesellschaft überschuldet und ein Insolvenzantrag zu stellen sei.

### *bb) Inhaltliche Anforderungen an den überschuldungsvermeidenden Rangrücktritt*

Der Rangrücktritt müsse von dem Gesellschafter in der Weise erklärt werden, dass er

> „wegen der genannten Forderung erst nach der Befriedigung sämtlicher Gesellschaftsgläubiger und – bis zur Abwendung der Krise – auch nicht vor, sondern nur zugleich mit den Einlagerückgewähransprüchen seiner Mitgesellschafter berücksichtigt, also so behandelt werden [wolle], als handele es sich bei seiner Gesellschafterleistung um statutarisches Kapital“[57]

Stelle sich der Gesellschafter in dieser Weise wegen seiner Ansprüche auf dieselbe Stufe, auf der die Gesellschafter hinsichtlich der Einlagen ständen, bestünde keine Notwendigkeit, seine Forderung in der Überschuldungsbilanz zu passivieren. Eines Verzichtes auf die Forderung bedürfe es dann darüber hinaus nicht.

57 BGH NJW 2001, 1280, 1281.

### b) *Voraussetzungen des überschuldungsvermeidenden Rangrücktritts nach Inkrafttreten des MoMiG (BGH, Urteil vom 05.03.2015 – IX ZR 133/14)*

Eine zweite Grundsatzentscheidung zu den Voraussetzungen und Wirkungen des vertraglichen Rangrücktritts verkündete der IX. Zivilsenat des BGH am 05.03.2015.[58]

#### *aa) Dem Urteil zugrunde liegender Sachverhalt*

Die Schuldnerin, über deren Vermögen das Insolvenzverfahren eröffnet worden war, hatte zuvor im Rahmen einer Mezzanine-Finanzierung von zwei Gesellschaften jeweils ein Darlehen erhalten. In den Darlehensverträgen war ein Rangrücktritt des folgenden Inhalts vereinbart:

> „Die Gläubigerin tritt mit ihrem Anspruch auf Rückzahlung des Nominalbetrags und ihrem Anspruch auf Zinszahlung dergestalt im Rang hinter die Forderungen aller bestehenden und künftigen Gläubiger der Schuldnerin zurück, dass sie erst nach Befriedigung sämtlicher Gesellschaftsgläubiger und, soweit ein Liquidationsüberschuss oder ein die sonstigen Verbindlichkeiten übersteigendes Vermögen der Gesellschaft hierfür zur Verfügung steht, nur zugleich mit, im Rang jedoch vor den Einlagerückgewähransprüchen der Gesellschafter der Schuldnerin Erfüllung dieser Ansprüche verlangen kann. Der Nachrang gilt auch im Insolvenzverfahren. Der Rangrücktritt gilt nur, solange und soweit durch eine teilweise oder vollständige Befriedigung des im Rang zurückgetretenen Anspruchs der Gläubigerin eine Überschuldung oder eine Zahlungsunfähigkeit im insolvenzrechtlichen Sinne der Schuldnerin entsteht oder zu entstehen droht.“[59]

Der Insolvenzverwalter über das Vermögen der Schuldnerin machte im Wege der Klage einen Anspruch auf Rückzahlung der aufgrund des Darlehensvertrags geleisteten Zinszahlungen der Schuldnerin an die Darlehensgläubigerin geltend.

#### *bb) Inhaltliche Anforderungen an den überschuldungsvermeidenden Rangrücktritt*

Der IX. Zivilsenat schließt sich der Rechtsprechung des II. Zivilsenats an und verlangt für die überschuldungsvermeidende Wirkung das Vorliegen eines „qualifizierten Rangrücktritts“[60]. Dieser Rangrücktritt könne jedoch nicht nur mit einem Gesellschafter, sondern in Anwendung der § 19 Abs. 2 S. 2 i.V.m. § 39

---

58 Die folgenden Ausführungen sind insgesamt diesen Fundstellen entnommen: BGH NJW 2015, 1672 = ZIP 2015, 638 = WM 2015, 623 = DStR 2015, 767 = NZI 2015, 315.

59 BGH NJW 2015, 1672, 1672.

60 Zu diesem Begriff noch näher unter B.III.3.c).

Abs. 2 InsO über deren Wortlaut hinaus auch mit einem außenstehenden Dritten vereinbart werden.

Die Rangrücktrittsvereinbarung müsse sich sowohl auf den Zeitraum vor als auch nach der Insolvenzeröffnung erstrecken. Der Rangrücktritt sei in diesem Sinne als rechtsgeschäftliches Zahlungsverbot auszugestalten, das eine Befriedigung der Forderung des Gläubigers außerhalb des Insolvenzverfahrens nur aus ungebundenem Vermögen und im eröffneten Insolvenzverfahren nur im Rang nach allen übrigen Gläubigern ermögliche. Diese Einschränkungen müssten zudem dauerhaft gelten und dürften zeitlich nicht begrenzt sein.

Im Übrigen sei auf die bereits vom II. Zivilsenat in der oben ausgeführten Entscheidung[61] aufgestellten Grundsätze für die Rangrücktrittsvereinbarung zurückzugreifen. Abweichend von diesen Grundsätzen könne die Vereinbarung nach neuer Rechtslage entsprechend dem Wortlaut des §§ 19 Abs. 2 S. 2, 39 Abs. 2 InsO allerdings darauf beschränkt werden, hinter die Forderungen aus § 39 Abs. 1 Nr. 5 InsO zurückzutreten; eine Gleichstellung mit den Einlagerückgewähransprüchen der Gesellschafter sei demnach nach neuer Rechtslage nicht mehr erforderlich.

#### *cc) Rangrücktritt als Schuldänderungsvertrag gemäß § 311 Abs. 1 BGB*

Liege der Zweck einer Rangrücktrittsvereinbarung darin, die Forderung in der Überschuldungsbilanz nicht passivieren zu müssen, bilde die Vereinbarung einen verfügenden Schuldänderungsvertrag gemäß § 311 Abs. 1 BGB. Die Forderung werde hierdurch inhaltlich dahingehend umgewandelt, dass sie nicht mehr zu passivieren sei.

#### *dd) Zahlungen entgegen der Rangrücktrittsvereinbarung entsprechen einer Zahlung ohne Rechtsgrund i.S.d. § 812 Abs. 1 S. 1 F. 1 BGB*

Würden durch die Schuldnerin Zahlungen zu einer Zeit erbracht, zu der die vorinsolvenzliche Wirkung der Rangrücktrittsvereinbarung eingreife, handele es sich dabei um Zahlungen ohne Rechtsgrund i.S.d. § 812 Abs. 1 S. 1 F. 1 BGB. Sofern die Forderungen nicht aus dem freien Vermögen der Schuldnerin erbracht werden könnten, sei ein Zahlungsanspruch der Gläubigerin nicht gegeben.

In der Rangrücktrittsvereinbarung verwirkliche sich eine Durchsetzungssperre, die auf Grund einer rechtsgeschäftlichen Vereinbarung der Bindung kapitalersetzender Darlehen entspreche. Das rechtsgeschäftlich vereinbarte Zahlungsverbot sei insoweit einem gesetzlichen Zahlungsverbot, wie es nach dem

61 Vgl. B.II.2.a).

Eigenkapitalersatzrecht bestanden habe, gleichzusetzen. Daher leiste der Schuldner, der die Forderung bei Insolvenzreife entgegen der Rangrücktrittsvereinbarung berichtige, infolge der Schuldänderung auf eine Nichtschuld.

#### *ee) Rangrücktrittsvereinbarung als Vertrag zugunsten Dritter gemäß § 328 Abs. 1 BGB*

Die Rangrücktrittsvereinbarung sei darüber hinaus nach dem Willen der Vertragsschließenden als Vertrag zu Gunsten der übrigen Gläubiger des Schuldners (§ 328 Abs. 2 BGB) zu verstehen. Zugunsten der Gläubiger werde durch die Rangrücktrittsvereinbarung erklärt, dass die zurücktretende Forderung mangels Passivierungspflicht nicht die Insolvenz des Schuldners auslösen werde, was eine volle Befriedigung der übrigen Gläubigerforderungen erwarten lasse. Der Wille der Vertragsparteien eines Rangrücktritts sei damit notwendigerweise auf die Begünstigung der übrigen Gläubiger gerichtet. Die fehlende Konkretisierung der begünstigten Gläubiger stehe der Annahme eines Vertrags zugunsten Dritter nicht entgegen, denn auch die nachträgliche Bestimmbarkeit sei nach den Grundsätzen des § 328 Abs. 2 BGB ausreichend.

Da ein Vertrag zugunsten eines Dritten grundsätzlich nicht ohne dessen Zustimmung aufgehoben werden könne, gelte dies auch für die Rangrücktrittsvereinbarung. Zudem müsse die Vereinbarung dauerhaft Bestand haben, da sie andernfalls die Suspendierung eines Insolvenzeröffnungsgrundes nicht rechtfertigen könne. Das Recht des Dritten könne aber beispielsweise an die Voraussetzung geknüpft werden, dass es nur besteht, solange nicht die Forderung des zurücktretenden Gläubigers aus ungebundenem Vermögen berichtigt werden kann.

#### *ff) Berichtigung einer rechtsgeschäftlich nachrangigen Forderung als unentgeltliche Leistung gemäß § 134 Abs. 1 InsO*

Hinzu käme, dass die Befriedigung einer Forderung, für die ein überschuldungsvermeidender Rangrücktritt vereinbart war, gemäß der Regelung des § 134 Abs. 1 InsO als unentgeltliche Leistung anfechtbar sei. Da der nachrangige Anspruch während der Insolvenzreife der Schuldnerin nicht bestehe und eine in dieser Zeit erfolgte Leistung eine Nichtschuld darstelle, handele es sich dabei zugleich um eine unentgeltliche Leistung.

## III. Arten von Rangrücktrittsvereinbarungen

Unumgänglich für die weitere Bearbeitung ist es zunächst, den Begriff der Rangrücktrittsvereinbarung eindeutig zu bestimmen. Obwohl die „Rangrücktrittsvereinbarung“ ein Rechtsbegriff ist, erfolgt seine Verwendung in Literatur und

Rechtsprechung nämlich nicht einheitlich. Ebenso verhält es sich mit den Begriffen des „Nachrangs“ und des „Rangrücktritts“. Eine klare Einordnung lässt sich durch einen Blick in das Gesetz erleichtern.

## I. Der Rangrücktritt im Sachenrecht

Zum einen finden sich auf dem Gebiet des Immobiliarsachenrechts in den §§ 879 ff. BGB gesetzliche Regelungen, die den Rang der Rechte an einer Immobilie betreffen. Der Rang bestimmt im Zwangsversteigerungsverfahren, in welcher Reihenfolge die Befriedigung erfolgt.[62] Aus den §§ 879 Abs. 3, 880 BGB folgt, dass in Bezug auf diese Rechte ein Rangrücktritt vereinbart werden kann, wodurch ein bereits im Grundbuch eingetragenes Recht nachträglich hinter ein anderes zurücktritt.[63] Dieser sachenrechtliche Rangrücktritt soll jedoch nicht Gegenstand der weiteren Untersuchung sein.

## 2. Der Rangrücktritt im Insolvenzrecht

Wie bereits erwähnt, enthält auch die InsO in § 39 Abs. 1 und 2 eine Vorschrift über den Nachrang von Forderungen, hier allerdings für den Fall der Eröffnung des Insolvenzverfahrens. Es handelt sich dabei um eine Bestimmung, die die Verteilung der Masse im Insolvenzverfahren über das Vermögen eines Schuldners auf verschiedene Gläubigergruppen regeln soll. Die nachrangigen Gläubiger sind dementsprechend erst zu berücksichtigen, wenn alle anderen Insolvenzgläubiger bereits vollständige Befriedigung erlangt haben[64] und auch die Forderungen der zweiten Rangklasse werden erst befriedigt, wenn die erste Rangklasse zuvor vollständig befriedigt wurde.[65] Dabei handelt es sich nur dem Anschein nach um eine Abweichung von dem für das Insolvenzverfahren geltenden Grundsatz der *par conditio creditorum*, wonach alle Gläubiger gleich zu behandeln sind.[66]

---

62 Vgl. § 10 Abs. 1 Nr. 4, 6, 8 i.V.m. § 11 ZVG, *Kohler* in MüKo BGB, § 879, Rn. 1.

63 *Kohler* in MüKo BGB, § 879, Rn. 34.

64 Schmidt/*Lüdtke*, InsO, § 39, Rn. 4; FK-InsO/*Bornemann*, § 39, Rn. 1; *Primozic/Schaaf*, ZInsO 2014, 1831, 1831; Braun/*Bäuerle*, InsO, § 39, Rn. 3; *Ehricke* in MüKo InsO, § 39, Rn. 1.

65 KPB/*Preuß*, InsO, § 39, Rn. 8.

66 Näher dazu FK-InsO/*Bornemann*, § 39, Rn. 2.

### 3. Die verschiedenen Bedeutungen des Rangrücktritts im Insolvenzrecht

Obwohl die „Rangrücktrittsvereinbarung“ im Bereich des Insolvenzrechts eindeutig geregelt zu sein scheint, wird der Begriff weder einheitlich noch präzise verwendet. Das ist im Wesentlichen darauf zurückzuführen, dass das Instrument des Rangrücktritts zur Vermeidung der Überschuldung bereits seit beinahe 100 Jahren existiert[67], die erwähnte gesetzliche Regelung aber erst seit Inkrafttreten der Insolvenzordnung im Jahre 1999 besteht.

Im Folgenden werden die verschiedenen Arten und Bedeutungen von Rangrücktrittserklärungen, wie sie von Literatur und Rechtsprechung ins Feld geführt werden, näher dargestellt und es wird der Versuch einer rechtlichen Einordnung unternommen. Die Klassifizierung dient insbesondere dazu, das Verständnis der nachfolgenden Ausführungen zu erleichtern.

#### *a) „Relativer Rangrücktritt“*

Die erste Erscheinungsform des Rangrücktritts ist der „relative Rangrücktritt“. Hierbei handelt es sich um einen vertraglich vereinbarten Forderungsrücktritt, den ein Gläubiger zugunsten eines oder mehrerer bestimmter anderer Gläubiger eines gemeinsamen Schuldners erklärt.[68] Die Rechtsfolgen des „Rangrücktritts“ werden in der Vereinbarung dahingehend näher geregelt, dass die Forderung des zurücktretenden Schuldners erst berücksichtigt wird, wenn der oder die ihm vorrangige/n Gläubiger bereits (vollständig) befriedigt wurde/n.[69] Für eine solche Vereinbarung ist auch die Bezeichnung als „Intercreditor-Agreement“[70] geläufig.

Diese Form des „Rangrücktritts“ ist streng von dem in der Insolvenzordnung geregelten Rangrücktritt zu unterscheiden. Die zurücktretende Partei eines „relativen Rangrücktritts“ verfolgt das Ziel, lediglich einzelne Gläubiger zu begünstigen und nicht, dass sie in der Insolvenz des Schuldners erst nach sämtlichen anderen Gläubigern berücksichtigt wird, wie es die Rechtsfolge des § 39 Abs. 2

---

67 S. dazu oben B.I.

68 Vgl. hierzu *Peine/Weiers* in Bösl/Schimpfky/Beauvais, Fremdfinanzierung, § 10, Rn. 1 ff (hier wird allerdings der insolvenzrechtliche Rangrücktritt i.S.d. § 39 Abs. 2 InsO fehlerhaft als „qualifizierter Rangrücktritt“ bezeichnet); *Sutter/Fiedler*, ZInsO 2011, 552, 553 ff; *Diem*, Akquisitionsfinanzierungen, § 40, Rn. 21; *Kiethe*, DStR 2006, 1763, 1764; Braun/*Bäuerle*, InsO, § 39, Rn. 31.

69 *Primozic/Schaaf*, ZInsO 2014, 1831, 1832.

70 *Sutter/Fiedler*, ZInsO 2011, 552; *Diem*, Akquisitionsfinanzierungen, § 38, Rn. 2.

InsO vorsähe. Damit ist der „relative Rangrücktritt" ein Sonderfall einer Nachrangvereinbarung und in seiner Auswirkung durch die jeweilige Formulierung im Vertrag zwischen Gläubiger und Schuldner oder zurücktretendem Gläubiger und vorrangigem Gläubiger begrenzt. Die Rechtsfolgen können demnach je nach Ausgestaltung der Vereinbarung differieren. Die „absolut" gegenüber sämtlichen Gläubigern des Schuldners wirkenden Rechtsfolgen des gesetzlichen Nachrangs gemäß § 39 InsO werden dabei allerdings regelmäßig nicht vereinbart.

Die folgenden Ausführungen beschränken sich daher auf den in § 39 Abs. 2 InsO gesetzlich geregelten Fall der Rangrücktrittsvereinbarung, die gegenüber sämtlichen Gläubigern wirkt.

#### *b) Die insolvenzrechtliche Rangrücktrittsvereinbarung gemäß § 39 Abs. 2 InsO*

Der in § 39 Abs. 2 InsO geregelte Rangrücktritt wird im Folgenden auch als „insolvenzrechtlicher Rangrücktritt" bezeichnet. Diese Bezeichnung ermöglicht eine begriffliche Differenzierung gegenüber den anderen Arten – namentlich dem „relativen Rangrücktritt", dem „qualifizierten Rangrücktritt" und dem „einfachen Rangrücktritt" – von Vereinbarungen.

Wie bereits oben erläutert, kann vertraglich bestimmt werden, in welchem Rang eine Forderung in der Insolvenz des Schuldners befriedigt werden soll.[71] Zusätzlich besteht die Möglichkeit, den „insolvenzrechtlichen Rangrücktritt" um eine Vereinbarung zu ergänzen, die in der Zeit vor der Eröffnung des Insolvenzverfahrens über das Vermögen des Schuldners Wirkungen entfaltet. In der Literatur wird eine solche Vereinbarung gemeinhin als „Durchsetzungssperre" bezeichnet.[72] Um die unterschiedliche Wirkungsweise von insolvenzrechtlichem Rangrücktritt und einer „Durchsetzungssperre" hervorzuheben, wird die zweite Kategorie von Vereinbarungen im Folgenden als „materiellrechtlich wirkende Vereinbarung" bezeichnet. Dies vor allem vor dem Hintergrund, dass, wie noch näher auszuführen sein wird[73], die Wirkungen der insolvenzrechtlichen Rangrücktrittsvereinbarung nach der Formulierung des § 39 Abs. 2 InsO auf das Verfahrensrecht beschränkt sind[74], während eine Vereinbarung, die die

---

71 S. zu der Ausgestaltung der Vereinbarung bereits oben B.II.1.a)bb).

72 *Habersack*, ZGR 2000, 384, 404; *Bitter/Rauhut*, ZIP 2014, 1005, 1008; Ulmer/*Habersack*, GmbHG, Anh. § 30, Rn. 184.

73 S. unter B.V.2.a).

74 § 39 Abs. 2 InsO: „Forderungen, für die zwischen Gläubiger und Schuldner der Nachrang *im [Hervorhebung durch Verf.]* Insolvenzverfahren vereinbart worden ist [...]".

Durchsetzung einer Forderung in der Zeit vor der Eröffnung des Insolvenzverfahrens hindern soll, eine Wirkung im materiellen Recht in der Weise entfalten muss, dass der Forderung eine Einwendung entgegensteht oder eine Einrede entgegengehalten werden kann.

### *c) „Einfacher" und „qualifizierter" Rangrücktritt*

Der Begriff des „qualifizierten Rangrücktritts" kam in der Folge der Entscheidung des BGH vom 08.01.2001[75] auf. Die Anforderungen[76], die der BGH danach an einen gewillkürten Rangrücktritt stellte, um die Passivierung der Forderung in der Überschuldungsbilanz vermeiden zu können, wurden anschließend in der Literatur als „qualifizierter Rangrücktritt" tituliert.[77] Der „einfache Rangrücktritt" war demgegenüber ein vertraglicher Rangrücktritt, der diesen Anforderungen nicht gerecht wurde und somit auch nicht dazu geeignet war, die Überschuldung abzuwenden. Darüber, welche Merkmale den „einfachen Rangrücktritt" im Einzelnen auszeichnen, besteht jedoch Uneinigkeit. Laut einigen Stimmen in der Literatur liege der Unterschied zum „qualifizierten Rangrücktritt" darin, dass bei jenem eine Befriedigung der Forderung erst auf derselben Stufe wie die Einlagenrückgewähransprüche der Gesellschafter erfolgen könne, während beim „einfachen Rangrücktritt" eine Befriedigung bereits nach allen anderen Gläubigern möglich sei.[78] Andere verstehen den „einfachen Rangrücktritt" als eine Vereinbarung, nach der der Gläubiger lediglich aus künftigen Gewinnen, einem Liquidationsüberschuss oder aus sonstigem frei verfügbarem

---

75 BGHZ 146, 264 = BGH NJW 2001, 1280; s. dazu näher oben B.II.2.a).

76 „[...] *der betreffende Gesellschafter seinen Rangrücktritt, also sinngemäß erklärt hat, er wolle wegen der genannten Forderung erst nach der Befriedigung sämtlicher Gesellschaftsgläubiger und – bis zur Abwendung der Krise – auch nicht vor, sondern nur zugleich mit den Einlagerückgewähransprüchen seiner Mitgesellschafter berücksichtigt, also so behandelt werden, als handele es sich bei seiner Gesellschafterleistung um statutarisches Kapital.*" BGHZ 146, 246, 271 = NJW 2001, 1280, 1281.

77 *Winnefeld*, Bilanz-Handbuch, Kapitel D, Rn. 1538; *Schwenker/Fischer*, DStR 2010, 1117, 1117; *Heerma*, BB 2005, 537, 537; *Berndt*, BB 2006, 2744, 2744; *Westerburg/Schwenn*, BB 2006, 501, 501 f.; *Seppelt*, BB 2010, 1395, 1396; *Kammeter/Geißelmeier*, NZI 2007, 214, 214 f.; *Primozic/Schaaf*, ZInsO 2014, 1831, 1831; *Schmidt, Karsten*, DB 2006, 2503, 2503; *Obermüller*, Insolvenzrecht, Rn. 1.1345.

78 *Winnefeld*, Bilanz-Handbuch, Kapitel D, Rn. 1538; *Schwenker/Fischer*, DStR 2010, 1117, 1117; *Heerma*, BB 2005, 537, 537; *Obermüller*, Insolvenzrecht, Rn. 1.1345; *Primozic/Schaaf*, ZInsO 2014, 1831, 1831.

Vermögen befriedigt werden dürfe, während beim „qualifizierten Rangrücktritt" eine Gleichbehandlung mit statutarischem Kapital erfolge.[79]

Was nun tatsächlich unter einem „einfachen Rangrücktritt" zu verstehen ist, mag dahingestellt bleiben, da dieser Begriff insbesondere in der wichtigen Frage nach der Passivierung von Forderungen in der Überschuldungsbilanz keine Rolle spielt.[80] Festzuhalten ist aber, dass sowohl der „einfache" als auch der „qualifizierte" Rangrücktritt Rechtsfolgen in der Zeit vor der Eröffnung des Insolvenzverfahrens und im eröffneten Verfahren entfalten. Vorinsolvenzlich äußert sich dies, indem die Rückzahlbarkeit mittels einer Durchsetzungssperre beschränkt wird und indem die Forderung im eröffneten Insolvenzverfahren bei der Verteilung der Masse nachrangig berücksichtigt wird. Sowohl nach der Ansicht des BGH als auch nach den sich anschließenden Literaturmeinungen hatte der „nur" insolvenzrechtlich wirkende Rangrücktritt gemäß § 39 Abs. 2 InsO keine praktische Bedeutung.

Nach dem Inkrafttreten des MoMiG entwickelte sich schließlich eine weitere Meinung, die einen „qualifizierten Rangrücktritt" bereits annahm, sofern eine Forderung in den Rang des § 39 Abs. 2 InsO zurücktritt, also lediglich im Insolvenzverfahren nachrangig ist.[81] Dieser Ansatz wurde allerdings spätestens mit dem Urteil des BGH vom 05.03.2015[82] unbeachtlich. In dieser Entscheidung beruft sich der IX. Senat ausdrücklich auf die Notwendigkeit der Vereinbarung eines „qualifizierten Rangrücktritts" entsprechend den Grundsätzen, die der II. Senat ursprünglich aufgestellt hatte.[83]

## IV. Gründe für die Vereinbarung eines Rangrücktritts

Ein evidenter Grund für den Abschluss einer Rangrücktrittsvereinbarung liegt darin, die Eröffnung des Insolvenzverfahrens über das Vermögen der

---

79 *Berndt*, BB 2006, 2744, 2744; *Westerburg/Schwenn*, BB 2006, 501, 501 f.; *Seppelt*, BB 2010, 1395, 1396; *Kammeter/Geißelmeier*, NZI 2007, 214, 214 f.; *Mühlhaus/Kaltenhäuser*, GmbH-StB 2012, 185, 186.

80 Das Urteil des BGH vom 05.03.2015 (=NJW 2015, 2172) erörtert die Frage nach den Voraussetzungen einer Rangrücktrittsvereinbarung zum Zwecke der Nichtpassivierung der Forderung in der Überschuldungsbilanz allein anhand des Begriffes der „qualifizierten Rangrücktrittsvereinbarung" und beruft sich auf BGHZ 146, 264 = BGH NJW 2001, 1280. Der „einfache Rangrücktritt" wird dabei nicht erwähnt; s. dazu bereits oben B.II.2.b)bb).

81 *Gundlach/Frenzel/Strandmann*, NZI 2008, 647, 650.

82 BGH NJW 2015, 1672 = NZI 2015, 315; vgl. auch oben B.II.2.b).

83 Vgl. dazu oben B.II.2.b)bb).

Schuldnerin zu vermeiden oder zu verzögern, indem das Eingreifen der Insolvenzeröffnungsgründe verhindert wird.[84] Die Vermeidung der Überschuldung lässt sich erreichen, indem die Forderung, für die der Rangrücktritt vereinbart wird, nicht mehr in der Überschuldungsbilanz der Schuldnerin passiviert wird.[85] Der Zahlungsunfähigkeit kann entgangen werden, wenn die fälligen Forderungen nicht die liquiden Mittel der Schuldnerin übersteigen.[86]

Daneben ist die Vereinbarung eines Rangrücktritts auch regelmäßig Bestandteil verschiedener mezzaniner Finanzierungsinstrumente.[87] Insbesondere bei der Ausgabe von Genussrechten dient sie – den Bilanzierungsstandards des IDW entsprechend[88] – neben der Erfüllung anderer Voraussetzungen dazu, in der Handelsbilanz eine Bilanzierung des überlassenen Kapitals als Eigenkapital der das Genussrecht emittierenden Gesellschaft zu ermöglichen.[89] Nach der Stellungnahme des Hauptfachausschusses des IDW soll der Nachrang sicherstellen, dass die Ansprüche der Genussrechtsinhaber in der Insolvenz des Emittenten keinen Vorrang gegenüber den Ansprüchen der übrigen Gläubiger genießen.[90] Insoweit ähnelt die Vorgabe des IDW der gesetzlich geregelten Rangrücktrittsvereinbarung, die in § 39 Abs. 2 InsO eine Befriedigung in der Insolvenz im

---

84 Zur Vermeidung der Überschuldung: *Winnefeld*, Bilanz-Handbuch, Kapitel D, Rn. 1538; *Funk*, BB 2009, 867, 867; *Berndt*, BB 2006, 2744, 2744; *Seppelt*, BB 2010, 1395, 1395; *Heerma*, BB 2005, 537, 538; *Janssen*, BB 2005, 1895, 1896; *Schildknecht*, DStR 2005, 181, 181; *Mühlhaus/Kaltenhäuser*, GmbH-StB 2012, 185, 186; *Herlinghaus*, Forderungsverzichte, S. 89; *Bitter*, ZIP 2013, 2, 2; *Habersack*, ZGR 2000, 384, 400.

85 Dazu noch ausführlich unter C.I.

86 Dazu noch ausführlich unter C.II.

87 Mezzanine Finanzierungsinstrumente sind hybride Finanzierungsformen, die sowohl rechtlich als auch wirtschaftlich eine Zwischenform aus Eigen- und Fremdkapital darstellen, indem sie Merkmale beider Finanzierungsformen miteinander kombinieren, vgl. *Poelzig*, WM 2014, 917, 917.

88 Vgl. dazu §§ 16A, 16C, A14A IAS 32; IDW HFA 1/1994 „Zur Behandlung von Genußrechten im Jahresabschluss von Kapitalgesellschaften“ 2.1.1.a).

89 *Baetge/Brüggemann*, DB 2005, 2145, 2146 f.; *Zitzelsberger* in Bösl/Schimpfky/Beauvais, Fremdfinanzierung, § 12, Rn. 37; *Bünning*, BB 2014, 2667, 2670; *Hultsch/Roß/Drögemüller*, BB 2007, 819, 819.

90 „*Das durch schuldrechtliche Vereinbarung überlassene Genußrechtskapital erfüllt das Kriterium der Nachrangigkeit, sofern im Konkurs- oder Liquidationsfall ein Rückzahlungsanspruch der Genußrechtsinhaber erst nach Befriedigung aller anderen Gläubiger, deren Kapitalüberlassung nicht den Kriterien für einen Eigenkapitalausweis genügt, geltend gemacht werden kann*“ IDW HFA 1/1994 2.1.1.a); *Baetge/Brüggemann*, DB 2005, 2145, 2147.

Zweifel nach sämtlichen anderen Gläubigern – auch den gesetzlich gemäß § 39 Abs. 1 InsO nachrangigen – vorsieht.

Die Vereinbarung eines Rangrücktritts spielt ebenso bei der neueren Finanzierungsart von Start-up-Unternehmen, dem Crowdinvesting[91], eine erhebliche Rolle. Die „Beteiligung" der Investoren erfolgt hier häufig durch den Abschluss eines „partiarischen Nachrangdarlehens".[92] Der Vorteil der Rangrücktrittsvereinbarung für die Kapitalnehmer liegt darin, dass die Aufnahme von Fremdkapital durch Kredite wahrscheinlicher wird, wenn das Kapital der Nachrangdarlehensgeber als wirtschaftliches Eigenkapital angesehen werden kann.[93] Die Anleger werden dazu bewogen, in solche „Nachrangdarlehen" zu investieren, indem ihnen ein besonders hoher Zins in Aussicht gestellt wird.[94] Dabei besteht jedoch die Gefahr, dass die Risiken, die insbesondere der Rangrücktritt mit sich bringt, nicht überschaut werden. Auch aus diesem Grund hat der Gesetzgeber mit dem neuen Kleinanlegerschutzgesetz in § 1 Abs. 2 Nr. 4 VermAnlG eine Prospektpflicht für Nachrangdarlehen vorgesehen.[95] Auch die BaFin warnt in einem auf ihrer Internetseite veröffentlichten Artikel vor den Risiken von Nachrangdarlehen.[96]

## V. Rechtsnatur der Rangrücktrittsvereinbarung

Da die Rechtsfigur der Rangrücktrittsvereinbarung als Instrument für die Vermeidung der Überschuldung von der juristischen Praxis entwickelt wurde, gab es von Beginn an eine Auseinandersetzung darüber, wie sie rechtstheoretisch einzuordnen ist.[97]

---

91 Näheres zu Bedeutung und Umfang des Crowdinvestings bei *Herr/Bantleon*, DStR 2015, 532.

92 Vgl. hierzu die Bedingungen der größten Crowdinvesting-Plattformen Companisto (https://www.companisto.com/de/how-companisto-works) und Seedmatch (https://www.seedmatch.de/faq) (30.05.2015).

93 *Poelzig*, WM 2014, 917, 917.

94 *Poelzig*, WM 2014, 917, 917; *Kiethe*, DStR 2006, 1763, 1764.

95 BGBl 2015 I, S. 1114; s. auch BT-Drs. 18/3994, S. 9, 38 f.

96 *Fußwinkel, O.*, Qualifizierte Nachrangklauseln: Alles oder nichts – Risiken für Anleger im Grauen Kapitalmarkt, http://www.bafin.de/SharedDocs/Veroeffentlichungen/DE/Fachartikel/2014/fa_bj_1408_qualifizierte_nachrangklauseln.html (30.5.2015).

97 Ausführliche Darstellungen über den Streitstand z.B. in *Teller/Steffan*, Rangrücktrittsvereinbarungen, Rn. 306 ff., *Peters*, WM 1988, 685, 686 ff.

## 1. Meinungsstand in Literatur und Rechtsprechung

In der Literatur wurden und werden teilweise noch im Wesentlichen drei verschiedene Ansichten in Bezug auf die rechtliche Einordung der Rangrücktrittsvereinbarung vertreten. In Betracht kämen danach ein Forderungsverzicht, ein pactum de non petendo oder ein Schuldänderungsvertrag.

### *a) Forderungserlass*

Zu Beginn der Diskussion um den Rangrücktritt als Sanierungsinstrument wurde vielfach die Meinung vertreten, eine Forderung, deren Passivierung in der Überschuldungsbilanz entfallen soll, müsse erlassen werden. Der Rangrücktritt bewirke einen bedingten oder modifizierten Erlass und sobald die Schuldnergesellschaft wieder einen Gewinn erwirtschafte, solle die Forderung wieder aufleben.[98] Auch der BFH qualifizierte in einem Urteil die Rangrücktrittsvereinbarung als auflösend bedingt vereinbarten Forderungsverzicht.[99] Allerdings wurde die fragliche Klausel bereits im Tatbestand des Urteils aufgrund der Angaben der Parteien als Forderungsverzicht mit Besserungsabrede bezeichnet.[100] Folglich hat das Gericht keine eigene Entscheidung über die Rechtsnatur der Vereinbarung getroffen, sondern sich lediglich der von den Parteien gewählten Rechtskonstruktion angeschlossen. In einer späteren Entscheidung betonte der BFH dann, dass in der Erklärung eines Rangrücktritts kein Forderungsverzicht liege.[101]

Auch die Begründung des Gesetzentwurfs der Bundesregierung zur Insolvenzordnung ließ aufgrund seiner Formulierung zunächst an eine rechtliche Einordnung als Forderungserlass denken.[102] Später wird in der Begründung jedoch

---

98 *Priester* sieht den Rangrücktritt als auflösend bedingten Erlass der Forderung, die wiederum selbst aufschiebend bedingt ist auf den Eintritt eines Bilanzgewinns, DB 1977, 2429, 2433; für *Haack* wird die Rechtsnatur durch den erwünschten Erfolg bestimmt, beim nachträglichen Rangrücktritt sei ein auflösend bedingter Erlass anzunehmen, KTS 1980, 309, 312; *Serick* vertritt die Auffassung, dass die Rangrücktrittsvereinbarung einen modifizierten Erlass der Forderung darstelle ZIP 1980, 9, 14f.

99 BFHE 161, 87, 93 = BB 1990, 1960.

100 BFHE 161, 87, 88 = BB 1990, 1960.

101 BFHE 204, 438, 441 = BB 2004, 995.

102 BT-Drs. 12/2443, S. 115: „*Dem Bedürfnis der Praxis, durch den Rangrücktritt eines Gläubigers den Eintritt einer Überschuldung wieder zu beseitigen, kann in der Weise Rechnung getragen werden, dass die Forderung des Gläubigers für den Fall der Eröffnung eines Insolvenzverfahrens erlassen wird.*“

zwischen Forderungserlass und Rangrücktrittsvereinbarung differenziert.[103] Dem lässt sich entnehmen, dass während des Gangs des Gesetzgebungsverfahrens in dieser Frage keine abschließende Entscheidung getroffen werden sollte, sondern vermutlich nur eine unpräzise Formulierung gewählt wurde.

Der BGH hat in dem Urteil vom 08.01.2001, in dem er die Voraussetzungen für einen überschuldungsvermeidenden Rangrücktritt aufstellte, klargestellt, dass eine Rangrücktrittsvereinbarung einem Forderungsverzicht nicht gleichzustellen sei.[104] Allerdings kam es dem II. Senat nicht darauf an, eine Rechtsnatur für die Rangrücktrittsvereinbarung zu definieren. Im Mittelpunkt stand vielmehr die Aussage, dass mit der Vereinbarung eine bestimmte Wirkung erzeugt werden soll. Diese liegt darin, die betreffende Forderung bis zur Abwendung der Krise wie die Einlagenrückgewähransprüche der Gesellschafter zu behandeln. Auf welche Weise und mithilfe welcher rechtlichen Konstruktionen dieses Ziel erreicht wird, bleibt hingegen den Parteien der Vereinbarung überlassen.

Die Kritiker der Erlasstheorien stellten insbesondere darauf ab, dass ein Forderungsverzicht nicht dem Interesse der Parteien entsprechen könne.[105] Ein Forderungserlass führe dazu, dass akzessorische Sicherheiten nicht mehr geltend gemacht werden könnten und auch eine Verzinsung der Forderung ins Leere ginge.[106] In der Tat leuchtet nicht ein, warum eine Vereinbarung als „Rangrücktritt" bezeichnet werden sollte, wenn sie tatsächlich auf einen Erlass der Forderung abzielt. Nach der inzwischen geltenden Gesetzeslage ist eine Einordnung als Forderungserlass überdies nicht mehr vertretbar. Gemäß § 39 Abs. 1 und 2 InsO nachrangige Forderungen nehmen, im Gegensatz zum Recht nach der KO, als Insolvenzforderungen am Verfahren teil und haben damit jedenfalls eine theoretische Aussicht auf Befriedigung.[107] Darüber hinaus kann gemäß § 19 Abs. 2 S. 2 InsO die Passivierung in der Überschuldungsbilanz durch Vereinbarung eines Rangrücktritts vermieden werden, ohne dass es eines Erlasses der Forderung bedürfte. Daraus folgt, dass bei der Auslegung einer Rangrücktrittsvereinbarung ein stillschweigender Erlass der Forderung nicht angenommen werden kann,

---

103 BT-Drs. 12/2443, S. 123: *„Aus Absatz 2 ergibt sich, daß eine Forderung, deren Nachrang vertraglich vereinbart ist, im Verhältnis zu den übrigen nachrangigen Forderungen grundsätzlich mit dem vereinbarten Rang berichtigt wird. […] Die Möglichkeit, eine Forderung für den Fall der Eröffnung des Insolvenzverfahrens zu erlassen, bleibt unberührt.*"

104 BGHZ 146, 264, 271 = NJW 2001, 1280, 1281; vgl. dazu bereits oben B.II.2.a).

105 *Häuselmann*, BB 1993, 1552, 1553; *Knobbe-Keuk*, ZIP 1983, 127, 130.

106 BGH NJW 2015, 1672, 1675 = NZI 2015, 315, 317.

107 Vgl. oben B.II.1.a)bb)

sofern eine Möglichkeit zur Verfügung steht, die weniger einschneidende Konsequenzen für den Gläubiger hätte. Die Theorie des Forderungserlasses ist daher überholt[108] und wird, soweit ersichtlich, auch nicht mehr vertreten.

### *b) Pactum de non petendo*

Da der Forderungserlass vielfach als zu weitreichend empfunden wurde, ordneten andere Autoren die Rangrücktrittsvereinbarung vermehrt als pactum de non petendo ein.[109] Auch der BGH hat in einem Beschluss aus dem Jahr 2005 die Auslegung einer Rangrücktrittsvereinbarung als pactum de non petendo durch das Berufungsgericht als rechtsfehlerfrei und mit der Rechtsprechung des BGH in Einklang stehend akzeptiert.[110]

Allerdings bestehen bei dieser Rechtsfigur gleichermaßen einige Auslegungsschwierigkeiten. So kann das pactum de non petendo einerseits als prozessual wirkendes Stillhalteabkommen und andererseits als materiellrechtlich wirkende Einrede ausgestaltet sein.[111] Die prozessuale Wirkung der Vereinbarung führt dazu, dass eine Klage auf die betreffende Forderung als unzulässig abgewiesen werden muss,[112] während sich die Vereinbarung bei materiellrechtlicher Wirkung auf die Fälligkeit der Forderung auswirkt.[113] Welche Ausgestaltung gewollt ist, muss durch Auslegung der jeweiligen Vereinbarung ermittelt werden. Der BGH geht in seiner Rechtsprechung allerdings grundsätzlich davon aus, dass aus einem pactum de non petendo ein Leistungsverweigerungsrecht und mithin eine materiellrechtliche Wirkung folgt.[114]

Die Gegner der Einordnung der Rangrücktrittsvereinbarung als pactum de non petendo beriefen sich insbesondere darauf, dass der meist verfolgte Zweck

---

108 Schon der BGH hat in seiner Entscheidung v. 08.01.2001 den Erlass einer Forderung nicht mehr für die Nichtpassivierung einer Forderung in der Überschuldungsbilanz vorausgesetzt, BGHZ 146, 264, 271 = BGH NJW 2001, 1280, 1281.

109 *K. Schmidt*, GmbHR 1999, 9, 13, in FS Frotscher, S. 535, 545 und ZIP 2015, 901, 910; Uhlenbruck/*Mock*, InsO, § 19, Rn. 228; *Häuselmann*, BB 1993, 1552, 1553; *K. Schmidt*, GmbHR 1999, 9, 13 und in FS Frotscher, S. 535, 545; *Braun*, DStR 2012, 1369, 1360 (pactum de non petendo verbunden mit einer Besserungsklausel); *Groh*, BB 1993, 1882, 1883.

110 BGH, Beschluss v. 20.1.2005 – IX ZR 140/01.

111 *Krüger* in MüKo BGB, § 271, Rn. 18; Staudinger/*Bittner* (2014), BGB, § 271, Rn. 18.

112 BGH NJW-RR 1989, 1048, 1049.

113 Staudinger/*Bittner* (2014), BGB, § 271, Rn. 18.

114 BGH NJW-RR 1995, 290, 292; BGH NJW 1998, 2274, 2277; BGH NJW 2002, 1488, 1489; a.A. *Wagner*, NJW 2001, 182, 186.

der Vermeidung der Passivierung in der Überschuldungsbilanz nicht erreicht werden könne, wenn der Forderung lediglich eine Einrede entgegenstünde.[115]

Vorliegend soll das Problem der Rechtsnatur jedoch zusätzlich von einem anderen Blickwinkel aus betrachtet werden, welcher ein bloßes pactum de non petendo als rechtliche Einordnung einer Rangrücktrittsvereinbarung nicht zulässt. Wie oben bereits dargestellt[116], enthält § 39 Abs. 2 InsO eine Regelung über den insolvenzrechtlichen Rangrücktritt, der erst ab dem Zeitpunkt der Eröffnung des Insolvenzverfahrens seine Wirkung entfaltet. Vor Inkrafttreten des MoMiG vertrat zwar niemand die Ansicht, dass dieser insolvenzrechtliche Rangrücktritt ausreichte, um die beabsichtigte überschuldungsvermeidende Wirkung herbeizuführen. Der Gesetzgeber hat aber durch Einführung des § 19 Abs. 2 S. 2 InsO den Inhalt eines überschuldungsvermeidenden Rangrücktritts vorgegeben. Danach entspricht die erforderliche Rangrücktrittserklärung inhaltlich der des § 39 Abs. 2 InsO.[117] Daraus folgt, dass die zuvor anerkannten Rangrücktrittsvereinbarungen, die teilweise die Durchsetzbarkeit der jeweiligen Forderung mithilfe eines pactum de non petendo sowohl innerhalb, als auch außerhalb der Insolvenz des Schuldners verhindern sollten[118], durch das Gesetz abgelöst wurden. Die Rangrücktrittsvereinbarung im insolvenzrechtlichen Sinn ist damit nach der Formulierung durch den Gesetzgeber in ihrer Wirkung auf die Zeit nach der Eröffnung des Insolvenzverfahrens beschränkt. Selbst wenn man das pactum de non petendo ebenfalls ausschließlich als verfahrensrechtliches Institut ansieht[119], stimmt es dennoch nicht in seiner Wirkungsweise mit dem insolvenzrechtlichen Rangrücktritt überein. Als solches ist das pactum de non petendo nämlich darauf ausgelegt, die Klagbarkeit eines Anspruchs (vorübergehend) zu verhindern.[120] Der Rangrücktritt gemäß § 39 Abs. 2 InsO ist nach seinen im Gesetzeswortlaut

115 *Habersack*, ZGR 2000, 384, 403; *Wittig*, NZI 2001, 169, 171.

116 S. unter B.V.2.a).

117 S. dazu bereits B.II.1.a)cc).

118 Von dieser Möglichkeit ging auch noch das OLG Düsseldorf in einer Entscheidung vom 20.05.2014 aus, ZIP 2015, 187, 190: „*Ein pactum de non petendo, durch das sich die Beklagte verpflichtet hätte, ihre Zinsforderung trotz Fälligkeit nicht geltend zu machen, und das der Schuldnerin ein Leistungsverweigerungsrecht in Form einer Einrede gewährt hätte, beinhaltet der Rangrücktritt […] in seiner konkreten Ausformung indes nicht. […] Insoweit unterscheidet sich die gewählte Formulierung von anderen gängigen Formulierungen, in denen explizit auf die Geltendmachung der Forderung unter bestimmten Umständen verzichtet wird.*“

119 *Wagner*, NJW 2001, 182, 186.

120 BGH NJW 2002, 1488, 1489.

niedergelegten Voraussetzungen hingegen nicht dazu geeignet, den Gläubiger daran zu hindern, seine Forderung vorinsolvenzlich einzuklagen.

Daher kann die Rangrücktrittsvereinbarung nicht als ein die materielle oder prozessuale Durchsetzbarkeit in der Zeit vor der Insolvenzeröffnung hinderndes pactum de non petendo eingeordnet werden. Ein pactum de non petendo kann dagegen als „materiellrechtliche Vereinbarung"[121] bzw. als „vorinsolvenzliche Durchsetzungssperre"[122] dienen.

### *c) Schuldänderungsvertrag*

#### *aa) Befürworter aus Literatur und Rechtsprechung*

Die bis heute herrschende Meinung, sieht die Rangrücktrittsvereinbarung als verfügenden Schuldänderungsvertrag an.[123] Der die Schuld begründende Vertrag wird dieser Ansicht entsprechend durch die Rangrücktrittsvereinbarung dahingehend geändert, dass die zurücktretende Forderung dem Haftkapital der Gesellschafter gleichgestellt wird.[124] Auch der BGH qualifiziert den vertraglichen Rangrücktritt in seinem Urteil vom 05.03.2015 als Schuldänderungsvertrag.[125]

*Teller/Steffan* verstehen allerdings selbst den bloßen insolvenzrechtlichen Rangrücktritt als Schuldänderungsvertrag, bei dem in der Weise auf das Schuldverhältnis eingewirkt wird, dass sich die Rangstelle der Forderung in der Insolvenz verändert.[126]

---

121 Ein pactum de non petendo, das lediglich verfahrensrechtliche Wirkung entfaltet in der Weise, dass eine auf den Anspruch gerichtete Klage als unzulässig abzuweisen wäre, kann zwar keine „materiellrechtliche" Rechtsfolge herbeiführen; da der BGH aber in ständiger Rechtsprechung bei Vereinbarung eines pactum de non petendo das Entstehen eines Leistungsverweigerungsrechts annimmt (vgl. Fn 114), wird das pactum de non petendo zum Zwecke einer besseren Übersicht im Folgenden ebenfalls unter die Kategorie der „materiellrechtlichen Vereinbarung" eingeordnet.

122 Dazu bereits oben B.III.3.c).

123 BGH NJW 2015, 1672 = NZI 2015, 315; *Knobbe-Keuk*, ZIP 1983, 127, 129; *Peters*, WM 1988, 685, 689; *Habersack*, ZGR 2000, 384, 403; Ulmer/*Habersack*, GmbHG, Anh. § 30, Rn. 183; *Wittig*, NZI 2001, 169, 171; *Herlinghaus*, Forderungsverzichte, S. 92, *Altmeppen* in Roth/Altmeppen, GmbHG, § 42, Rn. 48; *Winnefeld*, Bilanz-Handbuch, Kapitel D, Rn. 1535; *Henle/Bruckner*, ZIP 2003, 1738, 1740; *Klein*, GmbHR 2005, 663, 667; *Schildknecht*, DStR 2005, 181, 181 (*„verfügender Schuldänderungsvertrag und Variante des pactum de non petendo"*).

124 *Peters*, WM 1988, 685, 689; *Wittig*, NZI 2001, 169, 171; *Habersack*, ZGR 2000, 384, 403.

125 BGH NJW 2015, 1672, 1675 = NZI 2015, 315, 317: vgl. dazu bereits oben B.II.2.b)cc).

126 *Teller/Steffan*, Rangrücktrittsvereinbarungen, Rn. 289.

Grundlegend hat *Mayer* die Einordnung als Schuldänderungsvertrag erörtert und hergeleitet.[127] Seine Ausführungen beanspruchen aber Geltung für Vereinbarungen eines „allgemeinen Nachrangs“. Darunter versteht er eine Vereinbarung, nach der ein Forderungsrecht durch andere Forderungsrechte in der Weise beeinflusst wird, dass es subordiniert wird.[128] Als Subordination wird jedoch nicht die in § 39 Abs. 2 InsO angeordnete verfahrensrechtliche Wirkung verstanden, sondern eine abweichende Bestimmung der Reihenfolge der Tilgung verschiedener Forderungen, auch außerhalb eines Insolvenzverfahrens.[129] Dementsprechend sieht *Mayer* es als wesentlichen Inhalt der Subordination an, dass die Erfüllbarkeit der Forderung ausgeschlossen sein muss.[130] Dafür spreche auch die Formulierung des § 39 Abs. 2 InsO, der einen Nachrang im Insolvenzverfahren und nicht eine Verpflichtung des Gläubigers, die Forderung nicht geltend zu machen, voraussetze.[131] Diese Auslegung des § 39 Abs. 2 InsO lässt aber die Systematik des Gesetzes und dabei insbesondere die logische Verbindung mit § 39 Abs. 1 InsO außer Betracht. Die Tatbestände des gesetzlichen Rangrücktritts in § 39 Abs. 1 InsO aber enthalten mitnichten eine Ausschluss der Erfüllbarkeit der ihnen zugrunde liegenden Forderungen in der Zeit vor Eröffnung des Insolvenzverfahrens.

*bb) Kritik*

Die Einordnung als Schuldänderungsvertrag lässt im Wesentlichen die Unterscheidung zwischen dem insolvenzrechtlichem Rangrücktritt und dem „qualifizierten Rangrücktritt“, der sich aus der BGH-Rechtsprechung entwickelt hat, vermissen. Selbst der BGH nimmt hier keine ausdrückliche Trennung vor. Insbesondere wird in dem Urteil vom 05.03.2015[132] nicht darauf eingegangen, dass die Einführung des § 19 Abs. 2 S. 2 InsO die Rechtslage modifiziert hat. Teilweise lässt der IX. Senat zwar anklingen, dass eine Unterscheidung zwischen Rangrücktritt und vorinsolvenzlicher Durchsetzungssperre stattfinden soll.[133] Bei der

---

127 *Mayer*, Der vertragliche Nachrang von Forderungen, S. 209 ff.

128 *Mayer*, Der vertragliche Nachrang von Forderungen, S. 203.

129 *Mayer*, Der vertragliche Nachrang von Forderungen, S. 211 f.

130 *Mayer*, Der vertragliche Nachrang von Forderungen, S. 212.

131 *Mayer*, Der vertragliche Nachrang von Forderungen, S. 215.

132 BGH NJW 2015, 1672 = NZI 2015, 315.

133 *„Soweit der Gesetzgeber […] eine ungeachtet einer Rangrücktrittsvereinbarung bewirkte Zahlung als anfechtbar erachtet, wird ersichtlich keine Aussage zu einer vor Verfahrenseröffnung eingreifenden materiell-rechtlichen Durchsetzungssperre getroffen […]“* BGH NJW 2015, 1672, 1674 = NZI 2015, 315, 316 f. *„Folglich hat die Beklagte einen*

rechtlichen Einordung spricht er hingegen nur noch von der „*nachträgliche[n] Rangrücktrittsvereinbarung*".[134] Aber auch diese solle nur dann einen Schuldänderungsvertrag darstellen, sofern ihr Zweck darin liege, „*dass die betroffene Forderung nicht als Verbindlichkeit in der Überschuldungsbilanz erscheint*".[135] Über die rechtliche Einordnung eines „nicht-qualifizierten Rangrücktritts" trifft das Gericht mithin keine Aussage.

Festzuhalten bleibt, dass das Gesetz die Rangrücktrittsvereinbarung lediglich als insolvenzrechtlichen Rangrücktritt versteht, ohne eine weitere Wirkung für die Zeit vor der Eröffnung des Verfahrens vorauszusetzen. Eine Gleichstellung mit dem haftenden Kapital – wie es von den Vertretern der Schuldänderungstheorie gefordert wird – würde aber bedeuten, dass die betreffende Forderung auch anderen Beschränkungen außerhalb des Insolvenzverfahrens unterläge. Hier wäre insbesondere, aber nicht ausschließlich, das Rückzahlungsverbot des § 30 Abs. 1 S.1 GmbHG zu nennen, das bei dem nach der InsO vorgesehenen Rangrücktritt jedoch keine Entsprechung findet.

Die Ansicht, dass es sich bei dem Rangrücktritt – unabhängig davon, ob der insolvenzrechtliche oder qualifizierte Rangrücktritt gemeint ist – um einen Schuldänderungsvertrag handelt, setzt jedenfalls voraus, dass die Schuld zunächst ohne den entsprechenden Nachrang zustande gekommen ist und erst nachträglich in eine nachrangige Forderung umgewandelt wurde. Schließlich geht der Schuldänderungsvertrag gemäß § 311 Abs. 1 BGB davon aus, dass eine bereits bestehende Schuld geändert wird.[136] Der in Rede stehende Vertragsgegenstand muss demzufolge bereits geregelt sein, um durch eine neue vertragliche Bestimmung ersetzt werden zu können.[137] Eine Änderung der Schuld setzt überdies einen weiteren Vertrag zwischen Gläubiger und Schuldner voraus.[138] Für den qualifizierten Rangrücktritt würde das bedeuten, dass die Forderung zunächst durch den Vertrag begründet und daran anschließend in der Weise abgeändert wird, dass sie dem Haftkapital der Gesellschafter gleichgestellt ist. Der insolvenzrechtliche Rangrücktritt würde gleichermaßen im Anschluss an die Begründung der Forderung

---

*mit einer Durchsetzungssperre verbundenen Rangrücktritt erklärt, nach dessen Inhalt sie nicht Befriedigung ihrer Forderung verlangen kann, solange die Voraussetzungen des Rangrücktritts durchgreifen*" BGH NJW 2015, 1672, 1674 f. = NZI 2015, 315, 317.

134 BGH NJW 2015, 1672, 1675 = NZI 2015, 315, 317.

135 BGH NJW 2015, 1672, 1675 = NZI 2015, 315, 317.

136 *Emmerich* in MüKo BGB, § 311, Rn. 5; Bamberger/Roth/*Gehrlein*, BGB, § 311, Rn. 33; Staudinger/*Löwisch/Feldmann*, BGB, § 311, Rn. 58; Erman/*Kindl*, BGB, § 311, Rn. 4.

137 Soergel/*Gröschler*, BGB, § 311 Abs. 1, Rn. 40.

138 Staudinger/*Löwisch/Feldmann*, BGB, § 311, Rn. 58.

in der Weise vereinbart, dass die Forderung nunmehr in der Insolvenz erst nach sämtlichen anderen Forderung zu befriedigen ist.

Nun stellt sich allerdings die Frage, was in den Fällen gilt, in denen der Rangrücktritt gleichzeitig mit Begründung der Schuld in einem gemeinsamen Vertrag vereinbart wird. Als Beispiel hierfür sind insbesondere die Genussrechte oder Nachrangdarlehen zu nennen, bei denen der Rangrücktritt üblicherweise bereits bei Begebung der jeweiligen Finanzierungsform vorgesehen ist.[139] Es fällt schwer hier anzunehmen, dass zunächst die Forderung durch einen Vertrag entsteht und die Änderung in Form des qualifizierten oder insolvenzrechtlichen Rangrücktritts in einem zweiten die ursprünglich entstandene Schuld ändernden Vertrag vereinbart wird. Dies gilt insbesondere, wenn Nachrang und Entstehung des Schuldverhältnisses aus derselben Urkunde folgen.

Allein daraus ergibt sich bereits, dass die Rechtsnatur der Rangrücktrittsvereinbarung nicht die eines Schuldänderungsvertrages sein kann. Vielmehr bedarf es einer Einordnung, die sowohl den nachträglichen als auch den gleichzeitig mit der Entstehung der Schuld vereinbarten Nachrang gleichermaßen erfassen kann.

### *d) Flexible Rechtsnatur*

Aufgrund der Uneinigkeit in Bezug auf die Rechtsnatur der Rangrücktrittsvereinbarung wurde teilweise angenommen, die jeweilige Rechtsnatur ergebe sich aus der konkreten Vereinbarung und dem darin verfolgten spezifischen Interesse.[140] So sei es möglich, dass für die rechtliche Einordnung verschiedene Lösungen in Betracht kämen.[141] Entscheidend sei für die Einordnung vor allem, zu welchem Zeitpunkt die Vereinbarung abgeschlossen werde. Bei einer nach Entstehen der Forderung getroffenen Vereinbarung handele es sich in der Regel um einen Schuldänderungsvertrag[142], bei einer gleichzeitig mit Begründung der

---

139 Vgl. die folgenden allgemein zugänglichen Genussrechtsbedingungen: RwEiG München § 9 (http://rewig.info/wp-content/uploads/2010/11/Genussrechtsbedingungen.pdf), Solarplus Dortmund § 9 (http://www.solarplus-dortmund.de/pdf/produkte/geldanlage /genussrechtsbedingungen_Deponie.pdf), german pellets Genussrechte GmbH § 9 (http://www.german-pellets-genussrechte.de/fileadmin/PDF/Genuss rechtsbedingungen.pdf) PROKON Regenerative Energien GmbH § 10 (http://www.anleihen-finder.de/wp-content/ uploads/2012/12/Prokon-Genusrechtsbedingungen-2012-12-04.pdf) (30.05.2015).

140 *Teller/Steffan*, Rangrücktrittsvereinbarungen, Rn. 257 f., 342; *Herget*, AG 1974, 137, 140.

141 *Teller/Steffan*, Rangrücktrittsvereinbarungen, Rn. 258.

142 *Teller/Steffan*, Rangrücktrittsvereinbarungen, Rn. 288 f., 341.

Forderung getroffenen Vereinbarung um einen atypischen Darlehensvertrag[143] oder ein pactum de non petendo[144]. Für die Rechtslage in der Schweiz wurde auch ein Vertrag sui generis für möglich gehalten.[145]

Da hier letztendlich dieselben Einordnungen vorgenommen werden wie nach den oben erläuterten Möglichkeiten, bietet diese Theorie ebenfalls keine überzeugende Lösung für eine abschließende rechtliche Qualifizierung. Insbesondere wird sie der gesetzlichen Regelung in § 39 Abs. 2 InsO nicht gerecht.

## 2. Eigener Lösungsvorschlag

### *a) Der Nachrang als verfahrensrechtliche Verteilungsregel*

Die hier für die rechtliche Einordnung vorgeschlagene Lösung orientiert sich vornehmlich an einer erst kürzlich geäußerten Ansicht. Danach sei die Rangrücktrittsvereinbarung im Sinne des Insolvenzrechts lediglich eine verfahrensrechtliche Verteilungsregelung.[146] Auch die Vorschrift des § 39 InsO sei in diesem Sinne als eine Verteilungsregel anzusehen.[147] Die Regelung des § 39 Abs. 2 InsO bestimme dementsprechend, dass die Vereinbarung des Rangrücktritts nur die Reihenfolge der Berichtigung der betreffenden Forderung im Insolvenzverfahren festlegt.[148] Diese Ansicht überzeugt. Eine Vereinbarung, die lediglich auf der Regelung des § 39 Abs. 2 InsO beruht, hat keine über die Festlegung des Rangs der Befriedigung im Insolvenzverfahren hinausgehende Wirkung. Insbesondere hat sie keine in der Zeit vor der Eröffnung des Insolvenzverfahrens zutage tretenden materiellen Rechtsfolgen. Gemäß der Unterscheidung zwischen materiellem Recht, das über die Entstehung und Durchsetzbarkeit von Rechten entscheidet, und dem Verfahrensrecht, das der gerichtlichen Feststellung und Durchsetzung dieser Rechte

---

143 *Teller/Steffan*, Rangrücktrittsvereinbarungen, Rn. 351.

144 *Teller/Steffan*, Rangrücktrittsvereinbarungen, Rn. 349.

145 *Duss*, AG 1974, 133, 133; sich für die deutsche Rechtslage anschließend *Hess*, InsO, § 39, Rn. 138.

146 Scholz/*Bitter*, GmbHG, § 64 Anh., Rn. 363 f; *Bitter/Rauhut*, ZIP 2014, 1005, 1007; für eine Qualifizierung von § 39 Abs. 2 InsO als Verteilungsregelung bereits *Livonius*, ZInsO 1998, 309, 311; Ulmer/*Habersack*, GmbHG, Anh. § 30, Rn. 107 ordnet die Vorschrift des § 39 Abs. 1 Nr. 5 InsO als insolvenzrechtliche Verteilungsregelung ein.

147 *Thole* in FS Kübler, S. 681 ff.

148 Scholz/*Bitter*, GmbHG, § 64 Anh., Rn. 364; vgl. auch *Ehricke* in MüKo InsO, § 39, Rn. 1 ff.; für eine Vereinbarung in Gestalt einer Prozesshandlung in Abgrenzung zum pactum de non petendo A/G/R-*Ahrens*, InsO, § 39, Rn. 45.

dient[149], ist auch bei der Vereinbarung eines Rangrücktritts eine entsprechende Differenzierung vorzunehmen. Soweit die Vereinbarung eine Rechtsfolge vorsieht, die eine Einschränkung der Befriedigung für einen bestimmten Zeitraum oder unter näher festgelegten Umständen herbeiführt, wird die Durchsetzbarkeit der Forderung beschränkt. Es handelt sich demzufolge um eine Vereinbarung auf dem Gebiet des materiellen Rechts. Sieht sie dagegen lediglich den Nachrang im Insolvenzverfahren, also eine Bestimmung darüber vor, an welcher Stelle im Verfahren die Forderung berücksichtigt werden soll, bleibt das Bestehen der Forderung und ihre Durchsetzbarkeit im Grunde unberührt. Insbesondere kann die Befriedigung in der Zeit vor der Eröffnung des Verfahrens ungehindert verlangt werden.

### *b) Die Rangrücktrittsvereinbarung als Prozessvertrag*

Die konsequente Folge für die Bestimmung der Rechtsnatur der insolvenzrechtlichen Rangrücktrittsvereinbarung ist, dass es sich bei ihr um einen Prozessvertrag handelt. Ob ein Vertrag ein Prozessvertrag ist, ist in erster Linie danach zu beurteilen, ob der Gegenstand oder die Wirkung der vertraglichen Vereinbarung im Prozessrecht liegt.[150] Ist dies der Fall, kann der Vertrag nicht als materiellrechtlicher angesehen werden. Prozessverträge haben üblicherweise eine „Verfügungswirkung"[151] in der Weise, dass der von den Parteien gewollte prozessuale Erfolg durch den Abschluss des Vertrages unmittelbar eintritt. Ob Prozessverträge daneben auch eine nur verpflichtende Wirkung haben können, ist demgegenüber umstritten.[152]

Die Rangrücktrittsvereinbarung in der Ausprägung des § 39 Abs. 2 InsO bewirkt zunächst in erster Linie Rechtsfolgen im Bereich des Verfahrensrechts. Die Forderung ist im Insolvenzverfahren nachrangig zu befriedigen. Zudem gelten weitere Sonderregelungen für nachrangige Forderungen, wie beispielsweise, dass

---

149 Vgl. Musielak/Voit/*Musielak*, ZPO, Einleitung, Rn. 6 ff.; *Säcker* in MüKo BGB, Einleitung, Rn. 5 ff.

150 Ausführlich zu den Abgrenzungstheorien: *Wagner*, Prozeßverträge, S. 22 ff.; s. auch Zöller/*Greger*, ZPO, Vor § 128, Rn. 26; *Rosenberg/Schwab/Gottwald*, Zivilprozessrecht, § 66, Rn. 1; vgl. auch die Definition des Prozessvertrags bei *Teubner/Künzel*, MDR 1988, 720 („*Unter Prozessverträgen versteht man Vereinbarungen über ein bestimmtes verfahrensrechtliches Verhalten, die von den Parteien eines – auch zukünftigen – Rechtsstreits abgeschlossen werden. Mit ihnen beabsichtigen die Parteien, das gerichtliche Verfahren nach ihren Vorstellungen zu beeinflussen*").

151 *Rosenberg/Schwab/Gottwald*, Zivilprozessrecht, § 66, Rn. 2; *Rauscher* in MüKo ZPO, Einleitung, Rn. 417.

152 Vgl. zum Meinungsstreit *Rosenberg/Schwab/Gottwald*, Zivilprozessrecht, § 66, Rn. 3.

die Anmeldung zur Insolvenztabelle erst nach Aufforderung durch das Insolvenzgericht zulässig ist, § 174 Abs. 3 S. 1 InsO. Daraus folgt auch, dass es sich um eine Vereinbarung mit verfügender Wirkung handelt. Die gesetzlich angeordneten Rechtsfolgen treten, im Falle der Eröffnung des Insolvenzverfahrens, unmittelbar ein, ohne dass es einer weiteren Handlung oder Erklärung der Parteien der Vereinbarung bedürfte.[153] Eine materiellrechtliche Wirkung, wie sie durch einen privatrechtlichen Vertrag entsteht, wird demgegenüber nicht begründet.[154] Im weiteren Sinne betrifft die Regelung die Vollstreckbarkeit eines materiellrechtlichen Anspruchs, deren von den Vorschriften des Gesetzes abweichende Behandlung Gegenstand eines Prozessvertrags sein kann.[155] Der Nachrang kommt zwar nur im Fall der Gesamtvollstreckung nach Eröffnung des Insolvenzverfahrens zum Tragen. Allerdings handelt es sich hier um eine Modifizierung des Vollstreckungsverfahrens, indem von der Vorschrift des § 38 InsO abgewichen wird, die zunächst einen Gleichrang aller Gläubiger im Verfahren vorsieht.

Eine zwischen den Vertragsparteien getroffene Abrede hinsichtlich des Prozessrechtsverhältnisses ist immer dann zulässig, wenn der zu regelnde Bereich der Dispositionsbefugnis der Parteien unterliegt.[156] Aus der gesetzlichen Regelung über die Rangrücktrittsvereinbarung in § 39 Abs. 2 InsO folgt bereits, dass die Bestimmung der Rangfolge der Privatautonomie unterliegt, solange kein besserer Rang als der gesetzliche vereinbart wird.[157]

Hinsichtlich des Zustandekommens und der Wirksamkeit des Prozessvertrags ist auf die allgemeinen Vorschriften des BGB zurückzugreifen.[158] Wird der Vertrag vor dem Prozess abgeschlossen, so müssen die Parteien entweder die Prozesshandlungsvoraussetzungen – mit Ausnahme der Postulationsfähigkeit – oder die korrespondierenden materiellrechtlichen Erfordernisse erfüllen, sofern diese geringer sind.[159]

---

153 Insoweit anders als z.B. im Falle der Gerichtsstandsvereinbarung, die überwiegend ebenfalls als Prozessvertrag qualifiziert wird, deren Wirkung – im Falle der Erhebung der Klage vor einem anderen als dem prorogierten Gericht – aber nur eintritt, sofern der Prozessgegner die Unzuständigkeit des Gerichts rügt, vgl. dazu *Wagner*, Prozeßverträge, S. 35 ff.

154 *Häsemeyer*, ZZP 2005, 265, 295.

155 *Soehring*, NJW 1969, 1093, 1094.

156 *Wagner*, Prozeßverträge, S. 64 ff; *Teubner/Künzel*, MDR 1988, 720 f.; *Rauscher* in MüKo ZPO, Einleitung, Rn. 414.

157 Vgl. dazu bereits oben B.II.1.a)bb).

158 BGHZ 49, 384 = NJW 1968, 1233; BGHZ 59, 23, 26 f. = NJW 1972, 1622; Musielak/Voit/*Musielak*, ZPO, Einleitung, Rn. 66; Zöller/*Greger*, ZPO, Vor § 128, Rn. 27.

159 *Teubner/Künzel*, MDR 1988, 720, 722.

### c) Verbindung von Prozessvertrag und materiellrechtlichem Vertrag

Die Qualifizierung der Rangrücktrittsvereinbarung als Prozessvertrag bringt hingegen nicht die Möglichkeit zu Fall, die Vereinbarung mit einem materiellrechtlichen Vertrag zu verbinden. Eine solche Verbindung entspräche den Anforderungen an den qualifizierten Rangrücktritt, der eine Wirkung der Vereinbarung für die Zeit vor der Eröffnung des Insolvenzverfahrens voraussetzt.[160] Dem Grundsatz der Privatautonomie zufolge kann mit dem insolvenzrechtlichen Rangrücktritt stets eine materiellrechtlich in der Zeit vor Insolvenzeröffnung wirkende Vereinbarung verbunden werden.[161] Eine solche kann, je nach Zielrichtung und dem Parteiinteresse, beispielsweise die Rechtsnatur einer Stundung oder eines pactum de non petendo haben.

Die vorgenannte Einordnung erreicht eine klare Differenzierung zwischen dem Rangrücktritt als Verteilungsregelung im Insolvenzverfahren und den materiellrechtlichen Vereinbarungen, die die unbeschränkte Rückzahlbarkeit der jeweiligen Forderung in der Zeit vor der Eröffnung des Verfahrens hindern oder beschränken. Wird der verfahrensrechtliche Bestandteil des Rangrücktritts, der durch die Vorschriften der InsO bestimmt wird, als Prozessvertrag angesehen, so besteht auch für den durch materielles Recht bestimmten Bestandteil keine Erklärungsnot hinsichtlich der Rechtsnatur mehr, da es hierauf schlicht nicht mehr ankommt. Die Einordnung als Schuldänderung oder Stillhaltevereinbarung ist der Vereinbarung nicht mehr zwingend vorgeschaltet, sondern die Vereinbarung selbst bestimmt, welche Qualität und Reichweite im Bereich des materiellen Rechts gelten soll.

Die Rechtsfigur des „qualifizierten Rangrücktritts“ verbindet dagegen Elemente des Verfahrens- und des materiellen Rechts und vermischt die einzelnen Wirkungen. Das entspricht zwar der Idee des Rangrücktritts, wie er ursprünglich von der Praxis entwickelt wurde. Der qualifizierte Rangrücktritt stellt die inzwischen geltende Gesetzeslage jedoch nur noch missverständlich dar.

---

160 Vgl. dazu oben B.III.3.c).

161 Scholz/*Bitter*, GmbHG, § 64 Anh., Rn. 365 hier als „vorinsolvenzliche Durchsetzungssperre“ bezeichnet; allgemein zu der Verbindung von prozessualer und materiellrechtlicher Rechtsfolge (insb. beim Prozessvertrag): *Wagner*, Prozeßverträge, S. 525.

# C. Auswirkungen der Rangrücktrittsvereinbarung auf die Insolvenzeröffnung

## I. Passivierung nachrangiger Forderungen in der Überschuldungsbilanz

Ein Hauptzweck für die Vereinbarung eines Rangrücktritts liegt darin, die Ausweisung der betreffenden Forderung auf der Passivseite der Überschuldungsbilanz zu vermeiden.[162] Nicht vollständig geklärt ist allerdings, welche konkreten Voraussetzungen die Rangrücktrittsvereinbarung erfüllen muss, damit dieses Ziel erreicht werden kann. Insbesondere in Hinblick auf Vereinbarungen mit Drittgläubigern, also solchen, die nicht gleichzeitig Gesellschafter der Schuldnerin sind, wurde durch die Novellenregelungen des MoMiG in § 19 Abs. 2 S. 2 InsO erneut Unklarheit geschaffen.[163]

### 1. Überschuldung als Insolvenzeröffnungsgrund

Die Überschuldung ist gemäß § 19 Abs. 1 InsO neben der Zahlungsunfähigkeit gemäß § 17 Abs. 1 InsO und der drohenden Zahlungsunfähigkeit gemäß § 18 Abs. 1 InsO Insolvenzeröffnungsgrund, jedoch nur für juristische Personen. Das Verhältnis zwischen Nachrang und Überschuldung ist anhand des Zwecks dieses Eröffnungsgrundes sowie der Entwicklung des Überschuldungsbegriffes herzuleiten.

#### *a) Zweck des Insolvenzeröffnungsgrundes der Überschuldung*

Die Verpflichtung zur Erstellung einer Überschuldungsbilanz gemäß § 19 Abs. 2 InsO führt zu einer Vorverlagerung der Insolvenzantragspflicht gegenüber dem

162 *Winnefeld*, Bilanz-Handbuch, Kapitel D, Rn. 1538; *Funk*, BB 2009, 867, 867; *Berndt*, BB 2006, 2744, 2744; *Seppelt*, BB 2010, 1395, 1395; *Heerma*, BB 2005, 537, 538; *Janssen*, BB 2005, 1895, 1896; *Schildknecht*, DStR 2005, 181, 181; *Mühlhaus/Kaltenhäuser*, GmbH-StB 2012, 185, 186; *Herlinghaus*, Forderungsverzichte, S. 89; *Bitter*, ZIP 2013, 2, 2; *Habersack*, ZGR 2000, 384, 400.

163 Vgl. zu der Gesetzesreform durch das MoMiG B.II.1.a)cc).

Eröffnungsgrund der Zahlungsunfähigkeit.[164] Damit soll zusätzlicher Schaden für die Gläubiger vermieden werden, die sich der Gefahr ausgesetzt sehen, dass die (vollständige) Befriedigung ihrer Forderungen durch die Schuldnergesellschaft in der Lage der Überschuldung unwahrscheinlich ist. Die Vorverlagerung der Insolvenzantragspflicht nur für juristische Personen (§ 19 Abs. 1 InsO) wird mit der Haftungsbeschränkung der Anteilseigner gegenüber der unbeschränkten Haftung bei Personengesellschaften oder natürlichen Personen begründet.[165] Bezweckt wird demnach, die ungehinderte Fortführung des Unternehmens zu unterbinden, wenn dieses bereits finanziell nicht mehr gesund, aber noch nicht zahlungsunfähig ist.[166] Die Erstellung der Überschuldungsbilanz dient laut BGH der Feststellung, „ob die Gläubiger der Gesellschaft (noch) aus dem am Stichtag vorhandenen verwertbaren Gesellschaftsvermögen befriedigt werden können oder ob zur Vermeidung einer weiteren Verschlechterung ihrer Befriedigungsaussichten umgehend die Durchführung eines Insolvenzverfahrens beantragt werden muss".[167]

Aufgrund der Vorschrift des § 19 Abs. 1 InsO sind die Vorstände und Geschäftsführer stets dazu angehalten, das Nichtvorliegen einer Überschuldung zu prüfen, um nicht das Risiko einer gemäß § 15a Abs. 4 und 5 InsO strafbewehrten Insolvenzverschleppung einzugehen.[168]

### *b) Die Feststellung der Überschuldung nach § 19 Abs. 2 S. 1 InsO*

#### *aa) Jüngste Entwicklung des Überschuldungsbegriffs*

Gemäß § 19 Abs. 2 S. 1 InsO liegt eine Überschuldung vor,

> wenn das Vermögen des Schuldners die bestehenden Verbindlichkeiten nicht mehr deckt, es sei denn, die Fortführung des Unternehmens ist nach den Umständen überwiegend wahrscheinlich.

Damit wurde die „modifizierte zweistufige Überschuldungsprüfung"[169] durch das Finanzmarktstabilisierungsgesetz vom 17.10.2008[170] erstmals in die

---

164 Braun/*Bußhardt*, InsO, § 19, Rn. 1; KPB/*Pape*, InsO, § 19, Rn. 26.

165 *Teller/Steffan*, Rangrücktrittsvereinbarungen, Rn. 73; KPB/*Pape*, InsO, § 19, Rn. 26.

166 *Haas*, DStR 2009, 326, 326.

167 BGHZ 124, 282, 286 = NJW 1994, 724, 725.

168 *K. Schmidt*, DB 2008, 2467, 2467.

169 KPB/*Pape*, InsO, § 19, Rn. 3; entwickelt wurde die modifizierte zweistufige Überschuldungsprüfung von *K. Schmidt*, AG 1978, 334, 337 f. und fortgeführt durch *Ulmer*, KTS 1981, 469, 477.

170 BGBl. 2008 I, S. 1982, 1988 f.

Insolvenzordnung aufgenommen. Zwar erfolgte die Überschuldungsprüfung bereits während der Geltung der Konkursordnung aufgrund einer Entscheidung des BGH anhand des modifizierten zweistufigen Überschuldungsbegriffs[171], allerdings entschied sich der Gesetzgeber der InsO zunächst ausdrücklich gegen die Fortführung dieser Praxis. In der Beschlussempfehlung und dem Bericht des Rechtsausschusses heißt es dazu: „*Wenn eine positive Prognose stets zu einer Verneinung der Überschuldung führen würde, könnte eine Gesellschaft trotz fehlender persönlicher Haftung weiter wirtschaften, ohne dass ein die Schulden deckendes Kapital zur Verfügung steht. Dies würde sich erheblich zum Nachteil der Gläubiger auswirken, wenn sich die Prognose [...] als falsch erweist.*“[172] Mit Inkrafttreten der InsO lautete § 19 Abs. 2 daher noch folgendermaßen:

> Überschuldung liegt vor, wenn das Vermögen des Schuldners die bestehenden Verbindlichkeiten nicht mehr deckt. Bei der Bewertung des Vermögens des Schuldners ist jedoch die Fortführung des Unternehmens zugrunde zu legen, wenn diese nach den Umständen überwiegend wahrscheinlich ist.[173]

Unter Geltung dieses Überschuldungsbegriffs war allein eine positive Fortführungsprognose nicht ausreichend, um der Überschuldung zu entgehen. Vielmehr sollte die Fortführungsprognose hier nur dazu dienen, festzustellen, ob die Überschuldungsbilanz anhand von Fortführungs- oder Liquidationswerten erstellt werden muss.[174]

Um jedoch den befürchteten Folgen der Finanzkrise entgegenzuwirken, vollzog der Gesetzgeber in Hinblick auf den Überschuldungsbegriff mit dem FMStG eine Kehrtwende und ließ die Fortführungsprognose erneut in den Vordergrund der Überschuldungsprüfung rücken. Ziel war es zu verhindern, dass die zu erwartenden Wertverluste bei Immobilien oder Aktien bereits eine Überschuldung von Unternehmen herbeiführen könnten, obwohl deren Fortführungsprognose letztlich positiv wäre.[175] Durch die Befristung bis zum 31.12.2010[176] machte der Gesetzgeber jedoch deutlich, dass er grundsätzlich an dem ursprünglichen Überschuldungsbegriff der InsO festhalten wollte. Aufgrund der anhaltenden Wirkungen der Finanzkrise sollte der modifizierte

---

171 BGHZ 119, 201, 213 f. = NJW 1992, 2891, 2894.

172 BT-Drs. 12/7302, S. 157.

173 BGBl 1994 I, S. 2866, 2868.

174 KPB/*Pape*, InsO, § 19, Rn. 6; für eine nähere Erläuterung der Begriffe „Liquidationswert“ und „Fortführungswert“ s. *Teller/Steffan*, Rangrücktrittsvereinbarungen, Rn. 163f.

175 BT-Drs. 16/10600, S. 12 f.

176 BGBl. 2008 I, 1982, 1989.

zweistufige Überschuldungsbegriff allerdings durch das Gesetz zur Erleichterung der Sanierung von Unternehmen vom 24.09.2009[177] bis zum 31.12.2013 beibehalten werden.[178] Eine endgültige Entfristung erfuhr der derzeit geltende Überschuldungsbegriff durch das Gesetz zur Einführung einer Rechtsbehelfsbelehrung im Zivilprozess und zur Änderung anderer Vorschriften vom 05.12.2012[179]. Für die Begründung dieser Maßnahme beruft sich der Gesetzgeber auf eine von *Bitter/Hommerich* durchgeführte rechtstatsächliche Untersuchung.[180] Die Ergebnisse dieser Studie ergaben, dass 68% der befragten Experten sich für eine Beibehaltung[181] und 37% sogar für die dauerhafte Geltung[182] des Überschuldungsbegriffs des FMStG aussprachen. Zudem wurde der volkswirtschaftliche Nutzen von 61% der Befragten als positiv bewertet.[183]

#### *bb) Überschuldungsprüfung nach dem modifizierten zweistufigen Überschuldungsbegriff*

Die Überschuldungsprüfung nach der derzeitigen Fassung des § 19 Abs. 2 InsO erfolgt in zwei Schritten. Zunächst wird für das Unternehmen eine Fortführungsprognose erstellt.[184] Diese fällt positiv aus, wenn sich, sofern die Fortführung des Unternehmens gewollt ist, aus der Finanzplanung ergibt, dass für den Prognosezeitraum eine Beibehaltung oder Wiederherstellung des finanziellen Gleichgewichts zu erwarten ist.[185] Ist das der Fall und ist die Fortführung des (möglicherweise rechnerisch überschuldeten) Unternehmens überwiegend wahrscheinlich[186], gilt das Unternehmen nicht als überschuldet. *Uhlenbruck*

177 BGBl. 2009 I, S. 3151.
178 BT-Drs. 16/13927, S. 4.
179 BGBl. 2012 I, S. 2418.
180 BT-Drs. 17/11385, S. 19 f.
181 *Bitter/Hommerich*, Überschuldungsbegriff, Rn. 266.
182 *Bitter/Hommerich*, Überschuldungsbegriff, Rn. 288.
183 *Bitter/Hommerich*, Überschuldungsbegriff, Rn. 260.
184 Braun/*Bußhardt*, InsO, § 19, Rn. 3; HK-InsO/*Kirchhof*, § 19, Rn. 6; KPB/*Pape*, InsO, § 19, Rn. 35; ebenfalls möglich ist es, zunächst die Überschuldung nach Liquidationswerten zu prüfen und in der zweiten Stufe die rechtliche Überschuldung anhand einer positiven Fortführungsprognose auszuschließen, so Schmidt/*Schröder*, InsO, § 19, Rn. 5 ff.; für eine flexible Prüfungsreihenfolge auch FK-InsO/*Schmerbach*, § 19, Rn. 12.
185 Braun/*Bußhardt*, InsO, § 19, Rn. 11; FK-InsO/*Schmerbach*, § 19, Rn. 34; HK-InsO/*Kirchhof*, § 19, Rn. 8.
186 Uhlenbruck/*Mock*, InsO, § 19, Rn. 39 ff.; Schmidt/*Schröder*, InsO, § 19, Rn. 13; FK-InsO/*Schmerbach*, § 19, Rn. 33; HK-InsO/*Kirchhof*, § 19, Rn. 7.

unterscheidet daher zwischen rechnerischer und rechtlicher Überschuldung.[187] Letztere ist bei Vorliegen einer positiven Fortführungsprognose ausgeschlossen, selbst wenn eine rechnerische Überschuldung vorliegt. Nur falls die Fortführungsprognose negativ ausfällt, wird zusätzlich eine Überschuldungsbilanz unter Berücksichtigung von Liquidationswerten erstellt.[188] Allerdings muss das Unternehmen selbst bei negativer Fortführungsprognose nicht automatisch überschuldet sein, da bei der Überschuldungsbilanz nach Liquidationswerten stille Reserven aufgedeckt werden können.[189]

## 2. Passivierungspflicht für insolvenzrechtlich nachrangige Forderungen

Da sämtliche Forderungen gegen den Schuldner im Falle der Eröffnung des Insolvenzverfahrens über sein Vermögen als Insolvenzforderungen Befriedigung aus der Masse suchen, sind sie, der Ausweisung in der Handelsbilanz nach § 247 Abs. 1 HGB ähnlich[190], in der Überschuldungsbilanz als Passiva zu berücksichtigen.[191] Entsprechend dem Hauptanliegen der Parteien einer Rangrücktrittsvereinbarung, der Überschuldung zu entgehen, soll die Aufführung der betreffenden Forderung bei den Passiva vermieden werden, sodass ein günstigeres Subtraktionsergebnis für das Schuldnerunternehmen erzielt wird.

Die rechnerische Überschuldung eines Unternehmens liegt vor, wenn sich aus der Überschuldungsbilanz eine negative Differenz zwischen dem Betrag des Vermögens und dem der Schulden ergibt.[192] Anders als bei der Erstellung der Handelsbilanz ist dabei auf der Aktivseite von Liquidationswerten und nicht etwa von rein rechnerischen Buchwerten auszugehen.[193] Auf der Passivseite erfolgt die Erfassung der Verbindlichkeiten grundsätzlich nach dem Nennwert.[194] Anhand der rechnerischen Überschuldung soll ermittelt werden, ob aufgrund der

---

187 Uhlenbruck/*Uhlenbruck*, InsO (2010), § 19, Rn. 11 ff.

188 *Drukarczyk/Schüler* in MüKo InsO, § 19, Rn. 106.

189 *Wazlawik*, NZI 2012, 989, 990 f.; *Drukarczyk/Schüler* in MüKo InsO, § 19, Rn. 112.

190 *Hennrichs* in MüKo BilanzR, § 246 HGB, Rn. 79.

191 *Drukarczyk/Schüler* in MüKo InsO, § 19, Rn. 118; Uhlenbruck/*Mock*, InsO, § 19, Rn. 148; HK-InsO/*Kirchhof*, § 19, Rn. 19; FK-InsO/*Schmerbach*, § 19, Rn. 19; Schmidt/*Schröder*, InsO, § 19, Rn. 37; KPB/*Pape*, InsO, § 19, Rn. 63.

192 FK-InsO/*Schmerbach*, § 19, Rn. 16; KPB/*Pape*, InsO, § 19, Rn. 52.

193 Uhlenbruck/*Mock*, InsO, § 19, Rn. 126; KPB/*Pape*, InsO, § 19, Rn. 52; *Drukarczyk/Schüler* in MüKo InsO, § 19, Rn. 108 f; nach der Regierungsbegründung ist „das vorhandene Vermögen realistisch zu bewerten“, BT-Drs. 12/2443, S. 115.

194 Uhlenbruck/*Mock*, InsO, § 19, Rn. 202.

Vermögenslage des Unternehmens und der damit einhergehenden Gläubigergefährdung die Eröffnung eines Insolvenzverfahrens angezeigt ist.[195]

Um feststellen zu können, welche Anforderungen ein Rangrücktritt erfüllen muss, damit die von ihm erfasste Forderung nicht bei den Passiva der Überschuldungsbilanz auszuweisen ist, ist zunächst zu ermitteln, wie sich der gesetzliche Nachrang auf das Passivierungserfordernis auswirkt. Daran anschließend ist, unter Berücksichtigung der alten Rechtslage, die Norm des § 19 Abs. 2 InsO in Hinblick darauf zu analysieren, welche Anforderungen sie an eine Rangrücktrittsvereinbarung stellt. Schließlich ist zu klären, was für einen vertraglichen Rangrücktritt mit einem Nicht-Gesellschafter gelten soll.

### *a) Ausweisung gesetzlich nachrangiger Forderungen in der Überschuldungsbilanz*

#### *aa) Forderungen gemäß § 39 Abs. 1 Nr. 1 und 2 InsO*

Gemäß § 39 Abs. 1 Nr. 1 InsO sind die seit der Eröffnung des Insolvenzverfahrens laufenden Zinsen und Säumniszuschläge auf Forderungen der Insolvenzgläubiger nachrangig. Ebenso treten nach § 39 Abs. 1 Nr. 2 InsO Kosten von Insolvenzgläubigern im Rang zurück, die ihnen durch die Teilnahme am Verfahren erwachsen. Bei diesen beiden Ansprüchen handelt es sich demnach um Forderungen, die erst mit oder nach der Eröffnung des Insolvenzverfahrens anfallen können. Die Zinsen und Säumniszuschläge können als zukünftig entstehende Forderung schon keine Berücksichtigung in der Überschuldungsbilanz finden.[196] Die Kosten, die durch die Teilnahme am Verfahren erwachsen, sind ebenfalls nicht zu passivieren, da sie erst aufgrund der Eröffnung des Insolvenzverfahrens entstehen können und somit zum Zeitpunkt der Aufstellung der Überschuldungsbilanz irrelevant sind.[197]

#### *bb) Forderungen gemäß § 39 Abs. 1 Nr. 3 und 4 InsO*

Geldstrafen und ähnliche Forderungen nach § 39 Abs. 1 Nr. 3 InsO sowie Forderungen auf unentgeltliche Leistungen des Schuldners nach § 39 Abs. 1 Nr. 4 InsO nehmen als Insolvenzforderungen am Insolvenzverfahren teil.[198] Aus diesem Grund spricht sich die Regierungsbegründung zum Entwurf der Insolvenzordnung für die Passivierung aller nach § 39 InsO (§ 46 InsO-E) nachrangigen

---

195 KPB/*Pape*, InsO, § 19, Rn. 54.

196 *Bormann*, GmbHR 2001, 689, 693.

197 KPB/*Pape*, InsO, § 19, Rn. 63; Jaeger/*Müller*, InsO, § 19, Rn. 78.

198 S. dazu bereits unter B.II.1.a)bb).

Forderungen aus.[199] Damit wird der Unterschied zu der Regelung des § 63 KO deutlich gemacht, die einen Ausschluss dieser Forderungen vom Verfahren vorsah.[200]

Aufgrund ihrer Nachrangigkeit im Insolvenzverfahren stehen Verbindlichkeiten, die unter § 39 Abs. 1 Nr. 3 und 4 InsO fallen, allerdings bei der Verteilung der Masse nicht in Konkurrenz zu den Forderungen der übrigen Gläubiger. Betrachtet man also die Überschuldungsbilanz allein unter dem Aspekt der Darstellung der Gläubigergefährdung, so wäre es nicht erforderlich, diese Forderungen zu passivieren. Allerdings bezweckt die Überschuldungsfeststellung mittels der Erstellung der Überschuldungsbilanz nicht primär die Abbildung der konkreten Gläubigergefährdung, sondern die Vermeidung eines uneingeschränkten Weiterwirtschaftens der haftungsbeschränkten Gesellschaft bzw. ihrer Anteilseigner, um die Verschlechterung der Befriedigungsaussichten der Gläubiger zu verhindern.[201] Infolgedessen sind alle Verbindlichkeiten der Schuldnergesellschaft zu passivieren, selbst wenn sie noch nicht fällig sind.[202] Insoweit wird die Wirkung des § 41 InsO vorweggenommen, der nach Verfahrenseröffnung alle Forderungen fällig stellt. Aus der Systematik des Gesetzes folgt, dass lediglich solche Forderungen der Passivierung in der Überschuldungsbilanz entgehen sollen, für welche ein Rangrücktritt hinter sämtliche Forderungen des § 39 Abs. 1 Nr. 1–5 InsO erklärt wird, vgl. § 19 Abs. 2 S. 2 InsO. Allein den gesetzlichen Nachrang einer Forderung ausreichen zu lassen, war also nicht beabsichtigt. Damit wird zusätzlich ein Schutz der übrigen nachrangigen Gläubiger bewirkt, deren Befriedigungsaussichten noch geringer würden, sofern auch sämtliche im Rang vorgehenden Forderungen keine Berücksichtigung in der Überschuldungsprüfung fänden.

Daher sind, der Gesetzesbegründung folgend, die nachrangigen Verbindlichkeiten gemäß § 39 Abs. 1 Nr. 3 und 4 InsO bei der Überschuldungsprüfung zu berücksichtigen.

##### *cc) Forderungen gemäß § 39 Abs. 1 Nr. 5 InsO*

###### (1) Passivierungspflicht von Forderungen aus Gesellschafterdarlehen während der Geltung der KO und mit Inkrafttreten der InsO

Während der Geltung der Konkursordnung gab es bereits bedeutende Stimmen, die eine Passivierung von Forderungen aus kapitalersetzenden Gesellschafterdarlehen

199 BT-Drs. 12/2443, S. 115.

200 Vgl. dazu oben B.II.1.a)aa).

201 BGHZ 124, 282, 286 = BGH, NJW 1994, 724, 725; *Drukarczyk/Schüler* in MüKo InsO, § 19, Rn. 1 und 118.

202 Uhlenbruck/*Mock*, InsO, § 19, Rn. 150; FK-InsO/*Schmerbach*, § 19, Rn. 21.

generell als obsolet ansahen.[203] Allerdings wurde die Nichtpassivierung damals mit der Nichtteilnahme der Forderung am Konkursverfahren gemäß § 32a Abs. 1 GmbHG a.F. begründet.[204] Mit Inkrafttreten der InsO waren Forderungen aus eigenkapitalersetzenden Gesellschafterdarlehen hingegen als Insolvenzforderungen gemäß § 38 InsO zu behandeln und hatten damit zumindest auch eine theoretische Aussicht auf Befriedigung.[205] Teilweise wurde trotz dieser Gesetzesänderung weiterhin die Nichtpassivierung eigenkapitalersetzender Gesellschafterdarlehen gefordert.[206]

Die Gegenansicht verlangte aufgrund der Qualifizierung eigenkapitalersetzender Gesellschafterdarlehen als Insolvenzforderungen die Vereinbarung eines ausdrücklichen Rangrücktritts für die daraus entstehenden Forderungen.[207] Der Zweck der Rangrücktrittsvereinbarung lag während der Geltung des Eigenkapitalersatzrechts in erster Linie darin, der mitunter schwierige Prüfung, ob ein Darlehen eigenkapitalersetzenden Charakter hat oder nicht, durch den Rangrücktritt des Gesellschafters zu entgehen.[208] So habe der Schutz der übrigen Gläubiger besser gewahrt werden können, da es für die Nichtpassivierung nicht auf den eigenkapitalersetzenden Charakter des Gesellschafterdarlehens, sondern nur darauf ankam, ob eine den allgemeinen Anforderungen entsprechende[209] Rangrücktrittsvereinbarung vorlag.[210] Außerdem sollte vermieden werden, dass die Geschäftsführer der betreffenden Schuldnergesellschaft einem erhöhten Haftungsrisiko gemäß § 64 GmbHG a.F. und der Gefahr der Erfüllung des Straftatbestands des § 84 Abs. 1 Nr. 2 GmbHG a.F. unterliegen.[211] Bereits damals wurde aber schon die Meinung vertreten, dass ein Rücktritt in den Rang des § 39 Abs. 1

203 OLG München NJW 1966, 2366, 2366; *Hommelhoff* in FS Döllerer, S. 245, 258; Jaeger/*Weber*, KO, §§ 207, 208, Rn. 21; *Hirte*, DStR 2000, 1829, 1830; a.A. OLG Düsseldorf NJW 1997, 1455, 1456; *Kahlert/Gehrke*, DStR 2010, 227, 227; *Wittig*, NZI 2001, 169, 171; *Knobbe-Keuk*, ZIP 1983, 127, 128; *Peters*, WM 1988, 685, 685; *Serick*, ZIP 1980, 9, 12.

204 OLG München NJW 1994, 3112, 3114; OLG Düsseldorf, NJW-RR 1998, 1256, 1257; *Fleischer*, ZIP 1996, 773, 778; vgl. zu der damaligen Rechtslage oben B.II.1.b)aa).

205 Vgl. § 39 Abs. 1 Nr. 5 InsO a.F.

206 *Hirte*, DStR 2000, 1829, 1831; a.A. *Wazlawik*, NZI 2004, 608, 609; *Merz/Hübner*, DStR 2005, 802, 806.

207 OLG Düsseldorf NJW 1997, 1455, 1456; *Kahlert/Gehrke*, DStR 2010, 227, 227; *Wittig*, NZI 2001, 169, 171; *Knobbe-Keuk*, ZIP 1983, 127, 128; *Peters*, WM 1988, 685, 685; *Serick*, ZIP 1980, 9, 12.

208 BGHZ 146, 264, 273 = NJW 2001, 1280, 1282; *Goette*, DStR 2001, 175, 179.

209 Entsprechend den Vorgaben des BGH, vgl. dazu oben B.II.2.a).

210 *Knobbe-Keuk*, ZIP 1983, 127, 129.

211 BGHZ 146, 264, 273 = NJW 2001, 1280, 1282; *Merz/Hübner*, DStR 2005, 802, 806.

Nr. 5 InsO aus Gläubigerschutzgesichtspunkten genügen müsste, um die Passivierung zu vermeiden.[212] Eine ausdrückliche Rangrücktrittsvereinbarung war aber auch nach dieser Ansicht nicht verzichtbar.[213]

Mit dem Wegfall des Eigenkapitalersatzrechts durch das Inkrafttreten des MoMiG ist aber das Argument der höheren Transparenz für Gläubiger und Geschäftsführer aufgrund des vertraglichen Rangrücktritts entfallen. Die geforderte Eindeutigkeit ist nach derzeitiger Rechtslage bereits dadurch gewahrt, dass inzwischen sämtliche Forderungen aus Gesellschafterdarlehen kraft Gesetzes nachrangig sind.

### (2) Der Regierungsentwurf der Bundesregierung zum MoMiG

Der Regierungsentwurf zum MoMiG sah in Bezug auf die Passivierung von Forderungen aus Gesellschafterdarlehen in der Überschuldungsbilanz der Gesellschaft in § 19 Abs. 2 S. 2 InsO noch die folgende Formulierung vor:

> Forderungen auf Rückgewähr von Gesellschafterdarlehen, die in einem Insolvenzverfahren über das Vermögen einer Gesellschaft nach § 39 Abs. 1 Nr. 5 berichtigt werden, sind nicht bei den Verbindlichkeiten nach Satz 1 zu berücksichtigen.[214]

Es war demnach intendiert, Forderungen auf Rückgewähr von Gesellschafterdarlehen generell und auch ohne einen ausdrücklichen Rangrücktritt nicht in den Überschuldungsstatus aufzunehmen. Die Begründung des Entwurfs beruft sich darauf, dass die Interessen der Gläubiger durch den gesetzlichen Nachrang sämtlicher Forderungen auf Rückgewähr von Gesellschafterdarlehen bereits hinreichend gewahrt seien.[215] Zudem bedürfe es nach Aufgabe des Eigenkapitalersatzrechts keiner Rangrücktrittsvereinbarung mehr, um rechtssicher den Nachrang der Forderung aus dem Gesellschafterdarlehen festzustellen[216], da die Prüfung des Merkmals des „eigenkapitalersetzenden Darlehens" nicht mehr über den Nachrang der Forderung entscheidet.

### (3) Kritik am Regierungsentwurf und Reaktion des Gesetzgebers

Die vom Regierungsentwurf zum MoMiG vorgesehene Entbehrlichkeit von Rangrücktrittsvereinbarungen für die Nichtpassivierung von Forderungen

---

212 *Wittig*, NZI 2001, 169, 174; *K. Schmidt*, DB 2006, 2503, 2503.

213 Ebd.

214 BT-Drs. 16/6140, S. 15.

215 BT-Drs. 16/6140, S. 56; so auch *Kammeter/Geißelmeier*, NZI 2007, 214, 218.

216 BT-Drs. 16/6140, S. 56; so auch *Habersack*, ZIP 2007, 2145, 2151; *Gehrlein*, BB 2008, 846, 847.

aus Gesellschafterdarlehen hat in der öffentlichen Anhörung im Rechtsausschuss durch *Haas* und *Hirte* sowie in der Literatur erhebliche Kritik erfahren. Die Beanstandungen stützten sich vornehmlich auf die durch die Fassung des Regierungsentwurfs eröffnete Möglichkeit, die Insolvenzauslösung durch die Neuregelung auf einen späteren Zeitpunkt hinauszuzögern, womit eine erhöhte Gläubigergefährdung einhergehe.[217] Der Zweck des gesetzlichen Nachrangs von Forderungen eines Gesellschafters liege demgegenüber darin, die aus der Nichtzuführung von Eigenkapital resultierende Gläubigerbenachteiligung abzubilden.[218] Dem widerspreche es, wenn der Eintritt der Überschuldung zugunsten der Schuldnergesellschaft durch die Nichtpassivierung dieser Forderungen verzögert werden könnte. Überdies erstrebe die InsO, Insolvenzverfahren frühzeitig einzuleiten und zu eröffnen. Die Nichtberücksichtigung von Gesellschafterdarlehen in der Überschuldungsbilanz widerspreche dieser Zielrichtung.[219]

Den Einwänden folgend sprach sich der Rechtsausschuss in seinem Bericht und der Beschlussempfehlung für eine Abänderung des § 19 Abs. 2 S. 2 InsO in der Weise aus, dass auf eine ausdrückliche Rangrücktrittsvereinbarung für Forderungen aus Gesellschafterdarlehen nicht verzichtet werden könne, wenn sie nicht in der Überschuldungsbilanz berücksichtigt werden sollen.[220] Die Änderung der Norm trage der „Warnfunktion" einer Rangrücktrittsvereinbarung Rechnung und die Gefahr vor einer Zunahme masseloser Insolvenzen werde auf diese Weise eingedämmt.[221] Dementsprechend findet sich in der beschlossenen Fassung des Gesetzes das Erfordernis der Vereinbarung eines Rangrücktritts für Forderungen aus Gesellschafterdarlehen oder diesen wirtschaftlich entsprechenden Rechtshandlungen für den Fall, dass die Passivierung dieser Forderungen in der Überschuldungsbilanz der Gesellschaft vermieden werden soll.

#### (4) Passivierung von Forderungen aus Gesellschafterdarlehen nach geltendem Recht

Die herrschende Meinung sieht die Frage nach der Passivierung von Forderungen aus Gesellschafterdarlehen in der Überschuldungsbilanz nach der Änderung des § 19 Abs. 2 InsO durch das MoMiG als erledigt an. Eine Nichtpassivierung sei danach ausschließlich dann möglich, wenn eine ausdrückliche

217 16. Wahlperiode des BT, Protokoll Nr. 85 des Rechtsausschusses, S. 9 f.
218 *Haas*, ZInsO 2007, 617, 627.
219 FK-InsO/*Schmerbach*, § 19, Rn. 27.
220 BT-Drs. 16/9737, S. 58.
221 BT-Drs. 16/9737, S. 58.

Rangrücktrittsvereinbarung vorliege.[222] Teilweise wird in der Literatur aber noch die Meinung vertreten, auch die neue Formulierung des § 19 Abs. 2 S. 2 InsO spreche für eine generelle Nichtpassivierung von Gesellschafterdarlehen.[223] Nachrangige Forderungen seien aufgrund der fehlenden Konkurrenz zu den übrigen Gläubigern nicht bei der Prüfung eines Insolvenzauslösungsgrundes zu berücksichtigen.[224]

Der herrschenden Meinung ist zu folgen. Zwar stehen die nachrangigen Forderungen nach Eröffnung des Verfahrens nicht in direkter Konkurrenz zu den Ansprüchen der übrigen Gläubiger. Jedoch folgt aus dem Gesetzeswortlaut des § 19 Abs. 2 S. 2 InsO ausdrücklich, dass eine Nichtpassivierung nur bei Vorliegen einer Rangrücktrittsvereinbarung und nicht bereits für nach dem Gesetz nachrangige Forderungen in Betracht kommt. Auch die Begründung des Rechtsausschusses kann in dieser Frage nicht anders verstanden werden.[225] Das Erfordernis des Rangrücktritts kann zudem dazu beitragen, dass sich der sanierungswillige Gesellschafter mit der Hingabe seines Darlehens des damit verbundenen Risikos bewusst wird, was wiederum dazu führen könnte, dass langfristig eine Ausstattung der Gesellschaft mit neuem gezeichnetem Kapital angestrebt wird.

### *b) Ausweisung vertraglich nachrangiger Forderungen in der Überschuldungsbilanz*

Von der Frage nach dem Erfordernis einer Rangrücktrittsvereinbarung zum Zwecke der Nichtpassivierung ist die nach dem obligatorischen Inhalt der Vereinbarung zu unterscheiden. Dieser Problematik widmet sich der folgende Abschnitt.

Durch § 39 Abs. 2 InsO wird jedem Gläubiger die Möglichkeit eröffnet, mit dem Schuldner einen Rangrücktritt für seine Forderung zu vereinbaren.[226]

---

222 KPB/*Pape*, InsO, § 19, Rn. 69; *Frystatzki*, NZI 2013, 609, 610; *Leithaus* in Andres/Leithaus, InsO, § 19, Rn. 10; Henssler/Strohn/*Arnold*, InsO, § 19, Rn. 4; *Drukarczyk/Schüler* in MüKo InsO, § 19, Rn. 120; Uhlenbruck/*Mock*, InsO, § 19, Rn. 157 u. 181 (Nachrangabrede in der Form eines pactum de non petendo).

223 „*Das Gesetz statuiert deswegen ausdrücklich, dass Gesellschafterforderungen bzw. Rechtshandlungen, die solchen Gesellschafterdarlehen wirtschaftlich entsprechen* ***oder*** *[Hervorhebung durch Verfasser] für die gemäß § 39 Abs. 2 der Nachrang im Insolvenzverfahren vereinbart worden ist, bei den Verbindlichkeiten nicht zu berücksichtigen sind*" Braun/*Bußhardt*, InsO, § 19, Rn. 18; so im Ergebnis auch FK-InsO/*Dauernheim*, § 135, Rn. 49.

224 Braun/*Bußhardt*, InsO, § 19, Rn. 18; FK-InsO/*Dauernheim*, § 135, Rn. 49.

225 BT-Drs. 16/9737, S. 58.

226 S. dazu bereits B.II.1.a)bb).

Unter welchen zusätzlichen Voraussetzungen ein solcher vertraglich vereinbarter Nachrang allerdings dazu führen kann, dass die von ihm erfasste Forderung nicht in den Überschuldungsstatus aufgenommen wird, gilt es näher zu beleuchten.

*aa) Rechtslage während der Geltung der KO und nach Inkrafttreten der InsO*

Unter der Geltung der Konkursordnung herrschte bereits die Ansicht vor, es bedürfe stets einer Rangrücktrittsvereinbarung, um die Passivierung einer Forderung in der Überschuldungsbilanz zu verhindern.[227] Dies sollte insbesondere für Forderungen aus eigenkapitalersetzenden Gesellschafterdarlehen gelten.[228] Durch die Rangrücktrittsvereinbarung könne der Ausschluss der Forderung bei der Verteilung der Masse im Konkursverfahren erreicht werden, womit eine Passivierung in der Überschuldungsbilanz entbehrlich würde.[229] Gleiches war für Forderungen von Drittdarlehensgebern anerkannt[230], da diese ansonsten unbeschränkt als Konkursgläubiger am Verfahren teilnehmen könnten. Eine Berichtigung der Forderung durch die Schuldnergesellschaft durfte demnach auch bei Drittgläubigern erst erfolgen, wenn sie durch Bilanzgewinne oder einen etwaigen Liquidationsüberschuss ermöglicht wurde.[231]

Seit Inkrafttreten der InsO gilt allerdings die Vorschrift des § 39 Abs. 1 und 2 InsO über den Nachrang, der eine Teilnahme am Insolvenzverfahren nicht mehr ausschließt.[232] Die Regierungsbegründung zur InsO legte überdies die Annahme nahe, es bedürfe eines Forderungsverzichts, um die Passivierungspflicht entfallen zu lassen („*Die Möglichkeit, eine Forderung für den Fall der Eröffnung des Insolvenzverfahrens zu erlassen, bleibt unberührt*“[233]).[234] Konsequenz dieser Annahme wäre, dass ein bloßer Rangrücktritt nach der neuen Rechtslage nicht mehr die erstrebte Wirkung auf die Erstellung der Überschuldungsbilanz hätte erreichen können. Gegen eine solche Interpretation wurde allerdings ins Feld geführt, dass die Teilnahme der freiwillig im Rang zurücktretenden Gläubiger am

227 OLG Düsseldorf NJW 1997, 1455, 1456; *Kahlert/Gehrke*, DStR 2010, 227, 227; *Wittig*, NZI 2001, 169, 171; *Knobbe-Keuk*, ZIP 1983, 127, 128; *Peters*, WM 1988, 685, 685; *Serick*, ZIP 1980, 9, 12.

228 Für Näheres zum damals geführten Meinungsstreit s. C.I.2.a)cc)(1).

229 BT-Drs. 12/2443, S. 123.

230 So während der Geltung der KO bereits *Serick*, ZIP 1980, 9, 11 ff.

231 *Livonius*, ZInsO 1998, 309, 310; *Serick*, ZIP 1980, 9, 12.

232 Vgl. dazu bereits B.II.1.a)bb).

233 BT-Drs. 12/2443, S. 123.

234 *Hess*, InsO (1999), § 19, Rn. 43.

Insolvenzverfahren aufgrund ihrer Berücksichtigung in der Verteilung nach allen übrigen Gläubigern ohnehin eher theoretischer Natur sei und damit kein erhöhter Gläubigerschutz allein durch einen Forderungsverzicht zu erwarten wäre.[235]

Der BGH schloss sich in seinem Urteil vom 08.01.2001 dieser Auffassung an und stellte fest, dass auch nach Inkrafttreten der InsO weiterhin die Möglichkeit bestehen sollte, mittels Vereinbarung eines Rangrücktritts die Überschuldung zu vermeiden.[236] Der hierfür erforderliche „qualifizierte Rangrücktritt“ war von dem Gesellschafter in der Weise zu formulieren, dass er

> „wegen der genannten Forderung erst nach der Befriedigung sämtlicher Gesellschaftsgläubiger und – bis zur Abwendung der Krise – auch nicht vor, sondern nur zugleich mit den Einlagerückgewähransprüchen seiner Mitgesellschafter berücksichtigt, also so behandelt werden [wolle], als handele es sich bei seiner Gesellschafterleistung um statutarisches Kapital“[237].

Kritikpunkt an der Entscheidung war in erster Linie, dass die Formulierung zwar auf die Erforderlichkeit des Rücktritts in den Rang mit den Einlagenrückgewähransprüchen der Gesellschaft hindeute, sich dies aber nicht eindeutig aus dem Wortlaut ergebe.[238] Daher entwickelten sich in Reaktion auf das Urteil verschiedene Ansichten, die unterschiedliche Rangtiefen als erforderlich und für die Vermeidung der Überschuldung als ausreichend ansahen. Einer Meinung zufolge sollte bereits der Rücktritt in den Rang des § 39 Abs. 1 Nr. 5 InsO genügen.[239] Andere forderten einen Rücktritt in den Rang des § 39 Abs. 2[240] bzw. in einen Rang zwischen dem der übrigen Gläubiger im Rang des § 39 Abs. 2 und den Einlagenrückgewähransprüchen der Gesellschafter[241]. Die restriktivste Meinung begnügte sich nur mit einem Rücktritt in den Rang des § 199 S. 2 InsO, also auf dieselbe Stufe mit dem an die Gesellschafter auszukehrenden Überschuss.[242]

---

235 *K. Schmidt*, GmbHR 1999, 9, 13; *Livonius*, ZInsO, 1998, 309, 310.

236 S. dazu bereits B.II.2.a).

237 BGHZ 146, 264, 271 = NJW 2001, 1280, 1281.

238 *Dahl/Schmitz*, NZG 2009, 567, 568; *Wittig*, NZI 2001, 169, 172 f.

239 *Wittig*, NZI 2001, 169, 174; *K. Schmidt*, DB 2006, 2503, 2503; *Hultsch/Roß/Drögemüller*, BB 2007, 819, 820; *Janssen*, BB 2005, 1895, 1896; *Goette*, DStR 2001, 175, 179.

240 *Altmeppen*, ZIP 2001, 240, 241; *Bormann*, GmbHR 2001, 689, 693.

241 BGH NZG 2010, 701, 702; BGH NJW 2015, 1672, 1673; *Klein*, GmbHR 2005, 663; *Kiethe*, DStR 2006, 1763, 1765; *Teller/Steffan*, Rangrücktrittsvereinbarungen, Rn. 286; *Obermüller*, Insolvenzrecht, Rn. 1.1345a; *Heerma*, BB 2005, 537, 541.

242 *Haas/Scholl*, ZInsO 2002, 645, 649; *Goette*, DStR 2001, 175, 179; *Wälzholz*, GmbHR 2008, 841, 847; *Westerburg/Schwenn*, BB 2006, 501, 502 f. *Wazlawik*, NZI 2004, 608,

Mit Inkrafttreten des MoMiG hat sich die Frage nach der Notwendigkeit von Rangrücktrittserklärungen zum Zwecke der Nichtpassivierung und die dafür erforderliche Rangtiefe zumindest in Bezug auf Gesellschafterdarlehen erledigt. In der Regelung des § 19 Abs. 2 InsO sind die Voraussetzungen für die Vereinbarung erstmals gesetzlich festgehalten.

### *bb) Passivierungspflicht gewillkürt nachrangiger Forderungen*

Durch das MoMiG wurde die Vorschrift des § 19 Abs. 2 S. 2 InsO an die Definition der Überschuldung angefügt.[243] Nach derzeitiger Fassung sind

> Forderungen auf Rückgewähr von Gesellschafterdarlehen oder aus Rechtshandlungen, die einem solchen Darlehen wirtschaftlich entsprechen, für die gemäß § 39 Abs. 2 zwischen Gläubiger und Schuldner der Nachrang im Insolvenzverfahren hinter den in § 39 Abs. 1 Nr. 1 bis 5 bezeichneten Forderungen vereinbart worden sind,

nicht auf der Passivseite des Überschuldungsstatus zu berücksichtigen. Diese Gesetzesänderung verfolgt den Zweck, die Anforderungen der Rechtsprechung an Rangrücktrittsvereinbarungen mit Gesellschaftern zu übernehmen und in Hinblick auf die Abschaffung des Eigenkapitalersatzrechts leicht zu modifizieren.[244]

Im Folgenden ist zunächst darauf einzugehen, wie sich die Vorschrift auf die Rechtslage in Bezug auf die Gesellschafterdarlehen ausgewirkt hat und schließlich ob – und wenn ja, unter welchen Voraussetzungen – Gleiches auch für außenstehende Dritte gelten kann.

#### (1) Insolvenzrechtlicher Rangrücktritt eines Gesellschafters

Aus dem Wortlaut des § 19 Abs. 2 S. 2 InsO folgt, dass ein Rücktritt in den Rang hinter die Forderungen gemäß § 39 Abs. 1 Nr. 5 InsO nunmehr ausreichend ist, um die Passivierungspflicht für ein Gesellschafterdarlehen entfallen zu lassen.[245]

---

609; *Vogt*, DStR 2001, 1881, 1881; *Schildknecht*, DStR 2005, 181, 182; *Taraschka*, DStR 2006, 109, 109; *Henle/Bruckner*, ZIP 2003, 1738, 1740.

243 Aufgrund der ursprünglichen Fassung des § 19 Abs. 2 InsO mit der darin vorgesehenen Befristung durch das FMStG (BGBl. 2008 I, S. 1982), wurde teilweise angenommen, der Gesetzgeber habe die Änderung durch das MoMiG übersehen, so Braun/*Bußhardt*, InsO, § 19, Rn. 21; Klarstellung erfolgte durch das FMStErgG (BGBl. 2009 I, S. 3151), in welches die Änderung des § 19 Abs. 2 InsO durch das MoMiG aufgenommen wurde.

244 BT-Drs. 16/9737, S. 58.

245 *K. Schmidt*, ZIP 2013, 485, 492; *Müller* in MüKo GmbHG, § 64, Rn. 38; KPB/*Pape*, InsO, § 19, Rn. 21; *Leithaus/Schaefer*, NZI 2010, 844, 846; *Obermüller*, Insolvenzrecht, Rn. 1.1345a.

Die zuvor vom BGH aufgestellten Anforderungen[246] hinsichtlich der erforderlichen Rangtiefe sind folglich nicht mehr zu beachten.

### (2) Insolvenzrechtlicher Rangrücktritt eines außenstehenden Dritten

Zu Rangrücktrittsvereinbarungen mit Drittgläubigern, also Gläubigern, die keine unmittelbare Beziehung mit der Schuldnergesellschaft durch eine Beteiligung oder eine ähnliche Verflechtung haben, findet sich demgegenüber keine ausdrückliche Regelung im Gesetz. Vor allem ist nicht normiert, unter welchen Voraussetzungen der vertraglich vereinbarte Nachrang für die Forderung eines Dritten die Passivierung in der Überschuldungsbilanz verhindern kann. Die Regelung des § 19 Abs. 2 S. 2 InsO gilt nach ihrem Wortlaut nur für Gesellschaftergläubiger. Indes wurde nie in Frage gestellt, dass die Vermeidung der Überschuldung durch die Vereinbarung des Rangrücktritts einer Drittdarlehensforderung möglich sein muss.[247] Demnach ist zu klären, ob die Regelung des § 19 Abs. 2 S. 2 InsO möglicherweise auf einen Drittgläubiger analog anwendbar ist.

### (a) Meinungsstand

#### (aa) Rücktritt „nur" in den Rang des § 39 Abs. 2 InsO

Dass die Vorschrift des § 19 Abs. 2 S. 2 InsO auch über seinen Wortlaut hinaus auch auf außenstehenden Dritte anwendbar ist, wird häufig vertreten; ein Rücktritt der Forderung in den Rang des § 39 Abs. 2 InsO sei demnach für die Erreichung der Nichtpassivierung in der Überschuldungsbilanz ausreichend.[248] Die Suche nach einer nachvollziehbaren Begründung für diesen Standpunkt erweist sich jedoch als vergeblich. Das AG Mönchengladbach hat zum Beispiel in einer neueren Entscheidung ohne nähere Begründung die Rangrücktrittsvereinbarung eines außenstehenden Dritten entsprechend den Voraussetzungen des § 19

---

246 Vgl. dazu oben B.II.2.a).

247 *Priester*, DB 1991, 1917, 1920; *Teller/Steffan*, Rangrücktrittsvereinbarungen, Rn. 2; Ulmer/*Habersack*, GmbHG, Anh. § 30, Rn. 182; *Kiethe*, DStR 2006, 1763, 1765; *Serick*, ZIP 1980, 9, 9 ff.

248 Ulmer/*Habersack*, GmbHG, Anh. § 30, Rn. 129; *Müller* in MüKo GmbHG, § 64, Rn. 40; HK-InsO/*Kirchhof*, § 19, Rn. 24; Schmidt/*Schröder*, InsO, § 19, Rn. 43; A/G/R-*Kadenbach*, InsO, § 19, Rn. 40; *Kahlert/Gehrke*, DStR 2010, 227, 230; *Ekkenga*, ZGR 2009, 581, 621 f.; für analoge Anwendung: *Leithaus/Schaefer*, NZI 2010, 844, 846; Braun/*Bußhardt*, InsO, § 19, Rn. 20; laut *Obermüller*, Insolvenzrecht, Rn. 1.1345a ist bereits der Rücktritt in den Rang des § 39 Abs. 1 Nr. 5 InsO aus Gläubigerschutzgesichtspunkten ausreichend, ein Rücktritt in den Rang des § 39 Abs. 2 InsO genüge aber in jedem Fall.

Abs. 2 S. 2 InsO zum Zwecke der Vermeidung der Passivierung als ausreichend angesehen.[249]

Die Vertreter dieser Ansicht verweisen allenfalls darauf, dass die Voraussetzungen des § 19 Abs. 2 S. 2 InsO nicht gesellschafterspezifisch seien. *Kahlert/Gehrke* wollen die entsprechende Anwendung zulassen, um dem Geschäftsführer der Schuldnergesellschaft eine rechtssichere Entscheidung bei der Erstellung der Überschuldungsbilanz zu ermöglichen. Überdies solle durch den Rangrücktritt gewährleistet sein, dass der Drittdarlehensgeber nicht am Insolvenzverfahren teilnehme.[250] Die Nichtteilnahme des Dritten am Insolvenzverfahren wird durch einen insolvenzrechtlichen Rangrücktritt allerdings nicht erreicht. Der Dritte ist selbst als nachrangiger Gläubiger weiterhin Insolvenzgläubiger und nimmt als solcher am Verfahren teil, wenn auch unter den Einschränkungen, die für nachrangige Gläubiger vorgesehen sind.[251] Die Problematik der Rechtssicherheit für die Vertretungsorgane der Schuldnergesellschaften bei der Aufstellung der Überschuldungsbilanz wird auch in den Gesetzesmaterialien zum MoMiG[252] erwähnt. Dieses Problem hat hingegen seinen Ursprung darin, dass es für die Vertretungsorgane mitunter große Schwierigkeiten bereitete, zu bestimmen, ob ein Gesellschafterdarlehen eigenkapitalersetzend ist und somit den gesetzlichen und richterrechtlichen Beschränkungen für diesen Sonderfall unterliegt.[253] Das Argument der Rechtssicherheit spräche jedoch eher dafür, die gesetzliche Regelung nur ihrem Wortlaut nach zu verstehen und Rangrücktrittsvereinbarungen mit Dritten nicht als einen Fall des § 19 Abs. 2 S. 2 InsO zu qualifizieren. Aus der entsprechenden Anwendung dieser Norm ergäben sich schließlich Folgeprobleme, wie die Frage nach der erforderlichen Rangtiefe der Vereinbarung und ob sie zusätzlich eine materiellrechtliche Rechtsfolge haben muss. Mit diesen müsste sich das Vertretungsorgan ebenfalls auseinandersetzen, was eine rechtssichere Entscheidung zusätzlich erschweren würde.

#### (bb) Gleichbehandlung mit Gesellschaftern und Rückzahlungssperre

*Frystatzki* fordert vornehmlich aus Praktikabilitätsgesichtspunkten einen Gleichlauf von Rangrücktrittsvereinbarungen mit Gesellschaftern und Dritten. Eine Gleichstellung auch im Anfechtungsrecht, insbesondere in Hinblick auf § 135

---

249 AG Mönchengladbach, Beschluss v. 25.07.2014, 45 IN 27/14.

250 *Kahlert/Gehrke*, DStR 2010, 227, 230.

251 Vgl. zu den Beschränkungen im Insolvenzverfahren D.IV.

252 Sowohl in der Regierungsbegründung des Gesetzentwurfs: BT-Drs. 16/6140 S. 56 als auch in der Beschlussempfehlung des Rechtsausschusses: BT-Drs. 16/9737, S. 58.

253 S. dazu bereits oben B.II.2.a).

Abs. 1 InsO sei zwar fraglich, da nicht geklärt sei, ob diese Norm ebenfalls auf Drittgläubiger angewendet werden könne. Der durch diesen Anfechtungstatbestand geschaffene Gläubigerschutz könne aber bei Drittdarlehensgebern durch Vereinbarung einer vorinsolvenzlichen Rückzahlungssperre gleichermaßen erreicht werden.[254] Damit nennt er jedoch gleichzeitig ein Argument, welches gegen die Anwendbarkeit des § 19 Abs. 2 S. 2 InsO auf außenstehende Dritte spricht. Bereits aus den Gesetzesmaterialien des MoMiG folgt, dass die Anfechtungstatbestände der §§ 44a, 135 Abs. 1 und 2 InsO für die Zeit nach der Insolvenzeröffnung sowie die §§ 6 Abs. 1, 6a AnfG außerhalb des Insolvenzverfahrens der Sicherung des Nachrangs von Gesellschafterdarlehen dienen sollen.[255] Darlehensrückzahlungen an Dritte können hingegen nach dem Wortlaut der Normen nur gemäß den allgemeinen Anfechtungstatbeständen der §§ 130–133 InsO angefochten werden. Zwar erreicht eine vorinsolvenzliche Rückzahlungssperre in Form einer materiellrechtlich wirkenden Vereinbarung eine Bindung des Darlehens im Gesellschaftsvermögen. Sie stellt aber darüber hinaus ein den Gläubiger in der Durchsetzung seiner Forderung stärker beschränkendes Mittel dar als die Anfechtungstatbestände, die erst nach bereits erfolgter Rückzahlung eingreifen. Es wird demnach einerseits gefordert, Drittgläubiger gemäß § 19 Abs. 2 S. 2 InsO den Gesellschaftergläubigern gleichzustellen, gleichzeitig sollen sie aber größeren Beschränkungen in Form einer Durchsetzungssperre unterliegen, wo für Gesellschafter lediglich das rückwirkende Anfechtungsrecht anwendbar ist.[256]

#### (cc) Freiwillige Unterwerfung unter das Anfechtungsrecht

Einen Ausgleich für dieses Problem sucht *Adloff* darin, dem Drittgläubiger eine freiwillige Unterwerfung unter die Vorschrift des § 135 InsO zu ermöglichen. Komme er dem nach, sei es nicht erforderlich, dass darüber hinaus eine vor der Insolvenz wirkende Durchsetzungssperre für die Forderung vereinbart werde, um die Passivierung in der Überschuldungsbilanz zu vermeiden.[257]

254 *Frystatzki*, NZI 2013, 609, 611; ebenso Ulmer/*Habersack*, GmbHG, Anh. § 30, Rn. 129.

255 BT-Drs. 16/9737, S. 58.

256 Dies gilt freilich nur, soweit der Ansicht gefolgt wird, dass § 19 Abs. 2 S. 2 InsO für Gesellschafter keine vorinsolvenzliche Rückzahlungssperre erfordert.

257 *Adloff* in FS Hellwig, S. 442 f.; Näheres dazu unten G.I.1.c)bb).

### (dd) Gleichbehandlung mit Gesellschaftern aufgrund übereinstimmender Rechtsfolgen

Der BGH hat in seinem Urteil vom 05.03.2015 ebenfalls konstatiert, dass § 19 Abs. 2 S. 2 InsO über seinen Wortlaut hinaus auf außenstehende Gläubiger anwendbar sei.[258] Dies folge daraus, dass die Rechtsfolgen von Rangrücktrittsvereinbarungen übereinstimmten, unabhängig davon, wer der Gläubiger der Forderung sei.[259] Gleichzeitig bemerkt der IX. Senat, dass Inhalt und Reichweite des Rangrücktritts durch die Parteien frei vereinbart werden könnten.[260] Diese Argumentation wirft die Frage auf, welche Rechtsfolgen der Rangrücktrittsvereinbarung sowohl für Gesellschaftergläubiger als auch für außenstehende Dritte gelten. Die Rechtsfolge des § 39 Abs. 2 InsO in der Form des Zurücktretens der Forderung im Verteilungsverfahren in der Insolvenz des Schuldners korrespondiert augenscheinlich bei beiden Arten von Gläubigern. Allerdings kann ein Nichtgesellschafter jeden beliebigen Rang des § 39 Abs. 1 oder 2 InsO für seine Forderung wählen, während ein Gesellschafter für eine ihm zustehende Darlehensforderung auf die Vereinbarung eines Rangs hinter die Forderungen des § 39 Abs. 1 Nr. 5 InsO beschränkt bleibt.[261] Die Wirkung des § 19 Abs. 2 S. 2 InsO in der Form, dass gewillkürt nachrangige Gesellschafterforderung nicht zu passivieren sind, könnte ebenfalls als Rechtsfolge einer Rangrücktrittsvereinbarung mit einem Gesellschafter angesehen werden. Ebendiese Rechtsfolge ist für Rangrücktrittsvereinbarungen mit außenstehenden Dritten hingegen gesetzlich nicht vorgesehen. Dies spricht eher für ein Auseinanderlaufen denn für einen Gleichlauf zwischen beiden Gläubigergruppen.

Konsequent wäre die Argumentation des BGH aber in dem Fall, dass mit der erwähnten „Rangrücktrittsvereinbarung" eine „qualifizierte Rangrücktrittsvereinbarung" gemeint wäre, auf welche er sich in der Folge in der Urteilsbegründung[262] auch beruft. Wie oben bereits ausgeführt wurde, ist der Begriff des „qualifizierten Rangrücktritts" durch die Rechtsprechung des BGH in seinen Voraussetzungen und Rechtsfolgen weitgehend konkretisiert und stellt besondere Anforderungen an einen Rangrücktritt mit der Zielrichtung der Überschuldungsvermeidung auf, die sowohl für Gesellschafter als auch für außenstehende Dritte gelten können. Sollte der BGH diese besondere Art des Rangrücktritts

258 BGH NJW 2015, 1672, 1672 f. = NZI 2015, 315, 315.
259 Ebd.
260 BGH NJW 2015, 1672, 1673 = NZI 2015, 315, 316.
261 Hierzu bereits oben B.II.1.a)bb).
262 BGH NJW 2015, 1672, 1673 = NZI 2015, 315, 316.

tatsächlich meinen, so wird aber gleichsam bereits zu Beginn der Argumentation vorausgesetzt, dass der „qualifizierte Rangrücktritt" *der* von § 19 Abs. 2 S. 2 InsO vorausgesetzte Rangrücktritt *ist*. Gegen eine solche Interpretation spricht hingegen der Gesetzeswortlaut, der an die Rangrücktrittsvereinbarung zunächst keine besonderen Anforderungen stellt, abgesehen von der Festlegung der Rangtiefe. Die gesetzliche Regelung bezieht sich lediglich auf den insolvenzrechtlichen Rangrücktritt und ordnet keine darüber hinausgehenden Rechtsfolgen an. Demzufolge bestehen gesetzlich angeordnete Unterschiede zwischen den Rechtsfolgen, die für Rangrücktritte von Gesellschaftern festgelegt sind (§ 19 Abs. 2 S. 2 InsO und darüber hinaus § 135 InsO[263]) und denen, die für Rangrücktritte von allen übrigen Gläubigern gelten („nur" § 39Abs. 2 InsO).

Daher kann die angebliche Gemeinsamkeit der Rechtsfolgen bei Gesellschaftergläubiger und Drittgläubiger nicht als Argument dazu dienen, die analoge Anwendung des § 19 Abs. 2 S. 2 InsO über dessen Wortlaut hinaus auf Dritte anzuwenden.

#### (ee) Kein Gleichrang mit Gesellschaftern erforderlich

Nach einer weiteren Meinung soll die Nichtpassivierung von zurücktretenden Drittdarlehen bereits möglich sein, wenn ein Rücktritt in den Rang des § 39 Abs. 1 Nr. 5 InsO vereinbart wurde.[264] Die Erfüllung dieses Erfordernisses reiche aus, da ein Gleichrang mit den Gesellschaftern und somit auch ein qualifizierter Rangrücktritt bei Dritten nicht erforderlich sei.[265]

### (b) Stellungnahme

Die vorstehenden Ansichten haben gemein, dass in keinem der Fälle eine umfassende Prüfung der Voraussetzungen der Gesetzesanalogie erfolgt ist. Ob die Norm des § 19 Abs. 2 S. 2 InsO auf einen außenstehenden Dritten anwendbar ist, ist daher nachfolgend anhand dieser Voraussetzungen zu ermitteln.

#### (aa) Vorliegen einer Regelungslücke

Die analoge Anwendung eines Rechtssatzes auf einen Sachverhalt, der von diesem seinem Wortlaut nach nicht erfasst ist, bedingt als Erstes das Vorliegen einer Regelungslücke. Ein Gesetz beinhaltet eine Regelungslücke, soweit eine Regelung

---

263 Zu der Anwendung von § 135 InsO für den Fall des vertraglichen Rangrücktritts näher unten G.I.1.c).

264 *Müller* in FS Hüffer, 701, 710.

265 Ebd.

keine Bestimmung über eine Frage enthält, die nach der Regelungsabsicht einer Regelung bedürfte.[266] Dass sich in der InsO keine Vorschrift findet, die eine Regelung über das Passivierungserfordernis der Forderung eines Nichtgesellschafters enthält, steht nicht in Frage. Klärungsbedürftig ist allerdings, ob der Gesetzgeber diesen Fall tatsächlich als regelungsbedürftig betrachtet und die Schaffung einer entsprechenden Vorschrift schlicht versäumt hat.

Auch vor der Schaffung des § 19 Abs. 2 S. 2 InsO war anerkannt, dass der Rangrücktritt einer Forderung sowohl von Gesellschaftern als auch von Dritten grundsätzlich dazu geeignet ist, deren Nichtpassivierung in der Überschuldungsbilanz zu bewirken.[267] Der Regierungsentwurf zum MoMiG sah dagegen noch vor, dass Rückerstattungsansprüche aus Gesellschafterdarlehen generell aufgrund des für sie gesetzlich angeordneten Nachrangs von dem Passivierungserfordernis befreit sein sollten.[268] Einer zusätzlichen Rangrücktrittsvereinbarung hätte es damit nicht mehr bedurft. In der Beschlussempfehlung fand sich demgegenüber aufgrund zuvor geäußerter Kritik das Erfordernis der ausdrücklichen Rangrücktrittsvereinbarung für Forderungen aus Gesellschafterdarlehen.[269] Im Einzelnen war in der Beschlussempfehlung ausgeführt:

> „An einer ausdrücklichen Rangrücktrittserklärung des Gesellschafter-Kreditgebers als Voraussetzung für die Befreiung von der Passivierungspflicht soll festgehalten werden. […] Nur Forderungen, die mit einem ausdrücklichen Rangrücktritt versehen sind, darf er [*Anm. des Verf.*: der Geschäftsführer] in der Überschuldungsbilanz außer Betracht lassen."[270]

Daraus lässt sich ableiten, dass nach der ursprünglichen Konzeption des Gesetzgebers der gesetzliche Nachrang ausreichen sollte, die in das Gesetz übernommene Regelung dagegen die Notwendigkeit einer vertraglichen Vereinbarung vorschrieb. Dementsprechend liegt die Annahme nahe, dass die ursprünglich intendierte Fassung nicht den Fall des gewillkürten Rangrücktritts, sondern vielmehr allein den der Forderung aus einem Gesellschafterdarlehen regeln wollte. Mit der Neuregelung sollten folglich lediglich die vorgebrachten Schwächen des Regierungsentwurfs beseitigt werden. Bei dieser Neufassung blieb außer Betracht, dass ein Rangrücktritt ebenso mit einem außenstehenden Dritten

---

266 *Canaris/Larenz*, Methodenlehre, S. 193; *Müller/Christensen*, Juristische Methodik, Rn. 371.

267 *Serick*, ZIP 1980, 9, 11 ff.; *Kiethe*, DStR 2006, 1763, 1765.

268 BT-Drs. 16/6140, S: 56.

269 BT-Drs. 16/9737, S. 58.

270 BT-Drs. 16/9737, S. 58.

vereinbart werden und dieselben Rechtsfolgen wie bei einem Gesellschafterdarlehen herbeiführen kann. Insgesamt lässt sich festhalten, dass der Gesetzgeber ursprünglich nur das Passivierungserfordernis von Forderungen aus Gesellschafterdarlehen regeln wollte. Die Regelungsabsicht hat sich durch das Einfügen des Erfordernisses einer Rangrücktrittsvereinbarung jedoch verändert. Es sollte an einem bereits bestehenden Rechtszustand festgehalten werden. Dieser Rechtszustand erfasste Rangrücktrittsvereinbarungen mit Gesellschaftern und mit Dritten gleichermaßen. Aus den Gesetzesmaterialien lässt sich nicht erkennen, dass mit den letzteren abweichend verfahren werden sollte.

All dies spricht für das Vorliegen einer Regelungslücke in Bezug auf Rangrücktrittsvereinbarungen mit außenstehenden Dritten. Aufgrund der nachträglichen Einfügung der Rangrücktrittsvereinbarung in den Gesetzestext liegt die Annahme nahe, dass der Gesetzgeber die Regelungsbedürftigkeit dieses zweiten Falles übersehen hat.[271]

### (bb) Vergleichbarkeit der Interessenlage

Weiter setzt die Gesetzesanalogie voraus, dass der geregelte und der nicht geregelte Tatbestand „in den für die rechtliche Bewertung maßgebenden Hinsichten übereinstimmen"[272]. Diese Bewertungshinsichten sind demnach eingangs für die Norm des § 19 Abs. 2 S. 2 InsO zu ermitteln. Der gesetzlich geregelte Sachverhalt ist der, dass für eine Forderung aus einem Gesellschafterdarlehen oder aus einer wirtschaftlich entsprechenden Rechtshandlung der Abschluss einer Rangrücktrittsvereinbarung erforderlich ist, um die Rechtsfolge der Nichtpassivierung in der Überschuldungsbilanz herbeizuführen. Dieser Sachverhalt hat sich während des Gesetzgebungsverfahrens erst entwickelt, die Wertung, die auf Gläubigerschutzgesichtspunkten beruhte, blieb aber dem Grunde nach unverändert. Nach der Fassung des Regierungsentwurfs ging die rechtliche Bewertung dahin, dass der Gläubigerschutz die Passivierung einer Forderung aus einem gesetzlich nachrangigen Gesellschafterdarlehen in der Überschuldungsbilanz nicht erfordert.[273] In der Beschlussempfehlung des Rechtsausschusses wurde aus der gesetzlich nachrangigen Gesellschafterforderung eine Gesellschafterforderung, die mit einem vertraglichen Rangrücktritt gemäß § 39 Abs. 2 InsO

271 A.A. *K. Schmidt*, ZIP 2015, 901, 903, nach dessen Meinung eine Regelung für außenstehende Dritte entbehrlich war, da für Forderungen Dritter – anders als für Forderungen von Gesellschaftern – schon jeher und unbestritten eine Rangrücktrittserklärung zur Überschuldungsvermeidung erforderlich war.

272 *Canaris/Larenz*, Methodenlehre, S. 202.

273 BT-Drs. 16/6140, S: 56.

versehen ist. Die Abänderung dieses Sachverhalts ist damit zu begründen, dass die bisherige Praxis beibehalten und so die Rechtssicherheit bewahrt werden sollte.[274] Für Forderungen eines außenstehenden Dritten, der mit dem Schuldner einen vertraglichen Rangrücktritt abgeschlossen hat, bedeutet dies das Folgende: Wenn diesem Sachverhalt ebenfalls die rechtliche Bewertung zukommt, dass der Gläubigerschutz hinreichend gewahrt wird, wenn die Forderung des außenstehenden Dritten in der Insolvenz hinter die Forderungen gemäß § 39 Abs. 1 Nr. 1–5 InsO zurücktritt, so liegt eine Übereinstimmung vor, die eine analoge Anwendung der Norm rechtfertigt. Das wäre nur dann nicht der Fall, wenn die zwischen den Sachverhalten weiter bestehenden Unterschiede die gesetzliche Wertung ausschlössen.[275] Ein solcher Unterschied könnte darin gesehen werden, dass auf Forderungen aus Gesellschafterdarlehen neben dem gesetzlichen Rangrücktritt zusätzlich die Regelung des § 135 Abs. 1 InsO und damit ein gesonderter Anfechtungstatbestand Anwendung findet.[276] Allerdings steht der Anfechtungstatbestand des § 135 Abs. 1 InsO allenfalls in direkter Beziehung zum gesetzlichen Nachrang der Forderungen aus Gesellschafterdarlehen gemäß § 39 Abs. 1 Nr. 5 InsO.[277] Der vertraglich vereinbarte Rangrücktritt gemäß § 39 Abs. 2 InsO führt selbst nicht zu einer anderen anfechtungsrechtlichen Behandlung.[278] Nur bei zusätzlich vereinbarten Rangrücktritten von Forderungen aus Gesellschafterdarlehen soll § 135 Abs. 1 InsO erst Recht gelten.[279] Der ursprünglich im Regierungsentwurf vorgesehene Sachverhalt enthielt daher auch diesen Unterschied im Vergleich zu Rangrücktritten durch Drittgläubiger. Da aber § 135 Abs. 1 InsO ebenfalls nach seinem Wortlaut nicht unmittelbar auf Forderungen, die § 19 Abs. 2 S. 2 InsO unterfallen, anwendbar ist, stellt die von dieser Vorschrift angeordnete Rechtsfolge keinen die analoge Anwendung ausschließenden Wertungsunterschied dar. In Hinblick auf das Zustandekommen der Norm im Gesetzgebungsverfahren könnte zwar angenommen werden, dass der Gesetzgeber sich der entstehenden Problematik nicht bewusst war und bei

---

274 BT-Drs. 16/9737, S. 58: „*[…] Denn mit der Erklärung des Rangrücktritts durch den Gesellschafter […] ist eine Warnfunktion verbunden, die sich bewährt hat. […] Zudem wird die Entscheidung, ob die Forderung zu passivieren ist, künftig für den Geschäftsführer sehr einfach und rechtssicher zu treffen sein. […] Nachrangige Befriedigung im Insolvenzverfahren reicht aus.*“

275 *Canaris/Larenz*, Methodenlehre, S. 202.

276 So *Bitter*, ZIP 2015, 345, 347; Scholz/*Bitter*, GmbHG, Vor § 64, Rn. 69.

277 Dazu noch näher unten G.I.1.c)bb).

278 *Bork*, ZIP 2012, 2277, 2278 ff.

279 *Bitter*, ZIP 2013, 2, 3; KPB/*Preuß*, InsO, § 135, Rn. 13.

Erkennen derselben eine andere Regelung getroffen hätte. Ein solcher Wille wäre aber eine rein spekulative Unterstellung, da die Gesetzesmaterialien keinen in diese Richtung weisenden Ansatz beinhalten.

(cc) Ergebnis

Der Gesetzgeber hat durch die Formulierung des § 19 Abs. 2 S. 2 InsO klargestellt, dass dem Gläubigerschutz mit einem Rücktritt der Forderung eines Gesellschafters in den Rang hinter § 39 Abs. 1 Nr. 5 InsO genüge getan ist. Diese Bewertung lässt sich nach den obigen Ausführungen ebenso auf einen nach den gleichen Grundsätzen vereinbarten Rangrücktritt eines außenstehenden Dritten übertragen. Folglich ist die analoge Anwendung des § 19 Abs. 2 S. 2 InsO auf die Gläubigergruppe der Nichtgesellschafter möglich.

### 3. Notwendigkeit der Vereinbarung einer materiellrechtlichen Rechtsfolge

Obwohl sich eine solche Anforderung nicht aus dem Gesetzeswortlaut des § 19 Abs. 2 S. 2 InsO ergibt, wird dennoch vielfach vertreten, dass eine Forderung der Passivierungspflicht nur dann entgehen könne, wenn sie nicht nur im eröffneten Insolvenzverfahren dem Nachrang unterliegt, sondern darüber hinaus auch im Vorfeld der Insolvenz aufgrund der vertraglichen Vereinbarung nicht uneingeschränkt zurückgefordert werden kann.[280]

Ob diese Ansicht zutreffend ist und der Gläubigerschutz eine solche Interpretation der Rangrücktrittsvereinbarung gebietet, wird im Folgenden sowohl in Hinblick auf Forderungen von Gesellschaftern als auch auf Forderungen von außenstehenden Dritten untersucht.

---

280 *Bitter*, ZIP 2015, 345, 347; *Hess*, InsO, § 39, Rn. 146; Scholz/*Bitter*, GmbHG, Vor § 64, Rn. 66; *Müller* in MüKo GmbHG, § 64, Rn. 39; *Drukarczyk/Schüler* in MüKo InsO, § 19, Rn. 120; *Altmeppen* in Altmeppen/Roth, GmbHG, Vor § 64 Rn. 45; *Henkel/Wentzler*, GmbHR 2013, 239, 240; *Haas*, DStR 2009, 326, 327; Henssler/Strohn/*Arnold*, InsO, Rn. 4; *Frystatzki*, NZI 2013, 609, 611; *Funk*, BB 2009, 867, 869; Uhlenbruck/*Mock*, InsO, § 19, Rn. 227 ff; a.A. Ulmer/*Casper*, GmbHG Erg.-Band, § 64, Rn. 59; Ulmer/*Habersack*, GmbHG, Anh. § 30, Rn. 128; Baumbach/Hueck/*Haas*, GmbHG, § 64, Rn. 55; L/S/Z-*Smid/Leonhardt*, InsO, § 19, Rn. 29; *Gehrlein*, BB 2011, 1539, 1540; *Kahlert/Gehrke*, DStR 2010, 227, 229; *Geiser*, NZI 2013, 1056, 1056; *Adloff* in FS Hellwig, S. 441 f.; *Leithaus* in Andres/Leithaus, InsO, § 19, Rn. 10.

### a) *Vereinbarung mit einem Gesellschafter*

#### aa) *Meinungsstand vor Inkrafttreten des MoMiG*

Der BGH hatte in seinem Urteil vom 08.01.2001 für den Rangrücktritt neben der Folge des Zurücktretens der Forderung im Insolvenzverfahren zusätzlich gefordert, dass eine Rückzahlungssperre für die Zeit der Krise aufgestellt wird.[281] Eine Rückzahlung des (eigenkapitalersetzenden) Gesellschafterdarlehens sollte also so lange nicht erfolgen können als sich die Gesellschaft in der Krise befand. Mithin musste die Vereinbarung neben der insolvenzrechtlichen auch eine materiellrechtliche Wirkung aufweisen.

Auch vor Verkündung dieses Urteils war eine derartige Wirkung des überschuldungsvermeidenden Rangrücktritts bereits anerkannt. Dies lässt sich daraus erkennen, dass im Anschluss an das Urteil zwar zwischen „qualifiziertem" und „einfachem" Rangrücktritt unterschieden wurde.[282] Beide Kategorien unterschieden sich hingegen lediglich hinsichtlich ihrer Rangtiefe und nicht in Bezug auf ihre vorinsolvenzliche Wirkung.

Dieses Verständnis eines vertraglichen Rangrücktritts entspricht überdies der Beurteilung von Gesellschafterdarlehen nach dem Eigenkapitalersatzrecht. Auch hiernach war das zentrale Merkmal für das Eingreifen der Rückzahlungssperre gemäß § 30 Abs. 1 GmbHG analog sowie der Novellenregelung der §§ 32a, 32b GmbHG das der „Krise".[283] Die Krise war der Insolvenzeröffnung denknotwendig vorgelagert, sodass die Einschränkungen der Rückzahlbarkeit bereits lange Zeit vor einem Insolvenzverfahren eingreifen konnten. Folglich hat der BGH mit seinen Anforderungen an den überschuldungsvermeidenden Rangrücktritt lediglich die Voraussetzungen ausdrücklich festgelegt, die nach dem damals geltenden Recht ohnehin für eigenkapitalersetzende Gesellschafterdarlehen galten. Damit erreichte er, dass die Gesellschafterdarlehen, für die ein Rangrücktritt vereinbart wurde, zu jeder Zeit den Grundsätzen des Eigenkapitalersatzrechts in Bezug auf den Rang in der Insolvenz und die Rückzahlbarkeit für die Zeit vor der Insolvenz unterlagen. Eine Prüfung der Voraussetzungen, die die Qualifizierung als Eigenkapitalersatz ermöglichten, war damit obsolet. Zusätzlich war eine Gleichbehandlung mit Drittdarlehensgebern möglich, sofern diese für ihre Forderung eine entsprechende Rangrücktrittsvereinbarung mit der Schuldnergesellschaft abschlossen.

---

281 BGHZ 146, 264, 271 = NJW 2001, 1280, 1281.

282 Vgl. dazu oben B.III.3.c).

283 Siehe dazu oben B.II.1.b)aa).

Um das Merkmal der Krise für die Beurteilung der Dauer der Rückzahlungssperre handhabbar zu machen, sollte die Rückzahlung der vertraglich nachrangigen (eigenkapitalersetzenden) Gesellschafterdarlehen nur erfolgen können, wenn ihre Befriedigung aus einem Bilanzgewinn oder aus einem etwaigen Liquidationsüberschuss möglich wäre.[284] Diese Ansicht wird auch heute teilweise noch vertreten.[285]

Der für das Gesellschaftsrecht zuständige II. Zivilsenat des BGH hat seine Entscheidung hinsichtlich der Anforderungen an überschuldungsvermeidende Rangrücktrittsvereinbarungen in erster Linie damit begründet, dass der Geschäftsführer auf diese Weise den mit der Entscheidung über das Vorliegen einer Überschuldung der Gesellschaft einhergehenden Haftungsrisiken entginge.[286] Wenn feststünde, dass die Nichtpassivierung einer Gesellschafterforderung stets einen ausdrücklich erklärten Rangrücktritt erfordert, unterläge die Entscheidung des Geschäftsführers in dieser Hinsicht keinen Unwägbarkeiten.[287] Welchen Zweck ein erklärter Rangrücktritt darüber hinaus auf dem Gebiet des Insolvenzrechts erfüllt, wird dagegen vom BGH nicht näher beleuchtet.[288]

#### *bb) Meinungsstand nach Inkrafttreten des MoMiG*

##### (1) Befürworter der Notwendigkeit der Vereinbarung einer materiellrechtlichen Rechtsfolge

Wie oben bereits dargestellt, sprechen sich auch heute noch bedeutende Stimmen im Schrifttum dafür aus, dass die Rangrücktrittsvereinbarung auch nach heutiger Rechtslage eine materiellrechtliche und damit vorinsolvenzliche Wirkung haben muss, damit die Passivierungspflicht entfallen kann.[289] Andernfalls könne die im Rang zurücktretende Forderung vor der Insolvenz ungehindert geltend gemacht werden, womit eine erhöhte Gläubigergefährdung einherginge.[290] Auch widerspreche das Fehlen einer Rückzahlungssperre dem Grundsatz, dass die Wirkungen des Insolvenzverfahrens im Überschuldungsstatus nicht vorweggenommen werden dürften. Ohne Rückzahlungssperre setze die Wirkung des Rangrücktritts erst nach der Insolvenzeröffnung ein, weshalb eine Abbildung

284 *Serick*, ZIP 1980, 9, 12; *Haas/Scholl*, ZInsO 2002, 645, 649.
285 *Altmeppen* in Altmeppen/Roth, GmbHG, § 42, Rn. 48.
286 BGHZ 146, 264, 273 = NJW 2001, 1280, 1282; vgl. auch BT-Drs. 16/6140, S. 56.
287 BGHZ 146, 264, 273 = NJW 2001, 1280, 1282.
288 *Wazlawik*, NZI 2012, 988, 989 f.
289 S. Fn. 272.
290 *Müller* in MüKo GmbHG, § 64, Rn. 39; ähnlich *Altmeppen* in Altmeppen/Roth, GmbHG, Vor § 64 Rn. 45.

in Form der Nichtpassivierung im Überschuldungsstatus ausgeschlossen sei.[291] Laut *Haas* handele es sich daher bei der Regelung des § 19 Abs. 2 S. 2 InsO um ein „Redaktionsversehen".[292]

Ferner schließe der Wortlaut des § 19 Abs. 2 S. 2 InsO die Notwendigkeit einer vorinsolvenzlichen Rückzahlungssperre nicht aus, da der Rang einer Forderung lediglich für die Verteilung im Insolvenzverfahren von Bedeutung sei. Für die Zeit davor könnten auch andere, zusätzliche Vereinbarungen getroffen werden.[293] Andernfalls würden widersinnige Ergebnisse erzielt, wenn der Rangrücktritt zwar zu der Einstellung eines Insolvenzverfahrens gemäß § 212 InsO führen könne, unmittelbar nach dessen Einstellung die Forderung aber wieder geltend gemacht werden könnte.[294]

*K. Schmidt* geht in dieser Frage sogar einen Schritt weiter, indem er eine Vorwirkung des Rangrücktritts außerhalb des Insolvenzverfahrens ohne eine ausdrücklich dahingehende zusätzliche Vereinbarung als diesem immanent ansieht.[295] Nach seiner Ansicht sind die Grundsätze des Eigenkapitalersatzrechts trotz ihrer Abschaffung durch die Unterwerfung unter ihr Regime mittels einer Rangrücktrittsvereinbarung anzuwenden. Dies deckt sich mit der Qualifizierung des Rangrücktritts als eine Art des pactum de non petendo.[296] Dieser Annahme steht jedoch der Gesetzeswortlaut entgegen. Aus einer Rangrücktrittsvereinbarung, die ohne weitere Ergänzungen der Auslegungsregel des § 39 Abs. 2 InsO unterfallen würde, kann nicht geschlossen werden, dass die Forderung auch außerhalb der Insolvenz und in der Krise der Gesellschaft nicht zurückgezahlt werden darf. Das gilt insbesondere für die Fälle, in denen die Vereinbarung nicht mit einem Gesellschafter, sondern einem Dritten abgeschlossen wird. Ein Dritter wird sich regelmäßig nicht durch eine nicht näher spezifizierte Vereinbarung den strengen Regelungen des ehemaligen Eigenkapitalersatzrechts unterwerfen wollen. Zudem begründet *K. Schmidt* seine Ansicht maßgeblich mit der Funktion der Überschuldungsmessung, der Geschäftsführung die Rechtfertigung

---

291 *Henkel/Wentzler*, GmbHR 2013, 239, 240; *Haas*, DStR 2009, 326, 327; Henssler/Strohn/*Arnold*, InsO, Rn. 4; *Frystatzki*, NZI 2013, 609, 611; *Wazlawik*, NZI 2012, 988, 990.

292 *Haas*, DStR 2009, 326, 327.

293 *Frystatzki*, NZI 2013, 609, 610.

294 *Frystatzki*, NZI 2013, 609, 612.

295 *K. Schmidt* in FS Frotscher, S. 535, 544 ff; *Weber/Küting/Eichenlaub*, GmbHR 2014, 1009, 1016.

296 S. dazu oben B.V.1.b).

für die Fortführung des Unternehmens ermöglichen zu können.[297] Allerdings gelangt man nach dem modifizierten zweistufigen Überschuldungsbegriff erst bei negativem Ergebnis der Fortführungsprognose zu der Prüfung der rechnerischen Überschuldung durch die Aufstellung der Überschuldungsbilanz.[298] Erst hier stellt sich die Frage, wie der Rangrücktritt zu behandeln ist und welche inhaltlichen Anforderungen erfüllt sein müssen. Folglich wurde bereits die Frage nach der Wahrscheinlichkeit der Wiederherstellung des finanziellen Gleichgewichts der Gesellschaft verneint. Eine gänzlich unbeschwerte Weiterführung des Unternehmens ist daher für die Geschäftsführung auch unabhängig vom Ausgang der Überschuldungsbilanz nicht mehr möglich, auch wenn eventuell (noch) kein Insolvenzantrag gestellt werden muss. Die Frage, ob die vertraglich nachrangigen Forderungen berichtigt werden dürfen oder nicht, hat daher kein entscheidendes Gewicht mehr.

#### (2) Gegner der Notwendigkeit der Vereinbarung einer materiellrechtlichen Rechtsfolge

Nach der Gegenansicht[299] ist der Wortlaut des § 19 Abs. 2 S. 2 InsO mit einer vorinsolvenzlichen Rückzahlungssperre nicht vereinbar. Daraus lasse sich auch auf den entgegenstehenden gesetzgeberischen Willen schließen.[300] Die Regelung des § 39 Abs. 2 InsO, die über den Verweis des § 19 Abs. 2 S. 2 InsO anzuwenden ist, beziehe sich ausschließlich auf das eröffnete Insolvenzverfahren[301], von der Notwendigkeit einer darüber hinausgehenden Rückzahlungssperre sei keine Rede. Dieser Argumentation könnte jedoch die Formulierung der Beschlussempfehlung des Rechtsausschusses entgegengehalten werden, wonach die Anfechtungstatbestände der §§ 44a, 135 Abs. 1 und 2 InsO für die Zeit nach der Insolvenzeröffnung und die §§ 6 Abs. 1, 6a AnfG außerhalb des Insolvenzverfahrens eingreifen sollen, wenn „ungeachtet des Nachrangs eine Rückzahlung des Darlehens"[302] erfolgt.

---

297 *K. Schmidt* in FS Frotscher, S. 535, 544.

298 S. dazu oben C.I.1.b)bb).

299 *Thole* in FS Kübler, S. 683; Ulmer/*Casper*, GmbHG Erg.-Band, § 64, Rn. 59; Ulmer/*Habersack*, GmbHG, Anh. § 30, Rn. 128; Baumbach/Hueck/*Haas*, GmbHG, § 64, Rn. 55; *Gehrlein*, BB 2011, 1539, 1540; *Kahlert*, NWB 2012, 2141, 2144; *Kahlert/Gehrke*, DStR 2010, 227, 229; *Geiser*, NZI 2013, 1056, 1056; *Adloff* in FS Hellwig, S. 441 f.; *Leithaus* in Andres/Leithaus, InsO, § 19, Rn. 10.

300 *Kahlert/Gehrke*, DStR 2010, 227, 229.

301 Baumbach/Hueck/*Haas*, GmbHG, § 64, Rn. 55.

302 BT-Drs. 16/9737, S. 58.

Weiterhin entspreche die gesetzliche Regelung der Zwecksetzung, wie sie der BGH in seinem Urteil vom 08.01.2001 formuliert habe, da nunmehr kein Beurteilungsrisiko für Geschäftsführer bei der Erstellung der Überschuldungsbilanz bestehe und überdies eine Teilnahme von Gesellschafterdarlehensforderungen mit vereinbartem Rangrücktritt am Insolvenzverfahren praktisch nicht mehr stattfinde.[303] Dieses Argument vermag hingegen nicht zu überzeugen, da der BGH neben dem Nachrang im Insolvenzverfahren eine vorinsolvenzliche Wirkung der Vereinbarung vorgesehen hatte. Darüber hinaus kann die Forderung zumindest theoretisch noch am Insolvenzverfahren teilnehmen.

Vor dem Hintergrund, dass das Eigenkapitalersatzrecht und dessen vorinsolvenzliche Wirkungen keine Anwendung mehr finden[304], hat jüngst das AG Mönchengladbach entschieden, dass ein ausschließlich für den Fall der Insolvenz erklärter Rangrücktritt ausreiche, um die Überschuldung zu vermeiden.[305] Das Gericht nimmt in seinem Urteil die Formulierung des § 19 Abs. 2 S. 2 InsO beim Wort und weist darauf hin, dass die Vereinbarung eines „qualifizierten Rangrücktritts" nach neuer Rechtslage entbehrlich sei.[306] Dass kein Redaktionsversehen im Gesetzgebungsverfahren vorliege, werde zudem aus den Gesetzesmaterialien ersichtlich.[307]

#### *cc) Eigene Stellungnahme*

##### (1) Analogieverbot

Dass der Wortlaut des § 19 Abs. 2 S. 2 InsO die zusätzliche Vereinbarung einer Rückzahlungssperre für die Zeit vor der Insolvenz ermöglicht, ist richtig und entspricht dem Grundsatz der Privatautonomie. Zu fragen ist vielmehr, welche Folgen die Annahme hätte, zur Vermeidung der Passivierung der Forderung in der Überschuldungsbilanz sei eine solche Rückzahlungssperre auch gegen den Wortlaut der Norm notwendig. In diese Überlegung muss vor allem Art. 103 Abs. 2 GG einbezogen werden.[308] Nach § 15a Abs. 4 und 5 InsO ist ein durch das Vertretungsorgan nicht, nicht richtig oder nicht rechtzeitig gestellter Insolvenzantrag für dessen Mitglieder strafbewehrt. Der objektive Tatbestand setzt demnach voraus, dass eine gemäß § 15a Abs. 1–3 InsO antragspflichtige Person bei

303 *Kahlert/Gehrke*, DStR 2010, 227, 230.

304 Siehe dazu oben B.II.1.b)bb)

305 AG Mönchengladbach, Beschluss v. 25.07.2014, 45 IN 27/14.

306 AG Mönchengladbach, Beschluss v. 25.07.2014, 45 IN 27/14, Rn. 8.

307 Ebd.

308 *Geiser*, NZI 2013, 1056, 1056.

Vorliegen eines Insolvenzgrundes ihre Antragspflicht verletzt. Insolvenzgrund kann sowohl die Zahlungsunfähigkeit als auch die Überschuldung einer juristischen Person sein.[309]

Im Falle des Insolvenzeröffnungsgrundes der Überschuldung liegt in der Strafnorm die eigentliche praktische Bedeutung, da Insolvenzanträge ohnehin nur in der Ausnahme auf die Überschuldung gestützt werden,[310] die Überschuldung aber in der Regel vor der Zahlungsunfähigkeit eintritt.[311]

Wäre über den Wortlaut des § 19 Abs. 2 S. 2 InsO hinaus eine Rückzahlungssperre für die Zeit vor der Insolvenzeröffnung notwendig, so hätte dies gleichsam einen Einfluss auf die Auslegung der Strafnorm. Muss nach Annahme einer negativen Fortführungsprognose ein Überschuldungsstatus erstellt werden, so ist darüber zu entscheiden, ob eine Forderung, die dem Wortlaut nach von § 19 Abs. 2 S. 2 InsO erfasst ist, aber vorinsolvenzlich nicht in der Rückzahlbarkeit beschränkt ist, zu passivieren ist oder nicht. Die Prüfung der rechnerischen Überschuldung ist insoweit als Tatbestandsmerkmal der Strafnorm anzusehen[312], da die Antragspflicht das Vorliegen der Überschuldung voraussetzt.

Die Feststellung, ob eine Gesellschaft überschuldet ist, kann davon abhängen, ob eine mit einem Rangrücktritt versehene Forderung auf Rückgewähr eines Gesellschafterdarlehens passiviert werden muss oder nicht. Folgt man nun der Ansicht, dass eine materiellrechtlich wirkende Vereinbarung für die Nichtpassivierung zu fordern ist, so läge die Überschuldung vor, wenn eine solche Regelung nicht in der Rangrücktrittsvereinbarung zwischen Gesellschafter und Schuldnerin enthalten wäre. Hält das Mitglied des Vertretungsorgans der Schuldnerin aber den Gesetzeswortlaut des § 19 Abs. 2 S. 2 InsO für maßgeblich, verneint daher die Überschuldung der Gesellschaft und stellt dementsprechend auch keinen Antrag auf Eröffnung des Insolvenzverfahrens, würde es nach Ablauf der dreiwöchigen Frist des § 15a Abs. 1 InsO eine Straftat begehen. Das Analogieverbot

---

309 Vgl. § 15a Abs. 1 InsO.

310 In den Jahren 2005, 2006, und 2007 wurden jeweils 26.317, 26.835 und 23.914 Insolvenzanträge mit der Zahlungsunfähigkeit begründet, während nur 399, 667 und 630 Anträge auf die Überschuldung gestützt wurden, *Angele, Jürgen* „WISTA – Wirtschaft und Statistik", April 2008, S. 306, verfügbar unter dem Internetauftritt des Statistischen Bundesamtes unter https://www.destatis.de/DE/Publikationen/Wirtschaft Statistik/UnternehmenGewerbeanzeigen/Insolvenzen07.pdf?__blob=publicationFile (30.5.2015); s. auch *Bitter/Hommerich*, Überschuldungsbegriff, Rn. 131.

311 Vgl. C.I.1.a).

312 *Radtke/Petermann* in MüKo StGB, Vorbem. zu §§ 283 ff., Rn. 65; *Heine/Schuster* in Schönke/Schröder, StGB, § 283, Rn. 51a; Lackner/Kühl/*Heger*, StGB, § 283, Rn. 6.

des Art. 103 Abs. 2 GG verbietet hingegen eine Bestrafung in allen Fällen, die durch den Wortlaut der Strafnorm nicht erfasst sind.[313] Die Grenze der Auslegung einer Strafnorm oder eines Tatbestandsmerkmals ist daher in dem noch möglichen Wortsinn zu sehen.[314] Der Wortsinn des § 19 Abs. 2 S. 2 InsO kann hingegen schwerlich dahingehend interpretiert werden, dass für „*Forderungen [...], für die gemäß § 39 Abs. 2 zwischen Gläubiger und Schuldner der Nachrang im Insolvenzverfahren hinter den in § 39 Abs. 1 Nr. 5 bezeichneten Forderungen vereinbart worden ist*“ neben der ausdrücklich erwähnten insolvenzverfahrensrechtlichen Wirkung eine zusätzliche materiellrechtliche Rechtsfolge vereinbart werden muss.

Folglich muss die Formulierung des § 19 Abs. 2 S. 2 InsO von einem Strafgericht bei der Prüfung der Tatbestandsvoraussetzungen des § 15a Abs. 4 oder 5 InsO wörtlich genommen werden und eine Erstreckung des Rangrücktritts auf die Zeit vor dem Insolvenzverfahrens wäre danach nicht erforderlich. Entscheiden allerdings die Zivilgerichte der Rechtsprechung des BGH folgend in einem gleich gelagerten Sachverhalt anders, da sie nicht dem Analogieverbot unterliegen, entstünde für das Vertretungsorgan, das zu der Stellung des Insolvenzantrags verpflichtet wäre, eine Rechtsanwendungsunklarheit. So wäre es denkbar, dass die strafrechtliche Verantwortlichkeit gemäß § 15a Abs. 4 oder 5 InsO verneint, die zivilrechtliche Haftung – ob als Innenhaftung gegenüber der Gesellschaft gemäß § 64 oder § 43 GmbHG oder als Außenhaftung gegenüber den Gläubigern gemäß § 823 Abs. 2 BGB i.V.m. § 15a InsO – allerdings bejaht wird. Dabei lag die Zielrichtung sowohl des BGH in seiner Entscheidung vom 08.01.2001[315] als auch des Gesetzgebers des MoMiG[316] darin, Rechtsunsicherheiten zu beseitigen.

### (2) Vorwegnahme der Wirkungen des eröffneten Verfahrens

Soweit die Notwendigkeit einer vorinsolvenzlichen Rückzahlungssperre damit begründet wird, dass die Wirkungen des Insolvenzverfahrens nicht in der Überschuldungsbilanz vorweggenommen werden dürften, ist dem entgegenzuhalten, dass die Rechtsfolgen eines Rangrücktritts nicht mit anderen durch die Verfahrenseröffnung hervorgerufenen Wirkungen übereinstimmen. So ist zwar

---

313 BVerfGE 71, 108, 116 = NJW 1986, 1671, 1672; *Schmidt-Aßmann* in Maunz/Dürig, GG, Art. 103 Abs. 2, Rn. 222

314 *Radtke/Petermann* in MüKo StGB, § 1, Rn. 63.

315 Durch die Vorgaben hinsichtlich der Formulierung einer Rangrücktrittsvereinbarung; vgl. BGHZ 146, 264, 271 = BGH NJW 2001, 1280, 1281.

316 Durch die Abschaffung des Eigenkapitalersatzrechts; vgl. BT-Drs. 16/6140, S. 42.

anerkannt, dass die Kosten des Insolvenzverfahrens nicht passiviert werden[317] und die möglichen Anfechtungsansprüche nicht auf der Aktivseite berücksichtigt werden[318]. Diese Ansprüche entstehen jedoch erst mit der Eröffnung des Verfahrens. Mit dem Nachrang verhält es sich hingegen anders. Die subordinierten Forderungen bestehen sowohl vor als auch nach der Verfahrenseröffnung; es ist lediglich gesetzlich oder vertraglich vorgesehen, dass sie im Verfahren einer anderen Verteilungsregelung unterliegen als die Forderungen der übrigen Gläubiger. De facto ist auch das eine Wirkung, die erst nach der Verfahrenseröffnung eintritt. Diese Wirkung besteht aber weder in einem Entstehen noch in einem Erlöschen eines Anspruchs. Demzufolge hat der Nachrang zunächst keine unmittelbare Durchschlagskraft auf den Überschuldungsstatus. Anders wäre dies bei einem Erlass der Forderung, der einen Wegfall auf der Passivseite der Überschuldungsbilanz bewirkt. Die Behandlung der vertraglich subordinierten Forderungen bei der Erstellung der Überschuldungsbilanz ist dagegen durch das Gesetz ausnahmsweise und nur unter Einhaltung bestimmter Voraussetzungen vorgeschrieben (§ 19 Abs. 2 S. 2 InsO) und ergibt sich nicht von selbst. Dementsprechend ist es unerheblich, ob die Rechtsfolge einer mit dem insolvenzrechtlichen Rangrücktritt verbundenen materiellrechtlichen Vereinbarung bereits vor der Eröffnung des Insolvenzverfahrens eintritt, da es hierauf nach dem Wortlaut des Gesetzes nicht ankommt.

Folglich läge eine Vorwegnahme der Wirkungen des Verfahrens zwar vor, wenn die vertraglich nachrangigen Forderungen erlöschen würden, nicht aber, wenn durch sie lediglich eine andere Reihenfolge bei der Verteilung der Masse beachtet werden muss.[319]

### (3) Systematik des Gesetzes nach Inkrafttreten des MoMiG

Laut einer während der Geltung der KO vertretenen Meinung liegt der Zweck der Überschuldungsbilanz darin, festzustellen, ob das Vermögen der Gesellschaft ausreicht, um die Verbindlichkeiten außerhalb eines Konkurs- oder Vergleichsverfahrens zu decken.[320] Nach dieser Ansicht kam ein Rangrücktritt einer Umwandlung der nachrangigen Forderung in Eigenkapital der Gesellschaft gleich, da im Grunde in jedem Fall ein Vorrang der übrigen Gläubiger gewährleistet sein musste und die nachrangige Forderung nicht am Konkursverfahren teilnehmen sollte. Mit den

317 Uhlenbruck/*Mock*, InsO, § 19, Rn. 199.

318 *Wazlawik*, NZI 2012, 988, 991.

319 Ähnlich: *Geiser*, NZI 2013, 1056, 1059.

320 *Knobbe-Keuk*, ZIP 1983, 127, 129.

Regelungen zum Nachrang in § 19 Abs. 2 S. 2 und in § 39 Abs. 1 und 2 InsO hat sich der Gesetzgeber demgegenüber für eine andere Sichtweise entschieden, die nachrangige Forderungen eher in der Nähe der übrigen Forderungen denn in der Nähe des Eigenkapitals verortet. Das folgt bereits aus der Anerkennung der nachrangigen Forderungen als Insolvenzforderungen gemäß § 38 InsO. Auch die Tatsache, dass sich der Gesetzgeber für die nachträgliche Anfechtbarkeit von Befriedigungen oder Sicherungen eines Gesellschafters gemäß § 135 InsO entschieden hat, zeigt, dass eine Rückzahlungssperre, die dem Kapitalerhaltungsgebot entspricht, welches für das gezeichnete Kapital besteht, bewusst nicht gewählt wurde. Stattdessen rückt das Anfechtungsrecht in den Vordergrund, dessen übrige Tatbestände für sämtliche Insolvenzgläubiger gelten. Folglich kann der Wille des Gesetzgebers dahingehend interpretiert werden, dass er mit dem Eigenkapitalersatzrecht auch das Erfordernis einer vorinsolvenzlichen Rückzahlungssperre für Forderungen aus Gesellschafterdarlehen aufgeben wollte.[321]

Nach dem Wortlaut des Gesetzes und der durch das MoMiG verfolgten Systematik der Vereinfachung und Abschaffung des Eigenkapitalersatzrechts ist demnach eine über einen insolvenzrechtlichen Rangrücktritt gemäß § 39 Abs. 2 InsO hinausgehende materiellrechtlich wirkende Vereinbarung zum Zwecke der Vermeidung der Überschuldung im Falle eines Gesellschafterdarlehens nicht erforderlich. Da der BGH jedoch, wie oben bereits ausgeführt wurde, in dieser Frage anders entschieden hat[322], gingen die Vertretungsorgane der Gesellschaften ein erhebliches Haftungsrisiko ein, wenn sie eine Forderung nicht passivieren würden, die den Anforderungen dieser Rechtsprechung nicht entspricht. Daher ist für die Praxis in jedem Fall zu raten, die Rangrücktrittsvereinbarung in ihrer Wirkung auch auf die Zeit vor der Eröffnung des Insolvenzverfahrens zu erstrecken.[323]

### *b) Vereinbarung mit einem außenstehenden Dritten*

#### *aa) Ansichten in Literatur und Rechtsprechung*

Zum einen gibt es Ansichten, die eine analoge Anwendung des § 19 Abs. 2 S. 2 InsO ablehnen, einen überschuldungsvermeidenden Rangrücktritt für

---

321 Vgl. BT-Drs. 16/6140, S. 42:„*Als Konsequenz der Aufgabe der Rechtsprechungsregeln kann künftig die Rückzahlung eines Gesellschafterdarlehens nicht mehr unter Berufung auf eine analoge Anwendung des § 30 verweigert werden. Ernstzunehmende Schutzlücken entstehen dadurch nicht oder werden durch flankierende Regelungen im Anfechtungsrecht geschlossen.*“

322 Vgl. B.II.2.b)bb).

323 So auch *Thole*, Gesellschaftsrechtliche Maßnahmen, Rn. 55.

Drittgläubiger aber dennoch unter gewissen Voraussetzungen befürworten. So soll einer Meinung zufolge die Passivierungspflicht im Überschuldungsstatus nur dann entfallen, wenn in der Rangrücktrittsvereinbarung geregelt wird, dass eine Befriedigung nur aus künftigen Jahresüberschüssen, aus dem Liquidationsüberschuss oder aus weiterem die sonstigen Schulden des Schuldnerunternehmens übersteigenden Vermögen erfolgt.[324] Dadurch werde auch mit dem Dritten ein Kapitalersatzcharakter für seine Forderung geschaffen, womit eine Passivierung entbehrlich werde.[325] Nach ähnlicher Ansicht sei der Dritte dazu angehalten, die Vorgaben des BGH aus seinem Urteil vom 08.01.2001[326] zu erfüllen, allerdings mit der Maßgabe, dass ein Rücktritt in den Rang des § 39 Abs. 2 InsO ausreiche.[327] Eine analoge Anwendung des § 19 Abs. 2 S. 2 InsO sei jedenfalls aufgrund eines fehlenden Korrektivs entsprechend §§ 135, 136 InsO, die nur für Gesellschafterdarlehen gelten, zu verneinen.[328]

Eine andere Auffassung vertritt der BGH in seinem Urteil vom 05.03.2015.[329] Darin bejaht er die Möglichkeit der analogen Anwendung des § 19 Abs. 2 S. 2 InsO auf außenstehende Dritte. Allerdings fordert er dennoch die Vereinbarung eines „qualifizierten Rangrücktritts", damit die Forderung der Passivierung in der Überschuldungsbilanz entgehen kann. Eine konkrete Formulierung für eine den Anforderungen entsprechende Vereinbarung bietet der BGH allerdings nicht an. Da der „qualifizierte Rangrücktritt" in Bezug auf die Rückzahlbarkeit der Darlehensforderung insbesondere daran anknüpft, ob sich die Gesellschaft „in der Krise"[330] befindet, hat die Literatur Formulierungsvorschläge entwickelt, um die Überwindung der Krise und damit die Befriedigungsmöglichkeit vertraglich darzustellen. Danach soll die Rückzahlung des subordinierten Darlehens möglich sein, wenn sie aus Jahresüberschüssen, dem Liquidationsüberschuss oder weiterem die Schulden der Gesellschaft übersteigendem Vermögen erfolgen kann.[331]

Für die Notwendigkeit einer derartigen Vereinbarung, die ebenfalls Rechtsfolgen im materiellen Recht entfaltet, spricht jedenfalls der Gläubigerschutz. In dem Vertrag zwischen Schuldner und Gläubiger wird neben dem rein

---

324 *Altmeppen* in Altmeppen/Roth, GmbHG, § 42, Rn. 48.

325 Ebd.

326 Vgl dazu B.II.2.a).

327 *Weitnauer*, GWR 2012, 193, 195.

328 Ebd.

329 Näher dazu oben B.II.2.b)bb).

330 BGHZ 146, 264, 272 = NJW 2001, 1280, 1281.

331 *Serick*, ZIP 1980, 9, 12; *Haas/Scholl*, ZInsO 2002, 645, 649.; *Altmeppen* in Altmeppen/Roth, GmbHG, § 42, Rn. 48.

insolvenzrechtlichen Rangrücktritt in den Rang des § 39 Abs. 2 InsO zusätzlich eine Beschränkung der Befriedigungsmöglichkeit für die Zeit vor der Insolvenzeröffnung vereinbart. Ohne eine solche Erweiterung der Rechtsfolgen des insolvenzrechtlichen Rangrücktritts könnte der Gläubiger der lediglich im Verfahren nachrangigen Forderung zu jedem Zeitpunkt die Rückzahlung verlangen. Fordert er sie in einer Zeit ein, in der die Schuldnergesellschaft bereits finanziell angeschlagen ist, so wird die spätere Insolvenzmasse zulasten der übrigen Gläubiger geschmälert. Betrachtet man also isoliert die Befriedigungsmöglichkeiten und die Konkurrenz der Gläubiger untereinander, so scheint der „qualifizierte Rangrücktritt" ein zweckmäßiges Mittel zu sein.

Andererseits ist ebenfalls in den Blick zu nehmen, dass die Entscheidung des BGH vom 08.01.2001, auf welche der Begriff des „qualifizierten Rangrücktritts" zurückzuführen ist, während der Geltung des Eigenkapitalersatzrechts verkündet wurde und damit die damals geltenden Regeln bezüglich der Rückzahlbarkeit von Gesellschafterdarlehen und deren Behandlung in der Insolvenz einbezog.[332] Insbesondere das Merkmal der „Krise" stellte in der BGH-Entscheidung noch das wesentliche Kriterium dafür dar, wann eine Rückzahlung des nachrangigen Darlehens erfolgen kann.[333] Nach neuer Rechtslage findet im Gegensatz dazu ein gesetzlicher Nachrang für sämtliche Rückzahlungsforderungen aus Gesellschafterdarlehen Anwendung und das insolvenzrechtliche Anfechtungsrecht ist an die Stelle der Rückzahlungssperre getreten.[334] Das wirft für den Rangrücktritt eines außenstehenden Dritten die Frage auf, ob es sachgerecht wäre, wenn er weiterhin an diesen einstigen Anforderungen gemessen würde.

#### *bb) Stellungnahme*

##### (1) Für außenstehende Dritte anwendbare Regelungsregime

Die zuvor aufgeworfene Frage nach der Anwendbarkeit der Regelungen des Eigenkapitalersatzrechts für Rangrücktrittsvereinbarungen außenstehender Dritter ist zu verneinen, wenn für diese Gläubigergruppe ein anderes Regelungsregime eingreifen müsste. Die Lösung muss in der Rechtfertigung der Sonderregelungen für Gesellschafterdarlehen und der Übertragbarkeit dieser auf den freiwillig im Rang zurücktretenden Dritten gefunden werden.

---

332 *Thonfeld*, NZI 2009, 15, 19; vgl. zu den damals geltenden Regelungen oben B.II.1.b) aa).

333 BGHZ 146, 264, 272 = BGH, NJW 2001, 1280, 1281 f.

334 Siehe dazu oben B.II.1.b)bb).

Wie oben bereits dargestellt wurde, wurden die Regelungen des Eigenkapitalersatzrechts im Wesentlichen mit der „Finanzierungsfolgenverantwortung“ der Gesellschafter begründet.[335] Nach Inkrafttreten des MoMiG entstand hingegen ein Meinungsstreit darüber, womit die Sonderregelungen nun begründet werden können.[336] Der zu dieser Frage lediglich in seinen groben Umrissen oben dargestellte Meinungsstreit kann für die Ausgangsfrage hingegen nur Bedeutung haben, wenn die freiwillig den Rangrücktritt erklärenden Dritten nach altem Recht ebenfalls eine Finanzierungsfolgenverantwortung traf und sie nach neuem Recht gleichermaßen die anderen dargestellten Kriterien erfüllen. Andernfalls bliebe die Möglichkeit, dass der vertragliche Rangrücktritt aufgrund der Tatsache, dass er regelmäßig mit Gesellschaftern vereinbart wurde, lediglich reflexartig von den Regelungen zum Eigenkapitalersatz erfasst wurde. In diesem Fall wäre wiederum zu prüfen, ob dies nach neuem Recht überhaupt noch möglich ist[337] und wie sich dies auf den gewillkürten Nachrang eines Dritten auswirkt.

Der BGH hat im Jahr 2001 die Voraussetzungen des „qualifizierten Rangrücktritts“ an die Rechtsfolgen eines eigenkapitalersetzenden Darlehens geknüpft, um den Vertretungsorganen die sonst notwendige Prüfung der Kriterien des Eigenkapitalersatzrechts abzunehmen.[338] Die Anwendung dieser Voraussetzungen auch auf Rangrücktritte von außenstehenden Dritten war vor dem Hintergrund einer einheitlichen Formulierung und Behandlung von vertraglichen Rangrücktritten durchaus sinnvoll. Daraus muss jedoch nicht zugleich folgen, dass der diesen Anforderungen unterliegende Dritte denselben Beschränkungen unterliegt, die das Gesetz darüber hinaus für eigenkapitalersetzende Darlehen enthielt. Eine Rangrücktrittsvereinbarung kann nämlich – sofern dies nicht ausdrücklich im Vertrag niedergelegt ist – nicht dahingehend verstanden werden, dass sie eine Unterwerfung unter das Regelungsregime enthält, das sonst nur für eigenkapitalersetzende Darlehen gilt. Insbesondere trifft den Dritten durch die vertragliche Subordination seiner Forderung noch keine Verantwortung für die Eigenkapitalausstattung der Gesellschaft. Folglich läge der Grund für die Anwendung derselben Anforderungen an Rangrücktritte von Gesellschaftern und solche von außenstehenden Dritten lediglich in dem Vorteil der einheitlichen rechtlichen Behandlung. Der Rangrücktritt eines Drittgläubigers macht aber aus seiner Forderung noch kein eigenkapitalersetzendes Gesellschafterdarlehen.

335 Siehe dazu obenB.II.1.b)aa).
336 Siehe dazu oben B.II.1.b)bb).
337 Diese Möglichkeit wird bereits oben verneint, vgl. C.I.3.a)cc).
338 BGHZ 146, 264, 273 = BGH NJW 2001, 1280, 1282.

Dies muss erst Recht nach der neuen Rechtslage gelten, die das Eigenkapitalersatzrecht vollständig abgelöst hat.[339] Zudem sind die Voraussetzungen der überschuldungsvermeidenden Rangrücktrittsvereinbarung eines Gesellschafters inzwischen in § 19 Abs. 2 S. 2 InsO geregelt; nach dem Wortlaut ohne das Erfordernis der Vereinbarung einer Rechtsfolge auf dem Gebiet des materiellen Rechts.[340] Die Vorgaben der „qualifizierten Rangrücktrittsvereinbarung", die auf den Regelungen des Eigenkapitalersatzrechts beruhen, sind folglich ebenfalls überholt. Eine Fortführung der Anwendung der „qualifizierten Rangrücktrittsvereinbarung" nur für außenstehenden Dritten ist vor diesem Hintergrund erst Recht nicht geboten. Auf diese Weise würden letztendlich mit der Gesellschaft nicht näher verbundene Personen einem strengeren Regelungsregime unterstehen als dies bei Gesellschaftern der Fall wäre.

Der BGH verfolgt dagegen in seiner neuen Entscheidung den Ansatz, dass sowohl für Forderungen aus Gesellschafterdarlehen als auch für Forderungen von Dritten weiterhin eine „qualifizierte Rangrücktrittsvereinbarung" erforderlich sei, um deren Nichtpassivierung in der Überschuldungsbilanz zu erreichen.[341] Damit hält er im Ergebnis ebenfalls an den Anforderungen des Eigenkapitalersatzrechts fest.

(2) Steuerrechtliche Risiken einer Vereinbarung mit materiellrechtlichen Rechtsfolgen

Die Anwendung der Grundsätze der „qualifizierten Rangrücktrittsvereinbarung" kann ferner zu einem steuerrechtlichen Nachteil für die Schuldnerin führen, sofern die vertraglich subordinierte Forderung gewinnerhöhend aus der Steuerbilanz ausgebucht wird.

Zwar sind Verbindlichkeiten gemäß § 247 Abs. 1 HGB in der Handelsbilanz und dementsprechend gemäß §§ 7, 8 KStG, § 5 Abs. 1 EStG ebenso in der Steuerbilanz zu passivieren. Eine Durchbrechung dieses Prinzips der Maßgeblichkeit der Handelsbilanz für die Steuerbilanz enthält jedoch § 5 Abs. 2a EStG, wonach für Verpflichtungen, die nur zu erfüllen sind, soweit künftig Einnahmen oder Gewinne anfallen, Verbindlichkeiten oder Rückstellungen erst anzusetzen sind, wenn die Einnahmen oder Gewinne angefallen sind. Folge der Anwendbarkeit des § 5 Abs. 2a EStG ist damit, dass die betreffende Verbindlichkeit nicht in der Steuerbilanz zu passivieren, sondern gewinnerhöhend auszubuchen ist. Zwar hat

---

339 Siehe dazu obenB.II.1.b)bb).

340 S. dazu bereits oben B.III.3.b).

341 BGH NJW 2015, 1672, 1673 f. = NZI 2015, 315, 316.

das Bundesministerium der Finanzen in einem Schreiben aus dem Jahr 2006 zu der Passivierung von „einfachen“ und „qualifizierten“ Rangrücktrittsvereinbarungen in der Weise Stellung genommen, dass beide Arten grundsätzlich als Verbindlichkeiten anzusetzen seien und der Tatbestand des § 5 Abs. 2a EStG keine Anwendung finde.[342] Der BFH hat dagegen in einem neueren Urteil entschieden, dass § 5 Abs. 2a EStG bei der Formulierung einer Rangrücktrittsvereinbarung dahingehend, dass die Befriedigung der Forderung nur aus künftigen Jahresüberschüssen der Schuldnergesellschaft erfolgen kann, einschlägig ist.[343] Der Schuldner sei wirtschaftlich in seinem Vermögen nicht belastet, solange die für die Befriedigungsmöglichkeit erforderlichen Gewinne noch nicht angefallen seien. Daher sei die Forderung nicht zu passivieren, auch wenn sie rechtlich bereits entstanden sei.[344] Einen ähnlich gelagerten Fall hatte im Jahr 2014 das FG Niedersachsen zu entscheiden. Hier enthielt die Rangrücktrittsvereinbarung eine Beschränkung der Rückzahlbarkeit des Darlehens in der Weise, dass die Tilgung des Darlehens nur aus einem künftigen Bilanzgewinn oder einem etwaigen Liquidationsüberschuss erfolgen könne.[345] Diese Formulierung verhindere, so das Gericht, nicht die Passivierungspflicht der Verbindlichkeit.[346] Die Regelung des § 5 Abs. 2a EStG finde keine Anwendung, da der für die Rückzahlung maßgebliche Bilanzgewinn nicht mit dem Begriff des „Gewinns“ im Steuerrecht übereinstimme und zudem weiter gefasst sei.[347] Das Revisionsgericht hat sich allerdings dieser Beurteilung nicht angeschlossen. Vielmehr setzt der BFH seine Rechtsprechung in der Weise fort, dass eine Passivierung in der Steuerbilanz nicht ausgeschlossen sei, wenn die Forderung *„nur aus einem künftigen Bilanzgewinn oder aus einem etwaigen Liquidationsüberschuss“* getilgt werden darf.[348] Das FG Niedersachsen habe nicht hinreichend gewürdigt, dass der Gewinnbegriff neben dem Steuerbilanzgewinn auch den Sachverhalt erfasse, dass die Verpflichtung aus künftigen (handelsrechtlichen) Jahresüberschüssen zu erfüllen ist.[349]

---

342 BMF-Schreiben v. 08.09.2006, IV B 2-S 2133–10/06 = BStBl. I 2006, 497.

343 BFHE 235, 476, 478 = DStR 2012, 450, 451; sich dieser Ansicht anschließend: *Hennrichs* in MüKo BilanzR, § 246 HGB, Rn. 108; Blümich/*Krumm*, EStG, § 5, Rn. 957b; bereits gegen eine Bilanzierung der Forderung in der Handelsbilanz, sofern ein „qualifizierter Rangrücktritt“ vorliegt *Hess*, InsO, § 19, Rn. 75.

344 BFHE 235, 476, 479 = DStR 2012, 450, 451.

345 FG Niedersachsen, NZG 2014, 1198, 1199.

346 Ebd.

347 FG Niedersachsen, NZG 2014, 1198, 1200.

348 BFH DStR 2015, 1551, 1552 in Anlehnung an BFHE 235, 476.

349 BFH DStR 2015, 1551, 1552.

Die dargestellten Entscheidungen zeigen auf, dass die Rechtsprechung der Finanzgerichte zu der Problematik der Rangrücktrittsvereinbarungen noch nicht einheitlich ist. Die Anwendbarkeit des § 5 Abs. 2a EStG knüpft indes nicht an den insolvenzrechtlichen Rangrücktritt an, sondern an eine ihn ergänzende materiellrechtliche Rechtsfolge, die zu einer Rückzahlungssperre für die Forderung vor Eröffnung des Insolvenzverfahrens führt. Da für eine solche Vereinbarung eine Vielzahl von Formulierungsmöglichkeiten existiert, besteht stets die Gefahr, dass die gewählte Formulierung zu einer gewinnerhöhenden Ausbuchung der Forderung führen könnte. Das Urteil des BGH hat in dieser Frage ebenso wenig Klarheit geschaffen, da der IX. Senat darin lediglich an dem Erfordernis des „qualifizierten Rangrücktritts" und damit an der vorinsolvenzlichen Rückzahlungssperre festhält. Wie die Abfassung der Vereinbarung im Einzelnen erfolgen soll, soll dagegen den Parteien überlassen bleiben. Einen Ausgleich zwischen der Rechtsprechung des BGH und der des BFH sucht *Kahlert* darin, dass die Vereinbarung eine Rückzahlung nur aus dem freien Vermögen des Schuldners vorsehen soll.[350] Auf diese Weise könne einerseits die Nichtbilanzierung in der Überschuldungsbilanz und andererseits die Passivierung in der Steuerbilanz erreicht werden.

Festzuhalten bleibt, dass eine Vereinbarung, die die Vorgaben des „qualifizierten Rangrücktritts" einzuhalten bezweckt, auch der Gefahr unterliegt, eine Ausbuchung der Forderung aus der Steuerbilanz zu riskieren.

## 4. Ergebnis

De lege lata ergibt sich eine Vielzahl von Problemen in Hinblick auf die Durchsetzung gewillkürt nachrangiger Forderungen. Die Vorschrift des § 19 Abs. 2 S. 2 InsO ermöglicht die Nichtpassivierung einer Gesellschafterdarlehensforderung in der Überschuldungsbilanz, auch wenn die Durchsetzung der Forderung in der Zeit vor der Insolvenz unbeschränkt erfolgen kann. Gleiches muss folglich ebenso für einen außenstehenden Dritten gelten, den im Vergleich zum Gesellschafter keine Finanzierungsfolgenverantwortung treffen kann und dem kein Informationsvorsprung zugute kommt. Eine neue Fassung des § 19 Abs. 2 S. 2 InsO könnte unter Berücksichtigung dieser Punkte folgendermaßen lauten:

*Forderungen von Gesellschaftern oder von außenstehenden Dritten, für die gemäß § 39 Abs. 2 zwischen Gläubiger und Schuldner der Nachrang im Insolvenzverfahren hinter den in § 39 Abs. 1 Nr. 1 bis 5 bezeichneten Forderungen vereinbart worden ist, sind nicht bei den Verbindlichkeiten nach Satz 1 zu berücksichtigen.*

---

350 *Kahlert*, DStR 2015, 734, 737.

Diese Formulierung berücksichtigt zum einen, dass ein außenstehender Dritter ebenfalls einen überschuldungsvermeidenden Rangrücktritt erklären kann und sie beschränkt andererseits die Forderung der Gesellschafter nicht mehr auf solche auf Rückgewähr von Gesellschafterdarlehen oder aus Rechtshandlungen, die einem Gesellschafterdarlehen wirtschaftlich entsprechen. Auf diese Weise ist gewährleistet, dass jegliche Forderung, die mit einem Rücktritt in den Rang hinter § 39 Abs. 1 Nr. 5 InsO belegt wird, auch nicht in der Überschuldungsbilanz zu passivieren ist.

Auf die Problematik, die sich daraus ergibt, dass die Formulierung keine vorinsolvenzlichen Wirkungen voraussetzt, wird im Folgenden noch eingegangen.[351]

## II. Auswirkungen des Rangrücktritts auf den Insolvenzeröffnungsgrund der Zahlungsunfähigkeit

Ziel der Vertragsparteien eines gewillkürten Rangrücktritts kann neben der Vermeidung der Überschuldung sein, die Zahlungsunfähigkeit der Schuldnergesellschaft zu verhindern beziehungsweise sie zumindest hinauszuzögern. Die Zahlungsunfähigkeit der Schuldnerin kann unter Umständen umgangen werden, falls die vertraglich subordinierte Forderung in einer zur Prüfung der Zahlungsunfähigkeit aufzustellenden Liquiditätsbilanz außer Betracht bleiben kann.

### 1. Zahlungsunfähigkeit als Insolvenzeröffnungsgrund

Die Zahlungsunfähigkeit ist gemäß § 17 Abs. 1 InsO allgemeiner Insolvenzeröffnungsgrund. Im Gegensatz zur Überschuldung nach § 19 InsO, ist § 17 InsO Eröffnungsgrund für alle Rechtsträger und Vermögensmassen[352]. Stellt ein Gläubiger oder der Schuldner bzw. sein organschaftlicher Vertreter gemäß §§ 13 Abs. 1 S. 2, 15, 16 InsO einen Insolvenzantrag, muss ein Insolvenzeröffnungsgrund, also die Zahlungsunfähigkeit, die drohende Zahlungsunfähigkeit oder die Überschuldung, gemäß § 14 Abs. 1 S. 1 InsO glaubhaft gemacht werden. Darüber hinaus enthält § 15a InsO für den Fall der Zahlungsunfähigkeit oder Überschuldung einer juristischen Person eine Insolvenzantragspflicht für die Mitglieder der Vertretungsorgane. In der Praxis ist die Zahlungsunfähigkeit von größerer

351 S. G.I.

352 BT-Drs. 12/2443, S. 114; *Eilenberger* in MüKo InsO, § 17, Rn. 1; Schmidt/*Schröder*, InsO, § 17, Rn. 2.

Relevanz als die Überschuldung, da der Großteil der Insolvenzanträge mit ihr begründet wird, obwohl die Überschuldung meist bereits zuvor eingetreten ist.[353]

### *a) Definition der Zahlungsunfähigkeit*

Nach der Legaldefinition in § 17 Abs. 2 InsO liegt Zahlungsunfähigkeit vor, wenn der Schuldner nicht in der Lage ist, die fälligen Zahlungspflichten zu erfüllen. In Anlehnung an die Merkmale, die während der Geltung der Konkursordnung für die Zahlungsunfähigkeitsprüfung herangezogen wurden („Dauer" und „Wesentlichkeit")[354], setzt der BGH für das Vorliegen der Zahlungsunfähigkeit voraus, dass eine Liquiditätslücke von mehr als zehn Prozent besteht, die nicht innerhalb von drei Wochen zu beseitigen ist.[355]

Demnach erfolgt die Prüfung im Wesentlichen anhand der Fragen, ob der Schuldner zur Erfüllung nicht in der Lage ist und welche fälligen Zahlungspflichten bestehen. Für die Prüfung der ersten Voraussetzung ist die Aufstellung einer auf einen bestimmten Stichtag bezogenen Liquiditätsbilanz erforderlich. Darin werden die liquiden Mittel der Gesellschaft und vorzunehmende Ein- und Auszahlungen abgebildet, um das Vorliegen einer möglichen Unterdeckung zu prüfen.[356] Auf diese Weise wird ermittelt, ob die fälligen Verbindlichkeiten innerhalb der dreiwöchigen Frist erfüllt werden können und ob – sofern noch möglich – zur Abwendung der Zahlungsunfähigkeit ein Kredit aufgenommen werden muss. Eine Aufnahme in die Liquiditätsbilanz ist nur für demnächst fällig werdende Forderungen geboten.

### *b) Feststellung der insolvenzrechtlichen Fälligkeit einer Forderung*

Nach der Rechtsprechung des BGH ist die insolvenzrechtliche Fälligkeit gemäß § 17 Abs. 2 S. 1 InsO nicht der zivilrechtlichen Fälligkeit gemäß § 271 Abs. 1 BGB gleichzusetzen. Die zivilrechtliche Fälligkeit beschreibt den Zeitpunkt, von dem ab der Gläubiger die Leistung fordern kann.[357] Dem BGH ging dieser Begriff jedoch zu weit und er schränkte die insolvenzrechtliche Fälligkeit in einem Beschluss

---

353 S. dazu bereits oben C.I.3.a)cc)(1).

354 Uhlenbruck/*Mock*, InsO, § 17, Rn. 3; KPB/*Pape*, InsO, § 17, Rn. 2 ff.

355 BGHZ 195, 42, 44 = NZI 2012, 1009, 1010; BGH, NZI 2012, 567, 568; BGH, NZI 2007, 517, 520; BGHZ 173, 286, 296 = NZI 2007, 579, 581; BGHZ 163, 134, 145 = NJW 2005, 3062, 3065 f.

356 FK-InsO/*Schmerbach*, § 17, Rn. 39; HK-InsO/*Kirchhof*, § 17, Rn. 25; Schmidt/*Schröder*, InsO, § 17, Rn. 35.

357 *Krüger* in MüKo BGB, § 271, Rn. 2.

vom 19.07.2007 dahingehend ein, dass die Forderung auch tatsächlich eingefordert werden muss.[358] So wurde in abgemilderter Form das bereits während der Geltung der KO erforderliche Merkmal des „ernsthaften Einforderns" wieder in die Prüfung der Zahlungsunfähigkeit aufgenommen.[359] Der BGH begründet die Einschränkung des insolvenzrechtlichen Fälligkeitsbegriffs damit, dass die beiden Fälligkeitsbegriffe jeweils eine andere Zielrichtung verfolgten. So sei die zivilrechtliche Fälligkeit Voraussetzung für den Schuldnerverzug sowie die Erhebung der Leistungsklage, während die insolvenzrechtliche Fälligkeit den Übergang von der Einzelzwangsvollstreckung zur Gesamtvollstreckung begründen müsse.[360]

Demnach ist eine Forderung i.S.d. § 17 Abs. 2 S. 1 InsO fällig, wenn sie gemäß § 271 Abs. 1 BGB eingefordert werden kann und auch tatsächlich durch den Gläubiger eingefordert wird. Dieses Merkmal kann beispielsweise durch eine Stundung der Forderung oder eine ähnliche Einwendung oder Einrede entfallen.[361] Somit steht für die nachfolgende Betrachtung vor allem in Frage, ob gesetzlich oder vertraglich nachrangige Forderungen als insolvenzrechtlich fällig anzusehen sind.

## 2. Fälligkeit insolvenzrechtlich nachrangiger Forderungen

Die insolvenzrechtliche Fälligkeit könnte zum einen entfallen, wenn eine Forderung kraft Gesetzes dem insolvenzrechtlichen Nachrang gemäß § 39 Abs. 1 Nr. 1–5 InsO unterliegt. Zum anderen könnte erst die vertragliche Vereinbarung des insolvenzrechtlichen Nachrangs gemäß § 39 Abs. 2 InsO diese Wirkung herbeiführen.

### *a) Fälligkeit gesetzlich nachrangiger Forderungen*

#### *aa) Forderungen gemäß § 39 Abs. 1 Nr. 1 und 2 InsO*

Die Ansprüche, die gemäß § 39 Abs. 1 Nr. 1 und 2 InsO nachrangig sind, entstehen erst mit der Eröffnung des Insolvenzverfahrens – bzw. im Falle der Zinsen ist nur der Zinslauf ab der Eröffnung des Verfahrens relevant – und können

---

358 BGHZ 173, 286, 291 = BGH NZI 2007, 579, 579.

359 BGHZ 173, 286, 291 = BGH NZI 2007, 579, 580; Uhlenbruck/*Mock*, InsO, § 17, Rn. 117; FK-InsO/*Schmerbach*, § 17, Rn. 11; Schmidt/*Schröder*, InsO, § 17, Rn. 13a; kritisch dazu HK-InsO/*Kirchhof*, § 17, Rn. 10 („*Die Bezeichnung […] mit dem missverständlichen Erfordernis „ernsthaftes Einfordern" ist irreführend.*")

360 BGHZ 173, 286, 289 f. = BGH NZI 2007, 579, 579.

361 *Eilenberger* in MüKo InsO, § 17, Rn. 7; Schmidt/*Schröder*, InsO, § 17, Rn. 11; FK-InsO/*Schmerbach*, § 17, Rn. 14.

demnach nicht zuvor fällig werden.[362] Sie sind dementsprechend nicht in der Liquiditätsbilanz aufzuführen. Der gesetzliche Nachrang dieser Forderungen ist für die Nichtaufnahme in die Liquiditätsbilanz hingegen nicht ursächlich.

#### *bb) Forderungen gemäß § 39 Abs. 1 Nr. 3 und 4 InsO*

Ansprüche, die gemäß § 39 Abs. 1 Nr. 3 und 4 InsO im Insolvenzverfahren nachrangig sind, können dennoch vor Eröffnung des Verfahrens insolvenzrechtlich fällig werden. Für Geldstrafen, Geldbußen und Ordnungsgelder ist der Nachrang angeordnet, da sie ihrer Zweckrichtung nach nicht die Insolvenzgläubiger belasten sollen, indem die unter ihnen zu verteilende Quote geschmälert wird.[363] Bevor es jedoch zu einem Insolvenzverfahren kommt, sind diese Ansprüche vom Schuldner ebenso zu berichtigen wie alle anderen Ansprüche. Dem Schuldner steht kein Leistungsverweigerungsrecht zu, das mit § 39 Abs. 1 Nr. 3 InsO begründet werden könnte, da diese Norm erst nach der Eröffnung des Verfahrens ihre Wirkung entfaltet. Demnach besteht keine Veranlassung, sie nicht in der Liquiditätsbilanz aufzuführen.

Der Grund für den Nachrang von Forderungen auf unentgeltliche Leistungen liegt darin, dass der Schuldner nicht zum Nachteil seiner übrigen Gläubiger unentgeltliche Leistungen erbringen können soll[364], bzw. dass der mögliche Ausfall dem Gläubiger der unentgeltlichen Leistung zumutbar ist[365]. Auch hier steht jedoch dem Fälligwerden der Forderung auf unentgeltliche Leistungen im insolvenzrechtlichen Sinn vor der Eröffnung eines Insolvenzverfahrens nichts entgegen. Die Aufnahme in die Liquiditätsbilanz ist folglich geboten.

#### *cc) Forderungen gemäß § 39 Abs. 1 Nr. 5 InsO*

Für Forderungen aus Gesellschafterdarlehen gemäß § 39 Abs. 1 Nr. 5 InsO wurden vor und nach Inkrafttreten des MoMiG unterschiedliche Ansichten bezüglich ihrer insolvenzrechtlichen Fälligkeit vertreten.

##### (1) Rechtslage vor Inkrafttreten des MoMiG

Vor Inkrafttreten des MoMiG waren von dem gesetzlichen Nachrang gemäß § 39 Abs. 1 Nr. 5 InsO lediglich eigenkapitalersetzende Gesellschafterdarlehen

---

362 Siehe dazu bereits oben C.I.2.a)aa).

363 BGH, NZI 2011, 189, 189; BGH, NJW 2008, 2506, 2507; *Ehricke* in MüKo InsO, § 39, Rn. 22; KPB/*Preuß*, § 39, Rn. 16; FK-InsO/*Bornemann*, § 39, Rn. 23.

364 *Ehricke* in MüKo InsO, § 39, Rn. 25; Schmidt/*Lüdtke*, InsO, § 39, Rn. 15.

365 KPB/*Preuß*, § 39, Rn. 19.

erfasst.[366] Aufgrund der darüber hinaus vorinsolvenzlich wirkenden Rückzahlungssperre gemäß § 30 Abs. 1 GmbHG analog sprachen sich Stimmen in Schrifttum und Rechtsprechung dafür aus, die Forderungen aus eigenkapitalersetzenden Gesellschafterdarlehen nicht in den Liquiditätsstatus aufzunehmen.[367] Eine Forderung, die bereits bei Eintritt der Krise nicht mehr beglichen werden müsse, sei auch bei der Prüfung der Zahlungsunfähigkeit nicht als fällig anzusehen.[368] Im Anschluss an die Entscheidung des BGH vom 08.01.2001, die sich für eine grundsätzliche Passivierungspflicht in der Überschuldungsbilanz auch von eigenkapitalersetzenden Gesellschaftern aussprach, falls kein „qualifizierter Rangrücktritt" vereinbart worden war[369], wurde teilweise eine Übertragung dieses Rechtsgedankens auf die Zahlungsunfähigkeitsprüfung gefordert. Folglich hätte es auch für den Wegfall der insolvenzrechtlichen Fälligkeit der Vereinbarung eines Rangrücktritts für den Rückzahlungsanspruch aus einem eigenkapitalersetzenden Gesellschafterdarlehen bedurft. Die Prüfungssituation für den Geschäftsführer sei bei der Zahlungsunfähigkeit die gleiche wie bei der Überschuldung, weshalb er auch denselben Schwierigkeiten hinsichtlich der Beurteilung des eigenkapitalersetzenden Charakters einer Gesellschafterforderung unterliege.[370] Dem wurde entgegengesetzt, dass die konkreten Wirkungen der Rangrücktrittsvereinbarung keine Berücksichtigung in der Argumentation fänden.[371] Tatsächlich lässt sich aus den vom BGH aufgestellten Anforderungen nicht eindeutig schließen, wie der dort geforderte Rangrücktritt die Fälligkeit der Forderung beeinflussen soll. Sie stellten lediglich die Pflicht des Gesellschafters auf, den Rücktritt seiner Forderung bis zur Abwendung der Krise hinter die Forderungen sämtlicher Gesellschaftsgläubiger zu erklären.[372] Zwar folgt daraus nicht eindeutig, ob der Gesellschaft damit ein Leistungsverweigerungsrecht eingeräumt wird, das auch die zivilrechtliche Fälligkeit entfallen ließe oder ob es sich lediglich um eine Selbstverpflichtung des Gesellschaftergläubigers

366 Vgl. dazu oben B.II.1.b)aa)(2).

367 BGHZ 181, 132, 139 = NJW 2009, 2600, 2602; OLG Düsseldorf, DStR 1993, 175, 176; FK-InsO/*Schmerbach*, § 17, Rn. 9; KPB/*Pape*, InsO Stand 8/98, § 17, Rn. 7; Ulmer/*Casper*, GmbHG, 1. Aufl. (2008), § 64, Rn. 45; *Dahl/Schmitz*, NZG 2009, 567, 569; a.A. *Haas*, NZI 1999, 209, 214; Altmeppen/Roth/*Altmeppen*, GmbHG, Vor § 64, Rn. 23; Jaeger/*Müller*, InsO, § 17, Rn. 12; Schmidt/*Schröder*, InsO, § 17, Rn. 13.

368 KPB/*Pape*, InsO, § 17, Rn. 7.

369 Vgl. dazu B.II.2.a).

370 Jaeger/*Müller*, InsO, § 17, Rn. 12.

371 Ulmer/*Casper*, GmbHG, 1. Aufl. (2008), § 64, Rn. 45.

372 BGHZ 146, 264, 271 = BGH NJW 2001, 1280, 1281.

handelt, die Forderung in der Krise nicht geltend zu machen. Auch im Falle der Selbstverpflichtung entfiele aber die insolvenzrechtliche Fälligkeit, da es sich bei ihr jedenfalls um eine stillschweigende Stundung[373] handeln würde. Dass die Rangrücktrittsvereinbarung eine zusätzliche Hinderung der Fälligkeit der Forderung enthält, muss nicht zugleich bedeuten, dass die insolvenzrechtliche Fälligkeit eines eigenkapitalersetzenden Gesellschafterdarlehens nicht schon aufgrund der Grundsätze des Eigenkapitalersatzrechts abzulehnen wäre. Die Rückzahlungssperre gemäß § 30 Abs. 1 GmbHG analog hat nach alter Rechtslage bereits eine die Durchsetzbarkeit der Forderung hindernde Einwendung für die Gesellschaft begründet, weshalb auch die Annahme, eigenkapitalersetzende Gesellschafterforderungen in der Liquiditätsbilanz nicht aufzuführen, konsequent ist. Die Lage ist darüber hinaus nicht mit der Problematik der Passivierung in der Überschuldungsbilanz vergleichbar, da hier im Gegensatz zur Liquiditätsbilanz grundsätzlich alle Forderungen unabhängig von ihrer Fälligkeit ausgewiesen werden müssen.

Folglich waren nach alter Rechtslage Forderungen aus eigenkapitalersetzenden Gesellschafterdarlehen als insolvenzrechtlich nicht fällig anzusehen und daher auch nicht in der Liquiditätsbilanz aufzuführen.

#### (2) Rechtslage nach Inkrafttreten des MoMiG

Mit Außerkrafttreten des Eigenkapitalersatzrechts und damit auch der Rückzahlungssperre des § 30 Abs. 1 GmbHG analog konnte die fehlende insolvenzrechtliche Fälligkeit von Forderungen aus eigenkapitalersetzenden Gesellschafterdarlehen nicht mehr auf diese Norm zurückgeführt werden.[374]

Eine neue Diskussion entstand allerdings durch die Einführung der Vorschriften der § 64 S. 3 GmbHG und des § 92 Abs. 2 S. 3 AktG. Diese sehen vor, dass eine Haftung des Vertretungsorgans einer haftungsbeschränkten Gesellschaft begründet wird, wenn es Zahlungen an Anteilseigner vornimmt, die zur Zahlungsunfähigkeit der Gesellschaft führen, es sei denn, dies war auch bei Beachtung der Sorgfalt eines ordentlichen Geschäftsmannes nicht erkennbar. Von vielen Stimmen im Schrifttum wurde angenommen, für die Erhaltung

373 Näher dazu: Jaeger/*Müller*, InsO, § 17, Rn. 10; *Jäger*, BB 1997, 1575, 1575; FK-InsO/*Schmerbach*, § 17, Rn. 15.

374 BGHZ 195, 42, 45 ff. = DStR 2012, 2608, 2609; HK-InsO/*Kirchhof*, § 17, Rn. 7; Altmeppen/Roth/*Altmeppen*, GmbHG, Vor § 64, Rn. 23; Baumbach/Hueck/*Haas*, GmbHG, §64, Rn. 34a; Schmidt/*Schröder*, InsO, § 17, Rn. 12; Uhlenbruck/*Uhlenbruck*, InsO (2010), § 17, Rn. 10; *Dahl/Schmitz*, NZG 2009, 567, 569.

des Anwendungsbereichs der Haftungsnorm des § 64 S. 3 GmbHG n.F.[375] sei es notwendig, dass sämtliche Forderungen aus Gesellschafterdarlehen nicht in die Liquiditätsbilanz aufgenommen werden.[376] Gemäß § 64 S. 3 GmbHG sind die Geschäftsführer einer GmbH zum Ersatz von Zahlungen an Gesellschafter verpflichtet, soweit diese zur Zahlungsunfähigkeit führen mussten. Eine Zahlung an einen Gesellschafter könne aber nur zu einer Zahlungsunfähigkeit der Gesellschaft führen, wenn die Forderung des Gesellschafters zuvor nicht in der Liquiditätsbilanz ausgewiesen werde. Andernfalls würde der Geschäftsführer auf eine Forderung zahlen, die ohnehin in der Liquiditätsbilanz auftauche, weshalb eine Zahlungsunfähigkeit allein durch die Zahlung nicht verursacht werden könne. Um den Anwendungsbereich des § 64 S. 3 GmbHG überhaupt eröffnen zu können, müssten folglich sämtliche Gesellschafterdarlehensforderungen als nicht insolvenzrechtlich fällig angesehen werden. Nur so könne eine Zahlung auf ein Gesellschafterdarlehen die Zahlungsunfähigkeit herbeiführen.[377]

Die Gegenstimmen berufen sich darauf, dass bei Nichtberücksichtigung der Gesellschafterforderung in der Liqudditätsbilanz eine Verzögerung der Insolvenzeröffnung bewirkt würde, die der Gesetzgeber nicht gewollt haben könne.[378] Zudem würde faktisch erneut eine Rückzahlungssperre für Forderungen aus Gesellschafterdarlehen eingeführt, da dem Geschäftsführer aufgrund des Haftungsrisikos ein Leistungsverweigerungsrecht gegen die Rückzahlung der Forderungen zustehen müsse.[379] Eine Rückzahlungssperre für Forderungen aus Gesellschafterdarlehen sah das neue Recht allerdings explizit nicht mehr vor.[380] Die Gesetzesbegründung zum MoMiG geht zwar davon aus, dass § 64 S. 3 GmbHG die Fälle erfasst, die nicht mehr durch das Anfechtungsrecht gedeckt

375 Das Folgende gilt ebenso für die Norm des § 92 Abs. 2 S. 3 AktG und damit für die Rechtsform der Aktiengesellschaft in gleicher Weise wie für die GmbH.

376 *Müller* in MüKo GmbHG, § 64, Rn. 167; *Dahl/Schmitz*, NZG 2009, 567, 569; *Spliedt*, ZIP 2009, 149, 160; *Wolf*, ZWH 2014, 261, 264; Michalski/*Dahl*, GmbHG, Anh. II §§ 32a, 32b aF, Rn. 80; a.A. FK-InsO/*Schmerbach*, § 17, Rn. 9; HK-InsO/*Kirchhof*, § 17, Rn. 7; Schmidt/*Schröder*, InsO, § 17, Rn. 12; Scholz/*Bitter*, GmbHG, Vor § 64, Rn. 7; *Altmeppen* in FS Hüffer, S. 1, 6; *Dittmer*, Die Feststellung der Zahlungsunfähigkeit, S. 185; Baumbach/Hueck/*Haas*, GmbHG, § 64, Rn. 34a; Henssler/Strohn/*Arnold* InsO, § 17, Rn. 1.

377 *Dahl/Schmitz*, NZG 2009, 567, 569; *Spliedt*, ZIP 2009, 149, 160.

378 *Altmeppen* in FS Hüffer, S. 1, 6; *Dittmer*, Die Feststellung der Zahlungsunfähigkeit, S. 185.

379 Baumbach/Hueck/*Haas*, GmbHG, § 64, Rn. 34a; Henssler/Strohn/*Arnold* InsO, § 17, Rn. 1.

380 Vgl. dazu oben B.II.1.b)bb).

sind, beispielweise durch den Ablauf der Fristen.[381] Damit kann aber auf der anderen Seite nicht begründet werden, dass die insolvenzrechtliche Fälligkeit von Gesellschafterdarlehensforderungen entfallen muss. Der Anwendungsbereich des § 64 S. 3 GmbHG beziehe sich zudem nicht auf die Befriedigung von fälligen Gesellschafterdarlehen, sondern allgemein auf „Ausschüttungen" an die Gesellschafter. Daher seien Forderungen aus Gesellschafterdarlehen auch unbeschränkt im Rahmen der Zahlungsunfähigkeitsprüfung zu berücksichtigen.[382]

Zu der Klärung des Meinungsstreits trägt ein Urteil des BGH vom 09.10.2012 bei. Darin bringt der BGH zum Ausdruck, dass der Begriff der Fälligkeit in § 64 S. 3 GmbHG derselbe sei wie in § 64 S. 1 GmbHG und in § 17 Abs. 2 S. 1 InsO und daher fällige Gesellschafterdarlehen bei der Prüfung der Zahlungsunfähigkeit gemäß § 64 S. 3 GmbHG wie auch gemäß § 17 Abs. 2 S. 1 InsO voll zu berücksichtigen seien.[383] Zudem solle dem Geschäftsführer kein Leistungsverweigerungsrecht eingeräumt werden, welches einer erneuten Rückzahlungssperre gleichkäme. Der BGH sieht den Anwendungsbereich des § 64 S. 3 GmbHG beispielsweise auf nicht ernsthaft eingeforderte oder einem Rangrücktritt unterliegende Gesellschafterforderungen beschränkt.[384] Wie der Begriff „Rangrücktritt" in diesem Sinne zu verstehen ist, wirft jedoch wiederum neue Fragen auf.[385]

Zu beachten ist, dass der Meinungsstreit, der sich um § 64 S. 3 GmbHG und die Fälligkeit von Forderungen aus Gesellschafterdarlehen rankt, keinen Bezug zu der Nachrangigkeit dieser Forderungen in der Insolvenz gemäß § 39 Abs. 1 Nr. 5 InsO hat. Die Argumente, die gegen eine insolvenzrechtliche Fälligkeit sprechen, stehen unter keinen Umständen in Zusammenhang mit dem insolvenzrechtlichen Nachrang der Forderungen. Dieser kann eine insolvenzrechtliche Fälligkeit ohnehin nicht hindern, da er, ebenso wie die Ansprüche nach § 39 Abs. 1 Nr. 1–4 InsO, seine Wirkung nur für die Zeit nach der Insolvenzeröffnung entfaltet.

Folglich sind Gesellschafterdarlehen, die unter die Regelung des § 39 Abs. 1 Nr. 5 InsO fallen, zwar in der Insolvenz nachrangig, sie können aber dennoch vor Insolvenzeröffnung insolvenzrechtlich fällig werden und müssen daher in die Liquiditätsbilanz eingestellt werden.[386]

---

381 BT-Drs. 16/6140, S. 46.

382 *Altmeppen* in Altmeppen/Roth, GmbHG, Vor § 64, Rn. 23.

383 BGHZ 195, 42, 45 f. = NZI 2012, 1009, 1010.

384 BGHZ 195, 42, 47 = NZI 2012, 1009, 1010.

385 Dazu näher unter B.III.3.

386 Ebenso: BGH, NZI 2011, 58, 59; *Thole* in FS Kübler, S. 685 f.; Scholz/*Bitter*, GmbHG, Vor § 64, Rn. 7; *Bork*, ZIP 2014, 997, 1001; Braun/*Bußhardt*, InsO, § 17, Rn. 20; FK-

### *b) Fälligkeit vertraglich nachrangiger Forderungen*

Für die Untersuchung der insolvenzrechtlichen Fälligkeit gewillkürt nachrangiger Forderungen ist eine Unterscheidung zwischen Gesellschaftergläubigern und Drittgläubigern entbehrlich. Eine gesetzliche Regelung ist weder für die eine noch die andere Gläubigergruppe vorhanden. Daher gelten die folgenden Ausführungen für jede Rangrücktrittsvereinbarung, die gemäß § 39 Abs. 2 InsO vereinbart wurde.

Die Rangrücktrittsvereinbarung bewirkt, dass die betreffende Forderung im Insolvenzverfahren nach den Forderungen der übrigen Insolvenzgläubiger und gegebenenfalls auch nach denen der anderen nachrangigen Gläubiger berücksichtigt wird. Eine Auswirkung auf die insolvenzrechtliche Fälligkeit der Forderung durch den Rangrücktritt kann demgegenüber nur angenommen werden, wenn ihm eine Wirkung auch für die Zeit vor Eröffnung des Insolvenzverfahrens attestiert werden kann.[387] Nach der Ansicht *Uhlenbrucks* entfällt die insolvenzrechtliche Fälligkeit einer Forderung bereits, wenn ein Rangrücktritt gemäß § 39 Abs. 2 wirksam erklärt wurde.[388] Weshalb die Vereinbarung nach § 39 Abs. 2 InsO eine Auswirkung auf die Prüfung des Insolvenzgrundes der Zahlungsunfähigkeit haben kann, wird aber nicht erläutert. Ein ähnliches Ergebnis ließe sich auch aus einem Beschluss des BGH aus dem Jahr 2007 herleiten. Darin vertrat der IX. Zivilsenat die Ansicht, eine Forderung sei nicht im Liquiditätsstatus zu berücksichtigen, wenn der Gläubiger *„in eine spätere oder nachrangige Befriedigung eingewilligt hat"*.[389] Dem könnte entnommen werden, dass der gewillkürte Rangrücktritt die insolvenzrechtliche Fälligkeit stets vermeidet. Allerdings bezog sich der Senat in dem Beschluss nicht auf eine Rangrücktrittsvereinbarung gemäß § 39 Abs. 2 InsO. Nach dem zugrundeliegenden Sachverhalt hatte der Schuldner mit einer Gläubigerin vereinbart, dass ihre Forderungen nur befriedigt werden sollten, soweit „es [dem Schuldner] jeweils möglich war".[390] Eine solche Vereinbarung ist allerdings kein Rangrücktritt i.S.v. § 39 Abs. 2 InsO, da der Wille, auch in der Insolvenz erst nachrangig befriedigt zu werden, nicht geäußert

---

InsO/*Schmerbach*, § 17, Rn. 9; *Altmeppen* in Altmeppen/Roth, GmbHG, Vor § 64, Rn. 23; Baumbach/Hueck/*Haas*, GmbHG, § 64, Rn. 34a; Uhlenbruck/*Mock*, InsO, § 17, Rn. 94; Ulmer/*Casper*, GmbHG Erg.-Band, § 64, Rn. 46.

387 *Wolf*, ZWH 2014, 261, 264 fordert einen Rangrücktritt mit Wirkung für den Tag der Aufstellung der Liquiditätsbilanz.

388 K. Schmidt/Uhlenbruck/*Uhlenbruck*, Die GmbH in Krise, Rn.5.24.

389 BGHZ 173, 286–297 = NZI 2007, 579, 580.

390 BGHZ 173, 286–297 = NZI 2007, 579, 579.

wurde. Vielmehr verwendet der BGH hier den Terminus „Nachrang", ohne sich dabei bewusst auf die gesetzliche Regelung in der InsO zu beziehen. Anstelle eines Rangrücktritts handelt es sich in diesem Fall daher um eine sog. tatsächliche Stundung, die, auch wenn es sich nicht um eine Stundung im Rechtssinne handelt, die Fälligkeit entfallen lässt.[391] Zweck einer solchen Vereinbarung ist die Vermeidung der Insolvenzauslösung aufgrund der Ausweisung der Forderung in der Liquiditätsbilanz. Sie kann jedoch nicht mit einem insolvenzrechtlichen Rangrücktritt gleichgesetzt werden. Demnach wollte der BGH durch den angeführten Beschluss nicht bewirken, dass jede Rangrücktrittserklärung gemäß § 39 Abs. 2 InsO die Fälligkeit der betreffenden Forderung automatisch beseitigt.

### *aa) Begrifflichkeit*

Im Zusammenhang mit Gesellschafterdarlehen sprechen Rechtsprechung sowie Teile des Schrifttums häufig davon, dass eine Forderung nicht als insolvenzrechtlich fällig anzusehen sei, wenn ein „Rangrücktritt" vereinbart werde.[392] Demnach stellt sich die Frage, ob eine Rangrücktrittsvereinbarung im Sinne des § 39 Abs. 2 InsO bereits automatisch die insolvenzrechtliche Fälligkeit ausschließen kann.[393] Aufgrund des Wortlauts der Norm kann diese Folge allerdings nicht angenommen werden. Schließlich ist danach die Rechtsfolge auf den Fall der Insolvenzeröffnung beschränkt („der Nachrang *im* Insolvenzverfahren vereinbart worden ist"). Anzunehmen ist daher, dass die betreffenden Autoren sowie der BGH von dem Begriff des „qualifizierten Rangrücktritts"[394] ausgehen. Der „qualifizierte Rangrücktritt" beinhaltet die Vereinbarung einer materiellrechtlichen Rechtsfolge und wirkt somit in der Zeit vor der Eröffnung des Insolvenzverfahrens.[395] Aufgrund dieser Wirkung sei der „qualifizierte Rangrücktritt" dazu geeignet, die insolvenzrechtliche Fälligkeit zu beseitigen.[396] Dies mag im Ergebnis richtig sein, gerade in Hinblick auf die Frage nach der Fälligkeit einer Forderung sollte jedoch eine klare begriffliche Differenzierung zwischen dem insolvenzrechtlichen Rangrücktritt und einer ergänzenden materiellrechtlich wirkenden Vereinbarung

---

391 BGH NZI 2008, 231, 232.

392 BGH NZI 2011, 58, 59; BGHZ 195, 42, 47 = NZI 2012, 1009, 1010; *Müller* in MüKo GmbHG, § 64, Rn. 13; Henssler/Strohn/*Arnold* InsO, § 17, Rn. 1; FK-InsO/*Schmerbach*, § 17, Rn. 9; Braun/*Bußhardt*, InsO, § 17, Rn. 20; *Altmeppen* in FS Hüffer, S. 1, 6.

393 So wohl *K. Schmidt*, ZIP 2015, 901, 902, allerdings für den Rangrücktritt, der auch vorinsolvenzlich wirkt.

394 Vgl. zum Begriff des „qualifizierten Rangrücktritts" oben B.III.3.c).

395 BGH NJW 2015, 1672, 1673 f. = NZI 2015, 315, 316.

396 Baumbach/Hueck/*Haas*, GmbHG, § 64, Rn. 34b.

geschaffen werden. Schließlich kommt es für die Bestimmung der Fälligkeit i.S.d. § 17 Abs. 2 InsO entscheidend darauf an, ob die die Fälligkeit ausschließende zeitliche Komponente in der Form der – zumindest vorübergehenden – Nichtgeltendmachung der Forderung vorhanden ist.[397]

Der Wortlaut des § 19 Abs. 2 S. 2 und der des § 39 Abs. 2 InsO implizieren allerdings keine vorinsolvenzliche und damit auch keine zeitliche Wirkung des Rangrücktritts.[398] Zudem verzichtet der BGH bei der Aufstellung der Anforderungen des „qualifizierten Rangrücktritts" darauf, eine konkrete Rechtsfigur zu nennen, die die geforderte materiellrechtliche Rechtsfolge auslöst. Stattdessen werden lediglich allgemeine Voraussetzungen angeführt, die durch verschiedene Arten von materiellen Leistungsverweigerungsrechten erfüllt werden können. Da demnach eine Mehrzahl unterschiedlicher Durchsetzungshindernisse in Betracht kommt, kann streng genommen keine allgemeine Aussage über die Fälligkeit getroffen werden. Vielmehr ist sie anhand der jeweiligen Formulierung der Vereinbarung zu ermitteln, um zu einem rechtssicheren Ergebnis gelangen zu können.[399]

Um eine einheitliche Terminologie zu erreichen, wäre es daher wünschenswert, wenn lediglich der insolvenzrechtliche Rangrücktritt als „Rangrücktritt" bezeichnet würde. Der „qualifizierte Rangrücktritt" ist zwar als Rechtsfigur aufgrund der Rechtsprechung des BGH gemeinhin anerkannt, er geht in seiner Wirkung aber sehr viel weiter als der nach der InsO vorgesehene Rangrücktritt. Zudem wurde er im Zusammenhang mit der Frage nach der Passivierungspflicht in der Überschuldungsbilanz entwickelt und hat nur dort seine praktische Relevanz. Es ginge daher zu weit, diesen Spezialfall als *den* „Rangrücktritt" anzusehen.

#### *bb) Wirkung der Rangrücktrittsvereinbarung gemäß § 39 Abs. 2 InsO*

Da die Rechtsfolgen des § 39 Abs. 2 InsO erst im Insolvenzverfahren entstehen, kann eine außerhalb der Insolvenz und damit materiellrechtlich eintretende Wirkung allenfalls dann angenommen werden, wenn sie aus der Erklärung der Parteien folgt.

Denkbar wäre, dass der gewillkürte Rangrücktritt die Vereinbarung einer konkludenten Stundung der Forderung einschließt. Diese hätte zum Inhalt, dass die betreffende Forderung in der Zeit der Krise nicht berücksichtigt werden

---

397 *Thole* in FS Kübler, S. 685.

398 Dies ist für § 19 Abs. 2 S. 2 umstritten; dazu bereits oben C.I.3.a)bb).

399 Schmidt/*Schröder*, § 17, Rn. 12a; *Bitter/Rauhut*, ZIP 2014, 1005, 1012.

muss und damit nicht insolvenzrechtlich fällig wird. Allerdings sind konkrete Anhaltspunkte für die Annahme erforderlich, dass die Parteien eine konkludente Stundung wollten.[400] Zudem müssten zwei übereinstimmende Willenserklärungen der Vertragsparteien vorliegen, auch wenn sie nicht ausdrücklich geäußert werden.[401] Allein aus der Tatsache, dass sie eine Rangrücktrittserklärung abgegeben haben, lässt sich dies jedoch nicht entnehmen.[402] Insbesondere kann den Parteien nicht unterstellt werden, dass mit dem Rangrücktritt in erster Linie die Vermeidung der Zahlungsunfähigkeit bezweckt wurde, da auch verschiedene andere Motive für den Abschluss einer solchen Vereinbarung in Betracht kommen.[403]

Der BGH hat neben der ausdrücklichen oder konkludenten Stundung die Rechtsfigur der „tatsächlichen Stundung" entwickelt, aus welcher folgen soll, dass der Gläubiger die Forderung nicht ernsthaft einfordert und sie somit auch insolvenzrechtlich nicht fällig ist.[404] Bei der „tatsächlichen Stundung" kommt es weniger auf eine Vereinbarung zwischen den Parteien, als vielmehr auf das Verhalten des Gläubigers an. Verzichtet dieser auf eine Einforderung seiner Forderung ohne einen Bindungswillen oder eine Erklärung dahingehend zu äußern und gibt er damit zu erkennen, dass er derzeit nicht auf einer Befriedigung besteht, so gilt seine Forderung als tatsächlich gestundet.[405] Eine tatsächliche Stundung kann unter anderem in dem Abschluss eines Stillhalteabkommens liegen, es wird aber nicht vorausgesetzt.[406] Schließen die Parteien jedoch „nur" eine Rangrücktrittsvereinbarung mit dem Inhalt des § 39 Abs. 2 InsO ab, so kann daraus noch nicht folgen, dass der Gläubiger bei (zivilrechtlicher) Fälligkeit der Forderung diese nicht einfordern wird.

#### *cc) Anwendung des § 19 Abs. 2 S. 2 analog/doppelt analog*

Überdies bestünde die Möglichkeit, die Regelung des § 19 Abs. 2 S. 2 InsO auf Forderungen von Gesellschaftern analog und auf Forderungen von Dritten doppelt analog anzuwenden. Es bestehen allerdings bereits gegen die einfache analoge Anwendung der Vorschrift auf die Nichtpassivierung vertraglich subordinierter

---

400 Jaeger/*Müller*, InsO, § 17, Rn. 10.
401 *Dittmer*, Die Feststellung der Zahlungsunfähigkeit, S. 73.
402 AG Itzehoe ZIP 2014, 1038, 1039; *Mock*, NZI 2014, 102, 103.
403 Vgl. dazu oben B.IV.
404 BGHZ 173, 286, 290 f. = NZI 2007, 579, 580; BGH NJW-RR 1999, 272, 273; BGH NJW 1998, 607, 607.
405 BGH NZI 2008, 231, 232.
406 BGH NZI 2008, 231, 232; Schmidt/*Schröder*, InsO, § 17, Rn. 13b.

Gesellschafterdarlehensforderungen in der Liquiditätsbilanz erhebliche Bedenken. So fehlt es bereits an einer planwidrigen Regelungslücke. Diese würde nämlich voraussetzen, dass der Gesetzgeber die Nichtpassivierung von Forderungen aus Gesellschafterdarlehen in der Liquiditätsbilanz regeln wollte. Den Gesetzesmaterialien und auch der Systematik des Gesetzes lässt sich eine solche Absicht jedoch nicht entnehmen. Eine derartige Regelung hätte überdies, im Gegensatz zu der Norm des § 19 Abs. 2 S. 2 InsO, kaum eine praktische Relevanz. Schließlich ist die Vermeidung der Fälligkeit einer Forderung bereits durch Abschluss einer Stundungsvereinbarung oder eines Stillhalteabkommens möglich, welches keine besonderen Anforderungen erfüllen muss. Der überschuldungsvermeidende Rangrücktritt ist demgegenüber sehr viel komplexer und auch bis heute nicht abschließend rechtlich definiert.[407]

Darüber hinaus stimmen beide Sachverhalte – die Passivierung in der Überschuldungsbilanz bzw. in der Liquiditätsbilanz – in Hinblick auf die rechtliche Bewertung nicht überein. Beide Insolvenzeröffnungsgründe verfolgen unterschiedliche Zwecke, was für eine bewusste Differenzierung spricht. Die Überschuldung einer Gesellschaft tritt in der Regel früher ein als ihre Zahlungsunfähigkeit. Beruht die Überschuldung auch auf einer Gesellschafterforderung, so kann der Insolvenzantragspflicht entgangen werden, indem ein Rangrücktritt vereinbart wird. Eine Zahlungsunfähigkeit muss in diesem Fall noch lange nicht eingetreten sein. Liegt dagegen bereits eine Zahlungsunfähigkeit vor und besteht eine fällige Forderung eines Gesellschafters, so kann dieser problemlos auf die Geltendmachung verzichten, bis der Gesellschaft wieder ausreichend liquide Mittel zur Verfügung stehen. Einer Rangrücktrittsvereinbarung bedarf es jedenfalls nicht. Daher kann die Vorschrift über den Rangrücktritt in § 19 Abs. 2 S. 2 InsO nicht auf den Fall der Zahlungsunfähigkeit analog oder doppelt analog angewendet werden.[408]

### *c) Zwischenergebnis*

Weder der kraft Gesetzes eintretende Nachrang nach § 39 Abs. 1 Nr. 1–5 InsO noch der privatautonom vereinbarte Rangrücktritt gemäß § 39 Abs. 2 InsO ist dazu geeignet, ohne das Hinzutreten einer ergänzenden Vereinbarung die

---

407 Vgl. dazu oben C.I.2 und C.I.3.

408 *Bitter/Rauhut*, ZIP 2014, 1005, 1011 f.; *Mock*, NZI 2014, 102, 103; Schmidt/*Schröder*, InsO, § 17, Rn. 12a.

insolvenzrechtliche Fälligkeit der betreffenden Forderung zu vermeiden.[409] Ob die Forderung tatsächlich eingefordert wird, bleibt dem jeweiligen Gläubiger überlassen. Ein Leistungsverweigerungsrecht der Schuldnergesellschaft besteht allerdings nicht.

### 3. Notwendigkeit der Vereinbarung einer materiellrechtlichen Rechtsfolge

Damit verbleibt für die Vermeidung der Einstellung einer Forderung in die Liquiditätsbilanz nur die Möglichkeit, eine Vereinbarung zu treffen, die das Eintreten der insolvenzrechtlichen Fälligkeit hindert. Eine solche Vereinbarung kann mit einem insolvenzrechtlichen Rangrücktritt verbunden werden. Soll aber lediglich die Zahlungsunfähigkeit vermieden werden, so bedarf es keiner Rangrücktrittsvereinbarung, da diese ohnehin keinen Einfluss auf die insolvenzrechtliche Fälligkeit der Forderung auszuüben vermag.

Als Instrumente zur Beseitigung der insolvenzrechtlichen Fälligkeit kommen insbesondere die Vereinbarung einer Stundung oder eines Stillhalteabkommens in Betracht. Darüber, dass eine Stundung die insolvenzrechtliche Fälligkeit der Forderung hindert, besteht Einigkeit.[410] Die Stundung bewirkt ein Hinausschieben der (auch zivilrechtlichen) Fälligkeit bei Bestehenbleiben der Erfüllbarkeit der Forderung.[411] Die Stundung kann sowohl bei der Begründung der Forderung als auch nachträglich als Schuldänderungsvertrag gemäß § 311 Abs. 1 BGB vereinbart werden. Wird sie bei der Begründung der Forderung verabredet, legen die Parteien damit eine Ausnahme von der üblichen Zug-um-Zug Leistungserbringung fest.[412]

Ein pactum de non petendo sieht die Regelung vor, dass der Gläubiger (vorübergehend) seine eigentlich fällige Forderung gerichtlich nicht geltend machen

---

409 AG Itzehoe ZIP 2014, 1038, 1039; *Bitter/Rauhut*, ZIP 2014, 1005, 1012; Scholz/*Bitter*, GmbHG, Vor § 64, Rn. 7; AG Mönchengladbach, Beschluss v. 25.07.2014, 45 IN 27/14.

410 BGHZ 173, 286, 291 = NZI 2007, 579, 580; HK-InsO/*Kirchhof*, § 17, Rn. 9; *Eilenberger* in MüKo InsO, § 17, Rn. 7; Schmidt/*Schröder*, InsO, § 17, Rn. 11; Uhlenbruck/*Mock*, InsO, § 17, Rn. 136; Jaeger/*Müller*, InsO, § 17, Rn. 8; KPB/*Pape*, InsO, § 17, Rn. 6; *Dittmer*, Die Feststellung der Zahlungsunfähigkeit, S. 72; laut FK-InsO/*Schmerbach*, § 17, Rn. 14 ist ein Insolvenzantrag, der auf eine gestundete Forderung gestützt ist bereits unzulässig.

411 *Krüger* in MüKo BGB, § 271, Rn. 21; Erman/*Schmidt-Räntsch*, BGB, § 205, Rn. 3; Staudinger/*Bittner* (2014), BGB, § 271, Rn. 17.

412 *Krüger* in MüKo BGB, § 271, Rn. 21.

darf.[413] Ob in dieser Vereinbarung ein Leistungsverweigerungsrecht des Gläubigers oder lediglich eine prozessuale Einrede liegt[414], ist für die Frage der insolvenzrechtlichen Fälligkeit unerheblich, da das pactum de non petendo nach der Rechtsprechung des BGH jedenfalls unter die Kategorie der „tatsächlichen Stundung“ fällt.[415] Eine Forderung, für die ein pactum de non petendo vereinbart wurde, ist folglich nicht in die Liquiditätsbilanz der Schuldnergesellschaft aufzunehmen.[416]

Ebenfalls möglich wäre, dass der Eintritt der Fälligkeit der Forderung vertraglich von einem bestimmten Ereignis abhängig gemacht wird, mithin, dass die Fälligkeit gemäß § 158 Abs. 1 BGB bedingt ist. Als bedingendes Ereignis könnte das Vorliegen eines Liquidationsüberschusses oder sonstigen freien Vermögens in Höhe der zu befriedigenden Forderung gewählt werden. Der Nachteil einer solchen Vereinbarung gegenüber einer Stundung oder einem pactum de non petendo liegt darin, dass der Eintritt der Bedingung tatsächlich ungewiss ist und die Fälligkeit daher nicht nur hinausgeschoben wird.

### 4. Ergebnis

Forderungen, die lediglich einem gesetzlichen oder vertraglichen Rangrücktritt gemäß § 39 Abs. 1 und/oder 2 InsO unterliegen, können dennoch insolvenzrechtlich fällig sein und müssen denn auch in die Liquiditätsbilanz aufgenommen werden. Soll dieses Ergebnis vermieden werden, müssen Gläubiger und Schuldnerin eine ergänzende materiellrechtliche Rechtsfolge vereinbaren, die dazu geeignet ist, die insolvenzrechtliche Fälligkeit zu vermeiden.

## III. Auswirkungen des Rangrücktritts auf die Zulässigkeit eines Insolvenzantrags

Gemäß § 13 Abs. 1 S. 1 InsO wird das Insolvenzverfahren nur auf schriftlichen Antrag hin eröffnet. Antragsberechtigt sind nach § 13 Abs. 1 S. 2 InsO sowohl der Schuldner als auch seine Gläubiger. Die Zulässigkeitsvoraussetzungen für

413 Staudinger/*Bittner* (2014), BGB, § 271, Rn. 18; vgl. zum pactum de non petendo bereits oben B.V.1.b).

414 Vgl. dazu Staudinger/*Peters/Jacoby* (2014), BGB, § 205, Rn. 15.

415 BGH NZI 2008, 231, 232; für den Fall, dass das pactum de non petendo (wie nach der Rechtsprechung des BGH) ein Leistungsverweigerungsrecht einräumt, ist eine Abgrenzung zur Stundung kaum noch möglich, vgl. *Wagner*, NJW 2001, 182, 186.

416 *Dittmer*, Die Feststellung der Zahlungsunfähigkeit, S. 75; FK-InsO/*Schmerbach*, § 17, Rn. 14; Schmidt/*Schröder*, InsO, § 17, Rn. 13b.

einen Antrag auf Insolvenzeröffnung durch einen Gläubiger sind in § 14 Abs. 1 S. 1 InsO aufgeführt.

### 1. Zulässigkeitsvoraussetzungen für die Stellung eines Insolvenzantrags

Gemäß § 14 Abs. 1 S. 1 InsO ist der Antrag auf Eröffnung des Insolvenzverfahrens durch einen Gläubiger zulässig, wenn er ein rechtliches Interesse an der Eröffnung des Insolvenzverfahrens hat und seine Forderung und den Insolvenzeröffnungsgrund glaubhaft macht.

Der gesetzliche oder vertragliche Nachrang einer Forderung kann gleichwohl Auswirkungen auf das rechtliche Interesse des Gläubigers an der Insolvenzeröffnung haben. Ob der Gläubiger seine Forderung und den Insolvenzgrund darüber hinaus glaubhaft machen kann, ist für die weitere Betrachtung dagegen nicht von Relevanz.

Der Regierungsbegründung für den Entwurf der InsO zufolge ist das rechtliche Interesse an der Stellung des Insolvenzantrags erforderlich, um sicherzustellen, dass der Gläubiger tatsächlich am Verfahren beteiligt sein wird und um überdies einem Missbrauch des Insolvenzantragsrechts entgegen zu wirken.[417] Macht ein Gläubiger allerdings einen Insolvenzeröffnungsgrund glaubhaft und steht ihm eine Forderung gegen den Schuldner zu, so ist auch das rechtliche Interesse für den Antrag regelmäßig indiziert.[418] Es kann hingegen ausnahmsweise fehlen, wenn die Position des Gläubigers durch die Stellung des Antrags weder rechtlich noch wirtschaftlich verbessert werden kann.[419] Das rechtliche Interesse soll beispielsweise entfallen, wenn einem Gläubiger ein Aussonderungsrecht zusteht, es sei denn, er hätte auf eine abgesonderte Befriedigung verzichtet oder sei bei ihr ausgefallen.[420]

### 2. Auswirkungen des insolvenzrechtlichen Nachrangs auf das rechtliche Interesse

Aufgrund der Tatsache, dass nachrangige Gläubiger in der Praxis regelmäßig keine Befriedigung ihrer Forderungen im Insolvenzverfahren erwarten können,

---

417 BT-Drs. 12/2443, S. 113.

418 BGH NJW-RR 2006, 1482, 1483; Braun/*Bußhardt*, InsO, § 14, Rn. 13; HK-InsO/*Kirchhof*, § 14, Rn. 27; Schmidt/*Linker*, InsO, § 14, Rn. 5.

419 *Schmahl/Vuia* in Müko InsO, § 14, Rn. 21; HK-InsO/*Kirchhof*, § 14, Rn. 27; FK-InsO/*Schmerbach*, § 14, Rn. 48.

420 BGH NJW 2008, 1380, 1381 = NZI 2008, 182, 183.

schließt sich die Frage an, ob sie schlechthin kein rechtliches Interesse an der Eröffnung des Insolvenzverfahrens haben.

### *a) Gesetzlicher Nachrang gemäß § 39 Abs. 1 Nr. 1–5 InsO*

Die Forderungen, die gemäß § 39 Abs. 1 Nr. 1 und 2 InsO dem gesetzlichen Nachrang unterliegen, können für sich genommen nicht die Antragsbefugnis beeinträchtigen. Hierbei handelt es sich lediglich um Nebenforderungen von Insolvenzgläubigern, die aber ohnehin bereits aufgrund ihrer Hauptforderung ein rechtliches Interesse an der Stellung eines Insolvenzantrages hätten. Außerdem entstehen die in § 39 Abs. 1 Nr. 1 und 2 InsO erwähnten Forderungen erst nach der Eröffnung des Insolvenzverfahrens und können folglich für die Antragsbefugnis nicht berücksichtigt werden.

In Bezug auf die Gläubiger der übrigen gemäß § 39 Abs. 1 Nr. 3–5 InsO nachrangigen Forderungen wird zum Teil vertreten, sie hätten aufgrund des Rechtsgedankens, der § 174 Abs. 3 InsO zugrunde liegt, kein rechtliches Interesse an der Stellung eines Insolvenzantrags, soweit sie nicht eine konkrete Aussicht auf Befriedigung hätten.[421] Die Regelung des § 174 Abs. 3 InsO sieht vor, dass im Rang zurücktretende Forderungen nur nach Aufforderung des Insolvenzgerichts angemeldet werden können. Die Anhänger dieser Ansicht gehen also davon aus, dass solche Gläubiger kein rechtliches Interesse an der Antragstellung haben können, die faktisch am späteren Verfahren nicht teilnehmen werden. Laut den Gegenstimmen liege der Zweck des § 174 Abs. 3 InsO jedoch darin, keine zusätzliche Belastung des Insolvenzverfahrens durch den Aufwand der Anmeldung herbeizuführen, wenn die Befriedigung der Forderungen ohnehin sehr unwahrscheinlich sei.[422] Er sage nicht gleichzeitig aus, dass die Eröffnung eines Insolvenzverfahrens nicht auf eine nachrangige Forderung gestützt werden könne.[423] Die Frage nach der Wahrscheinlichkeit der Befriedigung der Forderung könne daher keine Auswirkung auf das rechtliche Interesse an der Stellung eines Insolvenzantrags haben.[424] Dieser Ansicht folgend hat der BGH im Jahr 2010 ein

---

421 Jaeger/*Gerhardt*, InsO, § 14, Rn. 13; *Haas/Scholl*, ZInsO 2002, 645, 649 f.; Schmidt/*Linker*, InsO, § 14, Rn. 48.

422 BT-Drs. 12/2443, S. 184; Braun/*Specovius*, InsO, § 174, Rn. 33; Schmidt/*Preß/Henningsmeier*, InsO, § 174, Rn. 31.

423 BGH NZI 2011, 58, 58; *Gehrlein*, BB 2011, 1539, 1539.

424 So auch *Herzig*, FD-InsR 2010, 310701; *Gehrlein*, BB 2011, 1539, 1539; KPB/*Pape*, InsO, § 14, Rn. 99; Nerlich/Römermann/*Mönning*, InsO, § 14, Rn. 34; FK-InsO/*Schmerbach*, § 14, Rn. 83; *Schmahl/Vuia* in Müko InsO, § 14, Rn. 24; Braun/*Bußhardt*, InsO, § 14, Rn. 13.

rechtliches Interesse für die Stellung eines Insolvenzantrags bei einem Gesellschaftergläubiger, dessen Forderung gemäß § 39 Abs. 1 Nr. 5 InsO nachrangig ist, angenommen.[425] Da die nach § 39 Abs. 1 InsO nachrangigen Forderungen auch bei der Prüfung der Insolvenzeröffnungsgründe zu berücksichtigen seien, sei das rechtliche Interesse gegeben. Auf die tatsächliche Möglichkeit der Befriedigung der Forderung komme es nicht an, da selbst bei Unzulänglichkeit der Masse keine Beschränkung der Antragsbefugnis sonstiger Insolvenzgläubiger vorliege.[426]

Dieser Argumentation ist zuzustimmen. Die Regelung des § 174 Abs. 3 InsO kann nicht in Zusammenhang mit dem rechtlichen Interesse an der Stellung eines Insolvenzantrags gesehen werden. Einer der Zwecke des Insolvenzverfahrens ist schließlich insbesondere, die optimale Verwertung der verbleibenden Masse zu gewährleisten und eine möglichst gerechte Verteilung unter den Gläubigern zu erreichen.[427] Hierfür ist es notwendig, dass das Verfahren rechtzeitig eröffnet wird, was aber wiederum nur aufgrund eines Antrags des Schuldners oder eines Gläubigers möglich ist. Die Zulässigkeitsvoraussetzung des rechtlichen Interesses an der Antragstellung soll lediglich verhindern, dass der Antrag aus einem missbräuchlichen Zweck heraus gestellt wird und sicherstellen, dass der Gläubiger am eröffneten Verfahren tatsächlich teilnehmen wird. Gemäß § 39 InsO nachrangige Gläubiger nehmen gleichermaßen am Verfahren teil, da sie ebenso Insolvenzgläubiger sind. Daraus, dass der antragstellende Gläubiger mit seiner Forderung gemäß § 39 Abs. 1 InsO kraft Gesetzes im Rang hinter den übrigen Gläubigern zurücktritt, kann nicht gefolgert werden, dass er einen verfahrensfremden Zweck verfolgt.

### *b) Vertraglicher Rangrücktritt gemäß § 39 Abs. 2 InsO*

Im Falle der Vereinbarung eines freiwilligen Rangrücktritts liegt die Situation hingegen anders. Hier verzichtet der Gläubiger durch die Vereinbarung auf eine Befriedigung als „normaler“ Insolvenzgläubiger. Darüber hinaus wird mit dem Rangrücktritt häufig namentlich der Zweck verfolgt, dass die Forderung nicht in die Prüfung der Insolvenzeröffnungsgründe einbezogen wird.

In der Literatur wird teilweise vertreten, dass der vertragliche Rangrücktritt in Bezug auf die Antragsbefugnis nicht anders zu behandeln ist als der

425 BGH NZI 2011, 58, 58.

426 BGH NZI 2011, 58, 59.

427 BT-Drs. 12/2443, S. 77; *Stürner* in MüKo InsO, Einl., Rn. 1; FK-InsO/*Schmerbach*, vor §§ 1 ff., Rn. 30; HK-InsO/*Kirchhof*, § 1, Rn. 4; Schmidt/*A.Schmidt*, § 1, Rn. 17 f.; Jaeger/*Henckel*, InsO, § 1, Rn. 3 ff.

gesetzliche.[428] Andere sprechen dem Gläubiger eine Antragsbefugnis ab, sofern er einen „qualifizierten Rangrücktritt", also einen Rangrücktritt gemäß den Vorgaben des BGH[429], mit dem Schuldner vereinbart habe.[430] Nach wiederum anderer Ansicht solle auch im Falle eines „qualifizierten Rangrücktritts" eine Antragsbefugnis unbeschränkt bestehen.[431]

Dieses Meinungsbild lässt jedoch ebenfalls die notwendige Differenzierung zwischen insolvenzrechtlichem Rangrücktritt und „qualifiziertem Rangrücktritt" vermissen.[432] Während der „qualifizierte Rangrücktritt" neben dem Zurücktreten der Forderung im eröffneten Insolvenzverfahren eine zusätzliche materiellrechtliche Wirkung in der Zeit vor der Eröffnung des Verfahrens voraussetzt, beschränken sich die Rechtsfolgen des insolvenzrechtlichen Rangrücktritts auf das Insolvenzverfahren. Daher muss auch in Bezug auf die Frage nach dem rechtlichen Interesse an der Stellung eines Insolvenzantrags zwischen dem insolvenzrechtlichen Rangrücktritt im Sinne des § 39 Abs. 2 InsO und dem „qualifizierten Rangrücktritt" unterschieden werden.

Der insolvenzrechtliche Rangrücktritt hätte eine unmittelbare Auswirkung auf das Insolvenzantragsrecht, sofern er einen Verzicht auf dieses beinhaltet. Denkbar wäre ergänzend, dass eine Antragstellung aufgrund widersprüchlichen Verhaltens ausgeschlossen ist.

#### *aa) Verzicht auf das Antragsrecht*

*Guski* sieht in der „überschuldungsvermeidenden Nachrangerklärung nach § 39 Abs. 2 InsO" einen Verzicht auf die Antragsbefugnis.[433] Soweit der Rangrücktritt geeignet sei, die Überschuldung, also die materielle Insolvenz, zu vermeiden, solle auch ein Verzicht auf die formelle Auslösung des Verfahrens durch den Antrag vorliegen.[434] Dieses Argument könnte durch die Gründe des Urteils des BGH vom 23.09.2010 anhand eines Umkehrschlusses bestätigt werden. Darin wurde ausgeführt, dass nachrangige Forderungen bei der Prüfung der

---

428 *Schmahl/Vuia* in Müko InsO, § 14, Rn. 24; HK-InsO/*Kirchhof*, § 14, Rn. 29;

429 BGH NJW 2015, 1672 = NZI 2015, 315; BGHZ 146, 264 = NJW 2001, 1280; s. dazu bereits oben B.II.2.

430 Uhlenbruck/*Wegener*, InsO, § 14, Rn. 88; *Herzig*, FD-InsR 2010, 310701; KPB/*Pape*, InsO, § 14, Rn. 104; FK-InsO/*Schmerbach*, § 14, Rn. 84 (es sei denn, es besteht der Fall des § 15a Abs. 3 InsO).

431 *Gundlach/Müller*, ZInsO 2011, 84, 87; *Schmahl/Vuia* in Müko InsO, § 14, Rn. 24.

432 S. zu den Unterschieden zwischen beiden Arten des Rangrücktritts B.III.3.

433 *Guski*, WM 2011, 103, 107 f.

434 *Guski*, WM 2011, 103, 107 f.

Insolvenzgründe mit den übrigen Insolvenzforderungen gleichgestellt seien und daher auch bezüglich der Antragstellung keine Ungleichbehandlung erfolgen dürfe.[435] Daraus könnte geschlossen werden, dass die Antragsberechtigung des Gläubigers für seine Forderung entfällt, sofern diese nicht die gleiche Behandlung wie die übrigen Forderungen erfährt. Würde eine Forderung demnach nicht in den Überschuldungsstatus aufgenommen, so entfiele das rechtliche Interesse des betreffenden Gläubigers an der Stellung eines Insolvenzantrags.

Allerdings gälte diese Annahme ausschließlich in Bezug auf den Insolvenzeröffnungsgrund der Überschuldung. Bei der Prüfung der Zahlungsunfähigkeit sind gewillkürt nachrangige Forderungen ebenfalls zu berücksichtigen, soweit sie nur fällig sind. Dementsprechend könnte der nachrangige Gläubiger zwar einen Insolvenzantrag stellen, wenn Zahlungsunfähigkeit der Schuldnergesellschaft vorläge, nicht aber, wenn sie „nur" überschuldet wäre. Da die Überschuldung regelmäßig früher eintritt als die Zahlungsunfähigkeit würde so weiterhin verhindert, dass frühzeitig ein Insolvenzverfahren eröffnet werden kann. Das widerspricht hingegen dem Grundsatz, das Verfahren möglichst früh zu eröffnen.

Gegen einen konkludenten Verzicht des Gläubigers spricht überdies, dass er lediglich durch die Erklärung des Rangrücktritts nicht gleichzeitig gänzlich auf die Befriedigung der Forderung verzichten wollte. Insbesondere ein im Rang zurücktretender Gesellschafter, der Einblick in die Vermögenslage der Schuldnergesellschaft hat, könnte möglicherweise erkennen, ob bei frühzeitiger Antragstellung auch eine – zumindest teilweise – Befriedigung seiner Forderung realistisch erscheint. Ihm kann demnach nicht unterstellt werden, dass er auf diese ihm verbleibende Möglichkeit, zumindest theoretisch eine Befriedigung zu erlangen, verzichten wollte.

#### *bb) Widersprüchliches Verhalten*

Auch wenn der Gläubiger im Zweifel durch seinen Rangrücktritt nicht gleichzeitig den Verzicht auf die Insolvenzantragstellung erklären will, so könnte in seiner Antragstellung dennoch ein widersprüchliches Verhalten liegen. Im Gegensatz zum gesetzlichen Nachrang gemäß § 39 Abs. 1 InsO wird der Rangrücktritt freiwillig erklärt. In dem Verhalten des Gläubigers, einerseits mit seiner Forderung in der Insolvenz zurücktreten und andererseits in der Krise einen Insolvenzantrag stellen zu wollen, könnte ein Widerspruch liegen, welcher wiederum zu einem Wegfall des rechtlichen Interesses an der Antragstellung führen könnte. So soll das rechtliche Interesse beispielsweise in dem Fall nicht gegeben sein,

435 BGH NZI 2011, 58, 59.

dass Gläubiger und Schuldner vor der Stellung des Antrags eine Stundung oder Ratenzahlung vereinbart haben.[436] Die Stundung oder Ratenzahlung hat jedoch im Gegensatz zum insolvenzrechtlichen Rangrücktritt eine materiellrechtliche Rechtsfolge in Form eines Hinausschiebens der Fälligkeit der Forderung. Der insolvenzrechtliche Rangrücktritt entfaltet demgegenüber ausschließlich verfahrensrechtliche Wirkungen in der Form einer vom Normalfall abweichenden Verteilung im Insolvenzverfahren;[437] mit ihm geht daher keine Einschränkung der Durchsetzbarkeit der Forderung einher.

Hinzu kommt, dass die Prüfung des rechtlichen Interesses des Gläubigers an der Antragstellung die Inanspruchnahme des Insolvenzverfahrens zu missbräuchlichen Zwecken verhüten soll.[438] Dies betrifft insbesondere die Fälle, dass mittels der Antragstellung die Zahlung eines zahlungsfähigen, aber zahlungsunwilligen Schuldners erzwungen werden soll[439] oder dass mit ihr verfahrensfremde Absichten verfolgt werden.[440] Bei einem Gläubiger einer nachrangigen, aber fälligen Forderung, ist ein Missbrauch jedoch lediglich aufgrund der Tatsache, dass er mit seiner Forderung freiwillig im Verteilungsverfahren zurücktritt, nicht anzunehmen. Darüber hinaus widerspräche es dem vorrangigen Ziel, Insolvenzverfahren frühzeitig zu eröffnen[441], wenn einem Gesellschaftergläubiger, der unter Umständen einen umfassenden Einblick in die Vermögenslage der Schuldnergesellschaft hat, die Möglichkeit genommen würde, einen Antrag auf Insolvenzeröffnung zu stellen.

### 3. Auswirkungen der ergänzenden Vereinbarung einer materiellrechtlichen Rechtsfolge auf das rechtliche Interesse

Wie bereits mehrfach erläutert, verlangt der BGH für die Nichtpassivierung einer Forderung eines Gesellschafters, aber auch eines Dritten, einen „qualifizierten Rangrücktritt", der eine vorinsolvenzliche Wirkung entfaltet. Diese erforderliche Wirkung kann durch die Vereinbarung verschiedener rechtlicher Instrumente erreicht werden. Die Rechtsprechung belässt den Parteien die Wahl unter den verschiedenen Alternativen und schränkt sie so nicht in ihrer Privatautonomie ein, solange eine vorinsolvenzliche Durchsetzungssperre geschaffen wird.

436 *Schmahl/Vuia* in Müko InsO, § 14, Rn. 37; FK-InsO/*Schmerbach*, § 14, Rn. 62.
437 S. dazu näher oben B.V.2.a).
438 BT-Drs. 12/2443, S. 113.
439 KPB/*Pape*, InsO, § 14, Rn. 96.
440 KPB/*Pape*, InsO, § 14, Rn. 101.
441 BT-Drs. 12/2443, S. 112; Uhlenbruck/*Pape*, InsO, § 1, Rn. 8.

In Betracht kommt daher die Beschränkung der Geltendmachung der betreffenden Forderung mittels Vereinbarung einer Stundung, eines pactum de non petendo bzw. eines Stillhalteabkommens oder einer Bedingung in Bezug auf das Entstehen der Forderung. Wie sich die verschiedenen Möglichkeiten auf die Antragsfähigkeit des Gläubigers auswirken, wird im Folgenden dargestellt.

Das pactum de non petendo kann einerseits als prozessual wirkendes Stillhalteabkommen und andererseits als materiellrechtlich wirkende Einrede ausgestaltet sein.[442] Handelt es sich um eine materiellrechtlich wirkende Einrede, so muss sich der Schuldner auf sie berufen, um eine Wirkung nach außen hervorzurufen. Daher ist die Forderung, solange die Einrede nicht erhoben ist, unbeschränkt als Insolvenzforderung zu behandeln; ist sie aber erhoben, entfällt sogleich das rechtliche Interesse für die Stellung eines Insolvenzantrags.[443] Vereinzelt wird aus dem Bestehen der materiellen Einrede selbst bereits das Rechtsschutzinteresse für die Stellung des Insolvenzantrags verneint, selbst wenn der Schuldner sich noch nicht auf sie berufen hat.[444]

Sollte sich aus der Vereinbarung dagegen ergeben, dass die Forderung lediglich in ihrer prozessualen Durchsetzbarkeit gehemmt sein soll, so kann dies keine Auswirkung auf das Antragsrecht haben. Die materiellrechtliche Durchsetzbarkeit ist, dem insolvenzrechtlichen Nachrang ähnlich, in diesem Fall durch die Vereinbarung nicht beeinträchtigt. Da der Gläubiger die Forderung folglich außergerichtlich unbeschränkt einfordern kann, besteht keine Veranlassung, sein Insolvenzantragsrecht zu limitieren. In diesem Fall würde das pactum de non petendo allerdings schon keine materiellrechtlichen Rechtsfolgen auslösen und es wäre insgesamt fraglich, ob die Anforderungen an eine „vorinsolvenzliche Durchsetzungssperre" erfüllt wären.[445]

Haben die Parteien eine Stundung der Forderung vereinbart, so besteht die einhellige Meinung, dass der Gläubiger keinen Insolvenzantrag stellen kann.

---

442 *Krüger* in MüKo BGB, § 271, Rn. 18; Staudinger/*Bittner* (2014), BGB, § 271, Rn. 18; zu der Einordnung des prozessual wirkenden pactum de non petendo als „materiellrechtliche" Vereinbarung vgl. Fn. 121.

443 Jaeger/*Gerhardt*, InsO, § 14, Rn. 12; FK-InsO/*Schmerbach*, § 14, Rn. 62; Uhlenbruck/*Wegener*, InsO, § 14, Rn. 79.

444 Nerlich/Römermann/*Mönning*, InsO, § 14, Rn. 26; *Guski*, WM 2011, 103, 107; für den Fall der Verjährung: *Schmahl/Vuia* in Müko InsO, § 14, Rn. 25 und KPB/*Pape*, InsO, § 14, Rn. 106.

445 Vgl. dazu oben C.I.3.a)bb)(1).

Eine gestundete Forderung ist nicht fällig und der Gläubiger hat daher kein rechtliches Interesse an der Stellung eines Insolvenzantrags.[446]

Ist eine Forderung aufschiebend in ihrer Entstehung bedingt, so fehlt ebenfalls das rechtliche Interesse an der Antragstellung.[447] Schließlich wird die Entstehung des Anspruchs von einem Umstand abhängig gemacht, dessen Eintreten ungewiss ist, vgl. § 158 Abs. 1 BGB. Der Gläubiger kann dementsprechend seine Position nicht durch die Stellung des Insolvenzantrags verbessern, was jedoch Voraussetzung für das Vorliegen eines rechtlichen Interesses wäre.[448]

Allen diesen materiellrechtlich wirkenden Vereinbarungen ist gemein, dass sie entweder die Durchsetzbarkeit der Forderung, deren Fälligkeit oder gar deren Bestehen zumindest vorübergehend beseitigen. Der Gläubiger einer in dieser Weise in ihrer Durchsetzbarkeit beschränkten Forderung erlangt keinen Vorteil durch die Stellung eines Insolvenzantrags. Sein rechtliches Interesse ist daher regelmäßig zu verneinen. Allerdings muss für eine endgültige Entscheidung dieser Frage stets die jeweilige Formulierung der Vereinbarung daraufhin geprüft werden, ob sie das Ergebnis tatsächlich stützt.

### 4. Kongruenz zwischen Vermeidung eines Insolvenzeröffnungsgrundes und fehlender Antragsberechtigung des Gläubigers

Unabhängig davon, welche Vereinbarung die Parteien abgeschlossen haben – ob bloß einen insolvenzrechtlichen Rangrücktritt oder daneben eine materiellrechtliche Vereinbarung – bleibt noch das Problem zu klären, ob die Nichtberücksichtigung einer Forderung bei der Prüfung eines Insolvenzeröffnungsgrundes zum Wegfall des rechtlichen Interesses an der Antragstellung führen kann. Nach der hier vertretenen Ansicht wäre eine Nichtpassivierung in der Überschuldungsbilanz entsprechend dem Gesetzeswortlaut des § 19 Abs. 2 S. 2 InsO bereits mittels der Vereinbarung eines nur insolvenzrechtlichen Rangrücktritts möglich. Die Rechtsprechung setzt demgegenüber weiterhin das Vorliegen eines „qualifizierten Rangrücktritts" voraus.[449] Die Vermeidung der Zahlungsunfähigkeit durch

---

446 LG Braunschweig NJW 1961, 2316, 2316; AG Göttingen NZI 2001, 606, 606; FK-InsO/*Schmerbach*, § 14, Rn. 62; Uhlenbruck/*Uhlenbruck*, InsO, § 14, Rn. 44; *Schmahl/Vuia* in Müko InsO, § 14, Rn. 26.

447 *Schmahl/Vuia* in Müko InsO, § 14, Rn. 35; FK-InsO/*Schmerbach*, § 14, Rn. 62 (rechtliches Interesse kann im Einzelfall fehlen);

448 Schmidt/*Linker*, InsO, § 14, Rn. 45.

449 S. oben B.II.2.b)bb).

Nichtberücksichtigung einer Forderung in der Liquiditätsbilanz erfordert hingegen stets eine die Fälligkeit hindernde Vereinbarung.[450]

Wird nun mittels solcher Vereinbarungen der Eintritt eines Insolvenzeröffnungsgrundes zunächst vermieden, tritt er aber später aufgrund geänderter Umstände erneut ein, stellt sich die Frage, ob der Gläubiger, dessen Forderung bei der Prüfung der materiellen Insolvenz letztlich keine Berücksichtigung findet, den Antrag auf Eröffnung stellen kann. Darauf, ob seine Forderung eine Befriedigungsaussicht im Verfahren hat, kommt es danach nicht an.

Der betreffende Gläubiger erreicht durch die Vereinbarung mit der Schuldnergesellschaft, dass seine Forderung zumindest bei der Prüfung der Insolvenzeröffnungsgründe mit dem gezeichneten Kapital der Gesellschaft gleichgestellt ist. Auch das gezeichnete Kapital findet als Teil des Eigenkapitals der Gesellschaft bei der Überschuldungs- und Zahlungsunfähigkeitsprüfung keine Berücksichtigung.[451] Es stellt das Haftkapital der Gesellschaft dar und wird zwar von den Anteilseignern begeben, sie haben jedoch keinen Anspruch auf dessen Auszahlung, solange die Gesellschaft am Markt tätig ist.[452] Folglich sind die Anteilseigner keine Gläubiger der Gesellschaft in Bezug auf einen möglichen Anspruch auf Auszahlung des Überschusses, der nach der Abwicklung der Schuldnergesellschaft entstehen könnte.[453] Zwar haben die Gesellschafter ebenfalls gemäß § 15a Abs. 3 InsO die Pflicht und gemäß § 15 Abs. 1 S. 2 InsO das Recht, einen Insolvenzantrag zu stellen. Dies allerdings nur im Falle der Führungslosigkeit, wenn also kein Vertretungsorgan der Gesellschaft mehr vorhanden ist, dem diese Aufgabe üblicherweise gemäß §§ 15 Abs. 1 S. 1 und 15a Abs. 1 S. 1 InsO zukommen würde.[454] Die Antragspflicht folgt demnach ausschließlich aus der Stellung des Gesellschafters als Organ der Gesellschaft und nicht daraus, dass ein finanzieller Anspruch gegen die Gesellschaft besteht oder bestehen kann.

Das soll nicht bedeuten, dass eine vertraglich im Rang zurücktretende Forderung mit dem Stamm- oder Grundkapital der Schuldnergesellschaft gleichzustellen ist. Sie ist jedoch in der Situation der Prüfung der insolvenzrechtlichen Überschuldung in seiner Wirkung mit dem gezeichneten Kapital vergleichbar, ohne gleichzeitig auch den für das Stamm- oder Grundkapital geltenden Beschränkungen zu unterliegen. Die zwischen Gläubiger und Schuldner getroffene Vereinbarung bewirkt, dass zwar durch die Begebung des Darlehens oder der

---

450 S. oben C.II.3.

451 A/G/R-*Kadenbach*, InsO, § 19, Rn. 39.

452 Vgl. für das Stammkapital der GmbH nur die Normen der §§ 19, 30 GmbHG.

453 Vgl. § 199 S. 2 InsO.

454 Vgl. FK-InsO/*Schmerbach*, § 15, Rn. 41 ff.

vergleichbaren Rechtshandlung ein Liquiditätszufluss stattfindet, die diesem gegenüberstehende Forderung in der Prüfung des Insolvenzeröffnungsgrundes jedoch keine Berücksichtigung findet. Diese Betrachtung entspricht der des gezeichneten Kapitals, das – sofern es noch vorhanden ist – als Kassenbestand oder in Form einer Finanzanlage auf der Aktivseite der Überschuldungsbilanz auftaucht, aber nicht auf der Passivseite auszuweisen ist. Daher ist der die Insolvenzeröffnungsgründe vermeidende Gläubiger bei deren Prüfung ebenfalls nicht als Gläubiger anzusehen. Das führt wiederum dazu, dass ihm die gemäß § 13 Abs. 1 S. 2 InsO notwendige Gläubigereigenschaft nicht zukommt und er folglich nicht zu der Stellung eines Insolvenzantrags gegen die Schuldnergesellschaft berechtigt ist.

## 5. Ergebnis

Weder ein gesetzlicher Rangrücktritt noch ein vertraglich vereinbarter insolvenzrechtlicher Rangrücktritt gemäß § 39 Abs. 2 InsO führen zwangsläufig dazu, dass der Gläubiger ein rechtliches Interesse an der Insolvenzantragstellung verliert. Wird ein Rangrücktritt allerdings mit dem Ziel und der tatsächlichen Wirkung vereinbart, die Insolvenzeröffnungsgründe der Überschuldung und der Zahlungsunfähigkeit zu verhindern, so verliert der Inhaber der Forderung insoweit seine Gläubigereigenschaft und ist dementsprechend nicht dazu berechtigt, einen Insolvenzantrag zu stellen.

# D. Reichweite des Rangrücktritts

Im eröffneten Insolvenzverfahren tritt die Rechtsfolge des § 39 Abs. 1 bzw. 2 InsO ein. Die gewillkürt nachrangigen Forderungen werden mithin erst berücksichtigt, nachdem alle ihnen im Rang vorgehenden Insolvenzgläubiger vollständige Befriedigung erlangt haben. Welche Rechtsfolgen der vertraglich vereinbarte Rangrücktritt darüber hinaus hat und insbesondere, wie er sich auf Nebenforderungen und sonstige Rechte auswirken kann, gilt es zu erörtern.

## I. Erstreckung des Rangrücktritts auf Zinsansprüche

Im Insolvenzverfahren geht es nicht nur um die Befriedigung der Hauptleistungspflichten, darüber hinaus können Nebenforderungen von Bedeutung sein. Eine wichtige Art der Nebenforderungen sind gesetzliche und vertragliche Zinsen.

Einerseits sind Darlehensverträge regelmäßig mit einer Zinsabrede verbunden, die als Vergütung für die Überlassung des Darlehens vereinbart wird.[455] Diese Zinsen finden ihre Anspruchsgrundlage ausschließlich im Darlehensvertrag. Andererseits können gleichermaßen Ansprüche auf Zahlung gesetzlicher Zinsen bestehen, wie beispielsweise im Falle des Verzugs gemäß § 288 BGB. Zu klären gilt, ob beiden Zinsarten jeweils ebenfalls entsprechend der Hauptforderung dem gesetzlichen oder vereinbarten Nachrang unterliegen.

### 1. Zinsbegriff

Einen einheitlichen Zinsbegriff lässt das Gesetz zwar vermissen[456], nach inzwischen herrschender Meinung sind Zinsen im Rechtssinne aber als feste oder veränderliche, laufzeitabhängige Vergütung für die Möglichkeit der Kapitalnutzung zu verstehen.[457] Die ältere Rechtsprechung setzte noch voraus, dass tatsächlich ein Kapitalgebrauch stattfindet.[458] Inzwischen hat der BGH jedoch ebenfalls anerkannt, dass die bloße Möglichkeit der Kapitalnutzung ausreicht.[459] Im Fall

455 Vgl. *Berger* in MüKo BGB, § 488, Rn. 153 ff.

456 *Grundmann* in MüKo, BGB, § 256, Rn. 3.

457 BGHZ 80, 153, 166 = NJW 1981, 1206, 1207; *Canaris*, NJW 1978, 1891, 1891 ff.; Staudinger/*Freitag* (2011), BGB, § 488, Rn. 180; *Berger* in MüKo BGB, § 488, Rn. 154.

458 RGZ 53, 294, 297; BGH NJW 1979, 805, 806.

459 BGH NJW 1998, 2060, 2061.

gesetzlicher Zinsen, wie der Verzugszinsen gemäß § 288 BGB oder der Deliktszinsen gemäß § 849 BGB, kann das Merkmal des Kapitalgebrauchs durch das der Kapitalentbehrung ersetzt werden.[460] Folglich fallen sowohl gesetzliche als auch vertraglich vereinbarte Zinsen unter die Definition der Zinsen im Rechtssinne.

Nicht umfasst sind dagegen Miet- oder Pacht„zinsen", da sie keine Vergütung für den Kapitalgebrauch darstellen und nur aufgrund des allgemeinen Sprachgebrauchs als „Zinsen" bezeichnet werden.[461]

## 2. Teilnahme am Schicksal der Hauptforderung

In Betracht kommt, dass der Zinsanspruch das Schicksal der Hauptforderung hinsichtlich des Nachrangs unwillkürlich teilt und folglich denselben Rang wie sie einnimmt. Zur Klärung dieser Annahme könnte erneut ein Vergleich mit der Behandlung von Gesellschafterdarlehen nach altem Eigenkapitalersatzrecht angestrengt werden. Während der Geltung dieses Regelungsgefüges war anerkannt, dass die Zinsansprüche zu einem Gesellschafterdarlehen ebenso einer Auszahlungssperre unterliegen wie der Darlehensrückzahlungsanspruch.[462] Begründet wurde diese Beschränkung sowohl mit dem Zweck des Eigenkapitalersatzrechts, wonach eigenkapitalersetzende Darlehen wie unverzinsliches Eigenkapital zu behandeln seien, aber auch mit der Natur der Zinsansprüche als Nebenforderung, die das Schicksal der Hauptforderung zu teilen hätten.[463] Zwar ist die vormals geltende Rückzahlungssperre nicht mit dem Nachrang gleichzusetzen, beide rechtlichen Instrumente verfolgen jedoch den gleichen Zweck, indem die Erhöhung der Befriedigungsaussichten der nicht nachrangigen Insolvenzgläubiger angestrebt wird.

Dementsprechend vertreten einige Stimmen gleichermaßen eine korrespondierende Ansicht für die derzeit geltende Rechtslage in Bezug auf Gesellschafterdarlehensforderungen, die gemäß § 39 Abs. 1 Nr. 5 InsO nachrangig sind.[464] Hiernach unterlägen die Forderungen auf Zahlung der Darlehenszinsen, aber

460 Jaeger/*Henckel*, InsO, § 39, Rn. 10.

461 Erman/*Schaub*, BGB, § 246, Rn. 6; Jaeger/*Henckel*, InsO, § 39, Rn. 10.

462 BGH NZI 2005, 283, 284; BGHZ 109, 55, 66 = NJW 1990, 516, 518; *Mylich*, ZGR 2009, 474, 482 f.

463 *Mylich*, ZGR 2009, 474, 482 f.

464 Henssler/Strohn/*Servatius*, HGB, Anhang, Rn. 147: „*Der Gesellschafter kann daher in der Insolvenz gemäß § 39 Abs. 1 Nr. 5 InsO seine Zinsansprüche ebenfalls nur nachrangig geltend machen.*"; *Gehrlein* in Gehrlein/Ekkenga/Simon, GmbHG, Vor § 64, Rn. 125: „*In Konsequenz der gesetzlichen Regelung dürfte der Nachrang unabhängig von einer Stundung auch für aus einem Darlehen abgeleitete Zinsansprüche gelten.*"

auch etwaiger gesetzlicher Zinsen dem Nachrang bereits gemäß § 39 Abs. 1 Nr. 5 InsO. Allerdings entspricht diese Interpretation nicht dem Wortlaut der Norm, gemäß der „Forderungen auf Rückgewähr eines Gesellschafterdarlehens“ im Rang zurücktreten. Damit sind nicht desgleichen sämtliche Ansprüche erfasst, die mittelbar aus der Gewährung eines Gesellschafterdarlehens folgen. Ferner findet sich in § 39 Abs. 3 InsO eine Regelung zu den Zinsen der Forderungen nachrangiger Gläubiger. Dieser Bestimmung bedürfte es nicht, wenn die Zinsen ohnehin das Schicksal der korrespondierenden Hauptforderung teilten. Eine eigenständige Erfassung der Zinsforderung von gesetzlichem oder auch vertraglichem Nachrang ist daher abzulehnen. Allerdings ist der Anwendungsbereich der Norm des § 39 Abs. 3 InsO in Hinblick auf die verschiedenen Zinsarten näher zu bestimmen.

### 3. Anwendungsbereich des § 39 Abs. 3 InsO

#### *a) Meinungsstand*

Gemäß § 39 Abs. 3 InsO haben die Zinsen der Forderungen nachrangiger Insolvenzgläubiger den gleichen Rang wie die Forderungen dieser Gläubiger. Der Wortlaut der Regelung lässt einigen Interpretationsspielraum offen. So wird einerseits die Ansicht vertreten, es handele sich hierbei um eine der Vorschrift des § 39 Abs. 1 Nr. 1 InsO entsprechende Regelung, allerdings für nachrangige Insolvenzgläubiger.[465] Demnach würde nur der Fortlauf der während des Insolvenzverfahrens bereits bestehenden Zinsansprüche sowie erst nach der Eröffnung des Verfahrens entstandene Zinsansprüche erfasst.[466] Sämtliche vor Eröffnung des Insolvenzverfahrens aufgelaufenen Zinsen wären nach dieser Ansicht folgerichtig als „normale“ Insolvenzforderungen nach § 38 InsO zu behandeln. Die Regelung des § 39 Abs. 1 Nr. 1 InsO bestimmt allerdings ausdrücklich für die „seit der Eröffnung des Insolvenzverfahrens laufenden Zinsen“ einen anderen Rang als den der Hauptforderung, die unter § 38 InsO fällt. Eine entsprechende eindeutige Zeitbestimmung fehlt allerdings im Wortlaut des § 39 Abs. 3 InsO. Argument für einen Gleichlauf der Regelungen in Hinblick auf die erfassten Zinsen könnte gleichwohl die Systematik des Abs. 3 sein. Es wird eine gemeinsame Regelung für den Nachrang der Zinsen und der Kosten, die den nachrangigen Gläubigern im Insolvenzverfahren entstehen, getroffen. Die Kosten können

---

465 Bork/Schäfer/*Thiessen*, GmbHG, Anhang zu § 30, Rn. 10; lediglich auf die Problematik hinweisend: Scholz/*Bitter*, GmbHG, Anh. § 64, Rn. 111.

466 Bork/Schäfer/*Thiessen*, GmbHG, Anhang zu § 30, Rn. 10.

jedoch denknotwendig erst nach der Eröffnung des Verfahrens anfallen. Zinsen können dagegen zwar schon im Vorhinein auflaufen. Die gemeinsame Erfassung beider Posten könnte aber dafür sprechen, dass für ihre Ermittlung nur die Zeit nach der Eröffnung des Insolvenzverfahrens berücksichtigt werden soll.

Nach anderer Ansicht sollen gemäß § 39 Abs. 3 InsO sämtliche Zinsen, also auch die schon vor der Eröffnung des Insolvenzverfahrens laufenden, vom Rangrücktritt der Hauptforderung mit erfasst sein.[467]

### *b) Eigene Stellungnahme*

Vor allem aus praktischen Erwägungen heraus ist der Annahme zu folgen, dass bereits vor Eröffnung des Insolvenzverfahrens laufende Zinsansprüche den Rang der ihnen korrespondierenden Hauptforderung teilen und § 39 Abs. 3 InsO in diese Richtung auszulegen ist. Nach dem Willen des Gesetzgebers sollte die Vorschrift des § 39 Abs. 3 InsO der Regelung des § 227 InsO zum Nachlasskonkurs entsprechen.[468] Gemäß § 227 KO war ausdrücklich vorgesehen, dass die bis zur Eröffnung des Verfahrens aufgelaufenen und die seit der Eröffnung laufenden Zinsen den Rang der Hauptforderung teilen. Dass der Gesetzgeber eine Verselbstständigung der Zinsen für nachrangige Hauptforderungen ermöglichen wollte, ist sehr unwahrscheinlich; vor allem vor dem Hintergrund, dass die Berechnung ein zusätzliches Erschwernis bedeuten würde. Dem Gesetz lässt sich überdies kein Argument entnehmen, das für eine abweichende Behandlung von Zinsen in Bezug auf den Nachrang sprechen würde.

Folglich sind nach der Regelung des § 39 Abs. 3 InsO sowohl die bis zur Eröffnung des Insolvenzverfahrens angelaufenen als auch die nach der Eröffnung des Verfahrens laufenden Zinsen nur im Rang der jeweils korrespondierenden Hauptforderung zu berücksichtigen.

## 4. Folgen für die Rangrücktrittsvereinbarung

Sollte die Rangrücktrittsvereinbarung keine ausdrückliche Regelung bezüglich der Zinsen enthalten, so kommt im Falle der Insolvenzeröffnung die Regelung des § 39 Abs. 3 InsO zur Anwendung. Aufgrund der uneinheitlichen Interpretation dieser Norm ist jedoch zu empfehlen, die Vereinbarung zusätzlich auf die Zinsen zu erstrecken, um auf diese Weise etwaige Unsicherheiten zu vermeiden.[469]

---

467 Ulmer/*Habersack*, GmbHG, Anh. § 30, Rn. 110.

468 BT-Drs. 12/2443, S. 123 f.

469 So im Ergebnis auch *Kiethe*, DStR 2006, 1763, 1768; *Obermüller*, Insolvenzrecht, Rn. 1.1351.

Aus dem Urteil des BGH vom 05.03.2015 könnten allerdings neue Probleme hinsichtlich der Beurteilung von Zinsen für nachrangige Forderungen folgen. In den Urteilsgründen stellt der BGH lediglich fest, dass der vereinbarte Nachrang gemäß § 39 Abs. 3 InsO auch die Zinsen und sonstigen Nebenforderungen erfasst.[470] Dabei setzt er zugleich voraus, dass der Rangrücktritt eine vorinsolvenzliche Wirkung haben muss, falls die Nichtpassivierung der Forderung in der Überschuldungsbilanz gewünscht ist. Diese Wirkung wird indes nicht vom Rangrücktritt gemäß § 39 Abs. 2 InsO getrennt gesehen, sondern der BGH erwähnt durchgängig nur einen einheitlichen vertraglichen Rangrücktritt.[471] Damit stellt sich die Frage, ob der IX. Zivilsenat davon ausgeht, dass die Regelung des § 39 Abs. 3 InsO zur Folge hat, dass sich die vorinsolvenzliche Wirkung des Rangrücktritts – soweit eine solche für die Hauptforderung vereinbart wurde – stets zugleich auf die Zinsen erstreckt. Aus dem nämlichen Urteil lässt sich dieser Schluss zwar nicht unmittelbar ziehen, da die dem Sachverhalt zugrunde liegende Rangrücktrittsvereinbarung ausdrücklich eine vorinsolvenzliche Wirkung gleichermaßen für die Hauptforderung und den Zinsanspruch anordnete.[472] Mittelbar könnte dem IX. Senat eine solche Interpretation jedoch unterstellt werden, da er bei der Berufung auf die Regelung des § 39 Abs. 3 InsO insbesondere nicht darauf eingeht, dass diese Vorschrift erst nach der Eröffnung des Insolvenzverfahrens zur Anwendung kommen kann. Hinzu kommt, dass unter derselben Randnummer die Voraussetzungen des „qualifizierten Rangrücktritts" erläutert werden, unter denen insbesondere die vorinsolvenzliche Wirkung zu finden ist.[473] Sollte der BGH tatsächlich die Auffassung vertreten, dass, bei Nichtvorliegen einer expliziten Regelung über die Zinsansprüche in der Rangrücktrittsvereinbarung, diese gemäß § 39 Abs. 3 InsO denselben Beschränkungen wie die Hauptforderung unterliegen, so hätte das weitreichende Folgen. Die Zinsen dienen schließlich meist dazu, das erhöhte Risiko, welches der Gläubiger der Hauptforderung durch seinen Rangrücktritt eingeht, zu vergüten.[474] Unterläge der Anspruch auf Zinszahlung aber kraft der Regelung des § 39 Abs. 3 InsO beispielsweise der Beschränkung, dass er nur bei Vorliegen eines Bilanzgewinns befriedigt werden dürfte, wäre das Risiko für den Gläubiger gänzlich unkalkulierbar. Dies insbesondere auch, da das Vertretungsorgan des Schuldners

470 BGH NJW 2015, 1672, 1673 = NZI 2015, 315, 316.

471 Vgl z.B. BGH NJW 2015, 1672, 1674 f., Rn. 25, 27, 29, 30.

472 BGH NJW 2015, 1672, 1672 = NZI 2015, 315, 315.

473 BGH NJW 2015, 1672, 1673 = NZI 2015, 315, 316.

474 *Poelzig*, WM 2014, 917, 917; *Kiethe*, DStR 2006, 1763, 1764.

aufgrund seiner eigenen Haftungsrisiken[475] nicht leichtfertig von einem für die Befriedigung erforderlichen Bilanzgewinn ausgehen würde. Damit wäre ein überschuldungsvermeidender Rangrücktritt als Sanierungsinstrument nahezu vollkommen uninteressant, da sich kaum ein Gläubiger finden dürfte, der bereit wäre, neben dem möglichen Ausfall der Forderung zusätzlich einen Ausfall der Zinszahlungen hinzunehmen.

## II. Erstreckung des Rangrücktritts auf etwaige Sekundäransprüche

Neben der Erstreckung des Rangrücktritts auf Zinsansprüche kommt die Erfassung von möglichen aus dem Vertrag unmittelbar oder mittelbar folgenden Sekundäransprüchen in Betracht. In dieser Hinsicht relevante Sekundäransprüche sind vertragliche oder gesetzliche Schadensersatzansprüche und bereicherungsrechtliche Ansprüche, die nach erfolgter Anfechtung an die Stelle des Vertragsanspruchs treten können.

### 1. Vertragliche Schadensersatzansprüche

Entstehen durch eine Pflichtverletzung vertragliche Schadensersatzansprüche, liegt die Annahme nahe, dass diese ebenfalls von der Rangrücktrittsvereinbarung erfasst werden und damit in der Insolvenz des Schuldners nachrangig zu befriedigen sind. Dafür spräche vor allem, dass der Gläubiger sich bereits mit seiner nachrangigen Befriedigung einverstanden erklärt hat und daher nicht erwarten kann, beispielsweise mit einem Anspruch auf einen möglichen Verzögerungsschaden als Insolvenzgläubiger gemäß § 38 InsO zu gelten, während die Hauptforderung dem Nachrang unterliegt. Allerdings wird diese Annahme nicht unmittelbar durch das Gesetz unterstützt. Gemäß § 39 Abs. 2 InsO treten „*Forderungen* (Hervorhebung durch Verf.), für die zwischen Gläubiger und Schuldner der Nachrang im Insolvenzverfahren vereinbart worden ist“ hinter diejenigen der übrigen Gläubiger zurück. Die Forderung stellt nach dem zugrundezulegenden Verständnis des § 241 Abs. 1 BGB „den schuldrechtlichen Anspruch, von einem anderen ein Tun oder Unterlassen verlangen zu können“ dar.[476] Demnach ist von dem Begriff der Forderung nur ein konkreter schuldrechtlicher Anspruch erfasst und nicht sämtliche, auch möglicherweise erst zukünftig entstehende

475 Vgl. nur § 64 S. 1 GmbHG.

476 Staudinger/*Olzen* (2015), BGB, § 241, Rn. 113; s. auch *Bachmann* in MüKo BGB, § 241, Rn. 10 ff.

Ansprüche aus einem bestimmten Schuldverhältnis. Der unwillkürliche Übergang des Nachrangs auf einen Sekundäranspruch könnte allenfalls bei Surrogationsansprüchen in Betracht kommen, die aufgrund des Wegfalls der primären Leistungspflichten entstehen. Ein Ausschluss der Leistungspflicht des Darlehensgebers oder Genussrechtserwerbers gemäß § 275 Abs. 1 bis 3 BGB ist jedoch allenfalls ein theoretisches Problem und dürfte für die Praxis kaum relevant sein. Von dem vertraglich vereinbarten Nachrang werden folglich ausschließlich solche Forderungen erfasst, die explizit in der jeweiligen Klausel benannt sind. Die entgegenstehende Ansicht befürwortet hingegen die Erfassung des gesamten Forderungsbestands von dem Nachrang, sofern die Vereinbarung selbst keine Regelung zu dieser Frage enthält.[477] Möglich ist ebenfalls, dass sich eine Erstreckung auf weitere aus dem betreffenden Schuldverhältnis folgende Forderungen durch Auslegung des Vertrages nach den Grundsätzen des § 157 BGB ergibt.[478] Zwar kann bei jedem individuell vereinbarten Vertrag die Auslegung in eine andere Richtung gehen, womit eine generalisierte Aussage erschwert wird. In der Praxis der Rangrücktrittsvereinbarungen kommen aber im Wesentlichen zwei Arten von Vereinbarungen vor, die nach ihrer jeweiligen Zielrichtung untersucht werden können.

### *a) Genussrechte*

Zum einen wird der Nachrang regelmäßig bei der Ausgabe von Genussrechten vereinbart, um eine Bilanzierung des Genussrechtskapitals als Eigenkapital zu ermöglichen.[479] In den der Ausgabe zugrundeliegenden Genussrechtsbedingungen ist der Nachrang häufig dergestalt vorgesehen, dass die Ansprüche bzw. die Forderungen aus den Genussrechten hinter die Ansprüche der übrigen Gläubiger zurücktreten.[480] Diese Formulierung beschränkt sich mithin nicht auf die Bestimmung des Nachrangs für die Hauptleistungspflichten, wie die

---

477 Uhlenbruck/*Mock*, InsO, § 19, Rn. 232.

478 Für eine Auslegung ist auch *Freitag*, WuB VI A. § 39 InsO 1.07.

479 S. dazu oben B.IV.

480 Vgl. die folgenden allgemein zugänglichen Genussrechtsbedingungen: RwEiG München § 9 (http://rewig.info/wp-content/uploads/2010/11/Genussrechtsbedingungen.pdf), Solarplus Dortmund § 9 (http://www.solarplus-dortmund.de/pdf/produkte/geldanlage/genussrechtsbedingungen_Deponie.pdf), german pellets Genussrechte GmbH § 9 (http://www.german-pellets-genussrechte.de/fileadmin/PDF/Genuss rechtsbedingungen.pdf) PROKON Regenerative Energien GmbH § 10 (http://www.anleihen-finder.de/wp-content/uploads/2012/12/Prokon-Genusrechtsbeding ungen-2012-12-04.pdf) (30.05.2015).

Rückzahlung des Genussrechtskapitals oder die Gewinnbeteiligung, sondern sie bezieht sämtliche möglicherweise aus den Genussrechten folgende Ansprüche mit ein. Das Entstehen vertraglicher Schadensersatzansprüche bei Verletzung des Genussrechtsvertrags kann seit der Klöckner-Entscheidung des BGH im Übrigen durchaus als relevant für Praxis angesehen werden. In diesem Urteil hat der BGH die Ansicht vertreten, dass sich ein Schadensersatzanspruch zumindest für Genussrechtsinhaber mit Verlustteilnahme, und damit ebenfalls bei Vereinbarung des Nachrangs der Forderungen,[481] aufgrund pflichtwidriger Geschäftsführung ergeben kann.[482]

Um eine mögliche Behandlung als Eigenkapital nicht zu gefährden, soll einer Meinung zufolge die Nachrangabrede im Zweifel überdies sämtliche Sekundäransprüche umfassen.[483] Nach den Grundsätzen des § 157 BGB kann dem allerdings nur gefolgt werden, wenn diese Umstände dem anderen Teil, also hier dem Erwerber des Genussrechts, bekannt waren oder er sie zumindest erkennen konnte.[484] Der verständige Genussrechtserwerber wird aus der dargestellten Formulierung der Rangrücktrittsklausel regelmäßig folgern können, dass er grundsätzlich in der Insolvenz mit vertraglichen Ansprüchen – seien es Primär- oder Sekundäransprüche – nicht als Insolvenzgläubiger gemäß § 38 InsO Berücksichtigung finden wird. Daher sind für den Fall der abstrakten Rangrücktrittsklausel in der Weise, dass die Ansprüche oder Forderungen aus den Genussrechten vom Nachrang erfasst werden, auch die vertraglichen Sekundäransprüche in der Insolvenz nachrangig zu befriedigen.

### *b) Darlehensverträge*

Zum anderen werden Rangrücktritte in Darlehensverträgen vereinbart, um beispielsweise eine Sanierung zu ermöglichen. Hier liegt die Situation allerdings anders als im Fall der Genussrechte. In Darlehensverträgen ist es üblich, die zurücktretenden Forderungen in der Nachrangklausel konkret zu benennen[485] und nicht sämtliche aus dem Darlehen folgende Ansprüche einzubeziehen. Demzufolge kann selbst im Wege der ergänzenden Vertragsauslegung kaum das Ergebnis erzielt werden, dass neben den genannten Ansprüchen sämtliche

---

481 *Habersack* in MüKo AktG, § 221, Rn. 111.

482 BGHZ 119, 305, 328 f. = NJW 1993, 57, 63; zustimmend auch *Habersack* in MüKo AktG, § 221, Rn. 273.

483 *Habersack* in MüKo AktG, § 221, Rn. 112.

484 Erman/*Armbrüster*, BGB, § 157, Rn. 5.

485 *Ruegenberg* in Formularbuch GmbH-Recht, K. II.

Sekundäransprüche ebenfalls dem Nachrang unterliegen sollen. Anders verhält es sich natürlich wiederum, wenn ausnahmsweise, wie bei den oben behandelten Genussrechtsbedingungen, eine lediglich abstrakte Bezeichnung der Ansprüche gewählt wird. Bei Darlehensverträgen muss daher stets die jeweilige Formulierung eingehend geprüft werden, um die Reichweite des Rangrücktritts feststellen zu können.

## 2. Außervertragliche Schadensersatzansprüche

Insbesondere in Hinblick auf Genussrechte wird vermehrt vertreten, dass sich die in den Genussrechtsbedingungen enthaltene Nachrangabrede nicht auf Schadensersatzansprüche erstrecken soll, die ihre Grundlage in einer dem Vertragsschluss vorgelagerten fehlerhaften Aufklärung oder gar einer Täuschung haben.[486] Mögliche Anspruchsgrundlagen sind in einem solchen Fall vor allem die Prospekthaftung gemäß §§ 21 ff. WpPG und § 20 VermAnlG sowie die Vorschriften über die unerlaubte Handlung nach §§ 823 ff. BGB. Die Nichtanwendung der Rangrücktrittsklausel wird dabei in erster Linie damit begründet, dass die Täuschung oder der Aufklärungsmangel dem Vertragsschluss vorausgehe und der Vertrag demnach an sich schon Teil des erlittenen Schadens sei.[487] Aufgrund des Prinzips der Eigenständigkeit der Anspruchsgrundlagen[488], ist zuvor zwischen vertraglichen und außervertraglichen Ansprüchen zu unterscheiden. Während vertragliche Ansprüche aufgrund der Formulierung des Vertrages oder der Genussrechtsbedingungen in den Rangrücktritt einbezogen sein können, ist diese Annahme für außervertragliche Ansprüche gesondert begründungsbedürftig. Entscheidend für die Einbeziehung in die Rangrücktrittsklausel – beispielsweise eines Prospekthaftungsanspruchs – ist nicht, wann und aufgrund welcher pflichtwidrigen Handlung er entstanden ist, sondern ob der Vertrag überhaupt eine Einbeziehung vorsieht oder ermöglicht.

Treten gemäß den Genussrechtsbedingungen die Ansprüche aus den Genussrechten hinter die Ansprüche anderer Gläubiger zurück, so ist zu fragen, ob es sich bei einem außervertraglichen Schadensersatzanspruch um einen Anspruch aus einem Genussrecht handeln kann. Das ist zu verneinen. Der außervertragliche Schadensersatz hat seine Grundlage nicht in dem Vertrag und damit in dem darin vermittelten Genussrecht, sondern in einer Handlung, die zwar mit

---

486 OLG Bamberg WM 2006, 2093, 2093 ff.; *Mock*, NZI 2014, 102, 104; Uhlenbruck/*Mock*, InsO, § 19, Rn. 233.

487 OLG Bamberg WM 2006, 2093, 2094.

488 *Bachmann* in MüKo BGB, § 241, Rn. 42.

dem Vertragsschluss verknüpft ist, aber einem selbstständigen Haftungssystem unterliegt. Daher kommt es desgleichen nicht darauf an, ob der Vertrag beziehungsweise die darin enthaltene Nachrangklausel selbst als Schaden angesehen werden kann – was ohnehin bei einer Prospektpflichtverletzung regelmäßig der Fall sein wird –, sondern ob die Vertragsparteien sämtliche, auch außervertragliche Schadensersatzansprüche dem Nachrang unterfallen lassen wollten. Laut *Freitag* ist dieses Erfordernis im Fall von Genussrechten gewöhnlich erfüllt, da sie regelmäßig dem Eigenkapital angenähert werden sollen und die Entscheidung der Genussrechtsinhaber damit bewusst die Subordination aller Ansprüche umfasst.[489] Die Annäherung an das Eigenkapital wird jedoch grundsätzlich nur von der das Genussrecht ausgebenden Partei als Ziel verfolgt. Darüber hinaus ist zweifelhaft, ob sich jeder Genussrechtserwerber dieses Ziels bewusst ist. Folglich kann dieses Argument nicht verwendet werden, um einen Willen der Vertragsparteien zu fingieren. Des Weiteren unterliegen selbst Aktionäre keiner Beschränkung hinsichtlich der Geltendmachung von Prospekthaftungsansprüchen gegen die ausgebende Gesellschaft, da der Anlegerschutz Vorrang vor dem Kapitalerhaltungsgrundsatz genießt.[490] Zwar handelt es sich hierbei lediglich um Ansprüche aus dem Bereich des Anlegerschutzes, zumindest bei Genussrechten dürfte aber kaum eine andere Rechtsgrundlage für außervertragliche Schadensersatzansprüche denkbar sein. Die Gegenansicht befürwortet zwar, dass die Ansprüche der Aktionäre wenigstens für den Fall der Insolvenzeröffnung einem gesetzlichen Nachrang unterliegen sollten.[491] Teilweise wird auch gefordert, sämtliche Ansprüche aufgrund von Kapitalmarktfehlinformation sollten unabhängig von der Stellung des Gläubigers in der Gesellschaft (Anteilseigener oder Dritter) im Rang zurücktreten.[492] De lege lata könne ein solcher Nachrang für außervertragliche Schadensersatzansprüche, die aus der Prospekthaftung entstehen, allerdings nicht begründet werden.[493] Tatsächlich ist die Anordnung des gesetzlichen Nachrangs in § 39 Abs. 1 InsO als abschließende Regelung anzusehen. Gemäß § 39 Abs. 1 Nr. 5 ist explizit nur für Forderungen aus Gesellschafterdarlehen oder aus entsprechenden Rechtshandlungen ein Nachrang vorgesehen; sonstige vertragliche oder gar außervertragliche Ansprüche werden hingegen nicht erwähnt.

489 *Freitag*, WuB VI A. § 39 InsO 1.07.

490 Vgl. nur BGH NJW 2005, 2450, 2452.

491 *Langenbucher*, ZIP 2005, 239, 244; *Baums*, ZHR 167 (2003), 139, 170; *Freitag*, WuB VI A. § 39 InsO 1.07.

492 *Langenbucher*, ZIP 2005, 239, 244 f.

493 *Bayer*, WM 2013, 961, 970; *Baums*, ZHR 167 (2003), 139, 170.

Daher wäre die Annahme wertungswidersprüchlich, dass Genussrechtsinhaber außervertragliche Schadensersatzansprüche gegen die emittierende Gesellschaft nicht als Insolvenzgläubiger gemäß § 38 InsO geltend machen können, während Aktionären als Anteilseignern der Gesellschaft diese Möglichkeit unbenommen ist. Ein Nachrang von außervertraglichen Schadensersatzansprüchen in der Insolvenz kann folglich nur angenommen werden, wenn sie ausdrücklich in die Rangrücktrittsklausel der Genussrechtsbedingungen oder des Vertrages aufgenommen wurden.

### 3. Bereicherungsanspruch nach Anfechtung des Vertrags

Daneben ist zu erörtern, ob sich der vereinbarte Rangrücktritt auf einen durch eine erfolgreiche Anfechtung gemäß § 119 oder § 123 BGB entstehenden Bereicherungsanspruch ausdehnen kann.

Für die Fälle der gemäß § 39 Abs. 1 Nr. 5 InsO gesetzlich nachrangigen Gesellschafterdarlehensforderungen wird teilweise angenommen, der Bereicherungsanspruch unterliege in Bezug auf seinen Rang den gleichen insolvenzrechtlichen Grenzen wie der vertragliche Rückzahlungsanspruch.[494] *Bitter* vertritt eine ähnliche Ansicht, allerdings lediglich für den Fall, dass trotz der Nichtigkeit des Vertrages ein Finanzierungseffekt erreicht würde und demnach eine dem Gesellschafterdarlehen wirtschaftlich entsprechende Rechtshandlung vorläge.[495] Dieser Gedanke kann jedenfalls nicht auf einen vertraglich vereinbarten Rangrücktritt mit einem außenstehenden Dritten angewendet werden, da es bei dem Dritten nicht darauf ankommt, ob ein Finanzierungseffekt vorliegt. Auch sonst lässt sich der Nachrang eines Bereicherungsanspruchs schwerlich begründen. Schließlich führt die Anfechtung gemäß § 142 Abs. 1 BGB zur Nichtigkeit des gesamten Vertrages und damit auch der Rangrücktrittsklausel. Daher kommt es nicht darauf an, ob der Vertragspartner gerade über die Folgen des Rangrücktritts getäuscht wurde oder ob ein Irrtum dahingehend unterhalten wurde. Vielmehr kann sich der Anfechtungsgrund ebenfalls auf jedwede sonstige Vertragsklausel beziehen.

### 4. Ergebnis

Für die Erfassung von vertraglichen und außervertraglichen Schadensersatzansprüchen durch einen vertraglich vereinbarten Rangrücktritt kommt es in erster Linie auf die konkrete Formulierung der Rangrücktrittsklausel an. Ist diese in

---

494 Ulmer/*Habersack*, GmbHG, Anh. § 30, Rn. 109.

495 Scholz/*Bitter*, GmbHG, § 64 Anh., Rn. 47 und 163.

Bezug auf die einbezogenen Ansprüche weit gefasst, so kommt zumindest eine Erstreckung auf vertragliche Schadensersatzansprüche in Betracht. Außervertragliche Schadensersatzansprüche unterliegen dem Nachrang dagegen nur, wenn diese Geltung ausdrücklich in die vertragliche Regelung aufgenommen wurde.

Bereicherungsansprüche, die aufgrund der Anfechtung des Vertrages entstehen, können jedoch keinesfalls von einem vertraglichen Rangrücktritt erfasst werden.

## III. Auswirkungen des Rangrücktritts auf gewährte Sicherheiten

Für die Frage nach der Auswirkung des gewillkürten Nachrangs auf Sicherheiten, die für die Forderung gewährt wurden, sind verschiedene Fragestellungen zu trennen. Zunächst ist entscheidend, ob die Gesellschaft selbst eine Sicherheit gewährt hat (dazu im Folgenden unter 1.a)) oder ob die Sicherheitenbestellung durch einen Dritten erfolgt ist. Hier ist weiter zu differenzieren, ob es sich bei dem Dritten um einen Gesellschafter der Hauptschuldnerin (dazu im Folgenden unter 1.c)) handelt oder um einen Außenstehenden (dazu im Folgenden unter 1.b)). Weiterhin kommen unterschiedliche Auswirkungen bei akzessorischen und nicht akzessorischen Sicherheiten in Betracht.

Neben dem insolvenzrechtlichen Rangrücktritt ist ferner zu untersuchen, wie sich eine Vereinbarung mit materiellrechtlicher Rechtsfolge, die sich in der Zeit vor der Eröffnung des Insolvenzverfahrens entfaltet, auf die bestellten Sicherheiten auswirkt (dazu im Folgenden unter 2).

### 1. Insolvenzrechtlicher Rangrücktritt

#### *a) Sicherheiten aus dem Vermögen der Schuldnergesellschaft*

Werden Sicherheiten für die nachrangige Forderung von der Schuldnergesellschaft selbst gestellt, so stellen sich insbesondere zwei Probleme. Zum einen ist zu fragen, ob sich der Nachrang auf das Recht auf abgesonderte Befriedigung im Insolvenzverfahren nach den §§ 49 ff. InsO auswirkt und zum anderen, welche Folgen die Bestellung einer Sicherheit in Hinblick auf die Passivierung der Forderung in der Überschuldungsbilanz hat.

##### *aa) Auswirkungen auf das Recht auf abgesonderte Befriedigung*

Die Auswirkung von Sicherheiten auf gewillkürt nachrangige Forderungen ist bislang wenig diskutiert. Ein Vergleich mit den gesetzlich nachrangigen

Forderungen aus Gesellschafterdarlehen gemäß § 39 Abs. 1 Nr. 5 InsO ermöglicht einen Einstieg in die Problemstellungen.

Zur Sicherung von gemäß § 39 Abs. 1 Nr. 5 InsO gesetzlich nachrangigen Forderungen gewährte Sicherheiten sollen einer Meinung zufolge in der Insolvenz der Gesellschaft nicht durchsetzbar sein. Für akzessorische Sicherheiten folge dies aus dem Nachrang der Hauptforderung und für nicht akzessorische Sicherheiten daraus, dass der nachrangige Anspruch kein Recht auf abgesonderte Befriedigung vor den Insolvenzgläubigern ermöglichen könne.[496] Alternativ wird vertreten, der Sicherungsfall könne aufgrund der Nachrangigkeit der Hauptforderung nicht mehr eintreten.[497] Während der Geltung des Eigenkapitalersatzrechts war anerkannt, dass eine Forderung, die den Tatbestand des § 32a GmbHG erfüllt, aufgrund ihrer fehlenden Durchsetzbarkeit nicht begründet ist und daher auch kein Absonderungsrecht für eine akzessorische Sicherheit auf ihrer Grundlage bestehen kann.[498] Für den Fall der Vereinbarung einer nicht akzessorischen Sicherheit sollte einer Befriedigung aus der Sicherheit die Bereicherungseinrede oder die Anfechtungseinrede entgegengesetzt werden können.[499] In Übereinstimmung mit den vorstehenden Ansichten könnte wiederum eine Parallele zum rechtsgeschäftlich vereinbarten Nachrang hergestellt werden, mit der Folge, dass auch hier eine abgesonderte Befriedigung im Insolvenzfall nicht möglich wäre.[500]

Anderer Ansicht nach greift jedoch bei der Besicherung von Gesellschafterdarlehen lediglich der Anfechtungstatbestand des § 135 Abs. 1 Nr. 1 InsO ein und nur aus diesem kann auch eine Verweigerung der abgesonderten Befriedigung folgen.[501] Der Nachrang der Forderung selbst führe dagegen nicht zur Ablehnung des Absonderungsrechts.[502] Überdies könne der Sicherungszweck nicht aufgrund der Nachrangigkeit der Forderung entfallen, da eine Sicherheit

496 Baumbach/Hueck/*Fastrich*, GmbHG, Anh. § 30, Rn. 69.

497 *Altmeppen* in Altmeppen/Roth, GmbHG, Anh. §§ 32a, b, Rn. 59; *Altmeppen*, NZG 2013, 441, 443.

498 BGHZ 133, 298, 305 = NJW 1996, 3203, 3205.; *Martinek/Omlor*, WM 2008, 617, 621.

499 So auch für die Rechtslage nach Inkrafttreten des MoMiG (Einrede des § 813 Abs. 1 S. 1 BGB analog): *Martinek/Omlor*, WM 2008, 665, 669 f.

500 So *Henkel/Wentzler*, GmbHR 2013, 239, 242 (der Sicherheit wird die Vertragsgrundlage entzogen); *Wittig*, NZI 2001, 169, 171 (zur Rechtslage vor Inkrafttreten des MoMiG).

501 Ulmer/*Habersack*, GmbHG, Anh. § 30, Rn. 113; *Mylich*, ZIP 2013, 2444, 2447; a.A. *Altmeppen*, ZIP 2013, 1745, 1750.

502 *Thole*, NZI 2013, 742, 746; *Bitter*, ZIP 2013, 1497, 1502; *Bloß/Zugelder*, NZG 2011, 332, 333; Scholz/*Bitter*, GmbHG, § 64 Anh., Rn. 143 ff.

gewöhnlich vorzugsweise für den Fall verlangt werde, dass ein Forderungsausfall eintritt.[503] Eine unmittelbare Auswirkung des Rangrücktritts auf den Bestand und die Durchsetzbarkeit von bestellten Sicherheiten solle daher ebenfalls nicht gegeben sein.[504]

Da die Regelung des § 135 Abs. 1 Nr. 1 InsO nach seinem Wortlaut jedoch nicht für den vertraglich vereinbarten Rangrücktritt gilt[505], kann die abgesonderte Befriedigung aus einem als Sicherheit dienenden Gegenstand nicht aufgrund eines Anfechtungsanspruchs abgelehnt werden. Im Gegensatz zu der Diskussion um die Gesellschafterdarlehen kann die Lösung folglich nicht im Anfechtungsrecht liegen. Vielmehr ist zu untersuchen, ob sich der Rangrücktritt unmittelbar auf die für die Forderung bestellten Sicherheiten auswirkt. Hierbei ist zwischen akzessorischen und nicht-akzessorischen Sicherheiten zu unterscheiden.

#### (1) Akzessorische Sicherheiten

Für den Fall der Vereinbarung einer akzessorischen Sicherheit wie der Hypothek oder des Pfandrechts könnte aus dem Grundsatz der Akzessorietät folgen, dass sich der vereinbarte Rangrücktritt automatisch auch auf die Sicherheit erstreckt.[506] Diese Annahme hätte zur Folge, dass der Gläubiger im Falle der Eröffnung des Insolvenzverfahrens über das Vermögen des Schuldners erst aus der Sicherheit befriedigt werden könnte, wenn sämtliche ihm vorgehenden Forderungen bereits vollständig beglichen wurden. Das Recht auf abgesonderte Befriedigung verlöre damit seine Bedeutung.

Die Akzessorietät der Sicherheit besagt, dass sie in Entstehung, Fortbestand, Inhalt, Durchsetzbarkeit und Rechtszuständigkeit von der zu sichernden Forderung abhängt.[507] Diesen Grundsatz erweitern die Vorschriften der §§ 768 Abs. 1 S. 1, 1211 Abs. 1, 1137 Abs. 1 BGB, gemäß denen der Sicherungsgeber dem Gläubiger auch die gegen die Hauptforderung bestehenden Einreden entgegenhalten kann. Dem Sicherungsgeber stehen demnach sowohl die Einwendungen – diese schon aufgrund der Akzessorietät der Sicherheit – und die Einreden, die sich gegen den Bestand der Forderung oder gegen den Bestand der Sicherheit richten,

---

503 *Bitter*, ZIP 2013, 1497, 1503.

504 Scholz/*Bitter*, GmbHG, § 64 Anh., Rn. 366.

505 Dazu noch näher unter G.I.1.c).

506 So *Henkel/Wentzler*, GmbHR 2013, 239, 242.

507 *Habersack* in MüKo BGB, § 765, Rn. 61; Staudinger/*Horn* (2012), BGB, Vorbem zu §§ 765–778, Rn. 18; Erman/*Herrmann*, Vor § 765, Rn. 3.

zu.[508] Im Folgenden sind nur Einwendungen und Einreden gegen die Forderung selbst von Bedeutung.

Damit sich die Gesellschaft als Sicherungsgeber auf den Rangrücktritt auch in Bezug auf die Sicherheit berufen kann, müsste er folglich entweder eine Einwendung oder eine Einrede im Sinne der §§ 768 Abs. 1 S. 1, 1211 Abs. 1, 1137 Abs. 1 BGB, darstellen. Einwendungen, die einer Forderung entgegenstehen können, werden unterteilt in rechtshindernde, die bereits die Entstehung des Anspruchs hindern und rechtsvernichtende, die den Untergang des entstandenen Anspruchs herbeiführen.[509] Bezogen auf die gesicherte Forderung ist eine Einwendung immer dann gegeben, „wenn sich die Verpflichtungen des Schuldners gegenüber dem Gläubiger reduzieren oder wenn seine Rechte gegenüber dem Gläubiger erstarken".[510] Einreden sind demgegenüber nur geeignet, die Durchsetzung des Anspruchs vorübergehend (peremptorische Einreden) oder dauernd (dilatorische Einreden) zu hindern.[511] Sowohl Einwendungen als auch Einreden stellen demzufolge materiellrechtliche Verteidigungsmittel dar.[512] Eine Einordnung des Rangrücktritts als Einwendung oder Einrede würde mithin eingangs voraussetzen, dass er ein materiellrechtliches Verteidigungsmittel ist.

Das Ergebnis der bisherigen Untersuchung hat jedoch ergeben, dass zumindest der nur insolvenzrechtliche Rangrücktritt gemäß § 39 Abs. 2 InsO als Prozessvertrag seine Wirkung ausschließlich im Verfahrensrecht hat, da er lediglich die Verteilung der Masse im Insolvenzverfahren regelt.[513] Er berechtigt den Schuldner nicht dazu, die Leistung außerhalb des Insolvenzverfahrens zu verweigern und auch nach Eröffnung des Insolvenzverfahrens unterwirft sich der Gläubiger nur den verfahrensrechtlichen Verteilungsregelungen, die für nachrangige Gläubiger gelten. Im Gegensatz zu den materiellrechtlichen Einwendungen und Einreden hat der Rangrücktritt somit keinerlei Auswirkungen auf die materielle Rechtslage. Auch die im Rang zurücktretende Forderung bleibt nach materiellem Recht voll durchsetzbar. Durch die Eröffnung der Insolvenz über das Vermögen des Schuldners wird lediglich die Möglichkeit der Befriedigung der Forderung verändert. Sie tritt gegenüber den Forderungen anderer Gläubiger

---

508 *Damrau* in MüKo BGB, § 1211, Rn. 1.

509 *Medicus*, Bürgerliches Recht, Rn. 732; *Wolf/Neuner*, Allgemeiner Teil, § 21, Rn. 12 ff.

510 Staudinger/*Wolfsteiner* (2015), BGB, § 1157, Rn. 2.

511 *Medicus*, Bürgerliches Recht, Rn. 733; Staudinger/*Wolfsteiner* (2015), BGB, § 1137, Rn. 7.

512 *Wolf/Neuner*, Allgemeiner Teil, § 21, Rn. 12, 20, 29; zum Unterschied zwischen materiellrechtlicher und prozessualer Einrede noch näher unter D.III.1.b)bb)(1).

513 S.o. B.V.2.

in der Rangfolge zurück. Dies ändert aber nichts an dem Bestand der Forderung selbst. Sollte ausreichend Masse für die Befriedigung sämtlicher Gläubiger zur Verfügung stehen, so ist die Forderung in dem Umfang zu befriedigen, wie es ursprünglich vereinbart war. Folglich handelt es sich bei dem gewillkürten insolvenzrechtlichen Rangrücktritt weder um eine materiellrechtliche Einwendung noch um eine materiellrechtliche Einrede, da er keinerlei Auswirkung auf den Bestand oder die Durchsetzbarkeit der Forderung hat.

Damit folgt allein aus der Tatsache, dass eine Sicherheit akzessorisch ist, nicht, dass für sie ebenfalls der für die gesicherte Forderung vertraglich vereinbarte Rangrücktritt gilt. Im Insolvenzverfahren über das Vermögen des Schuldners ist die abgesonderte Befriedigung aus der Sicherheit daher ebenfalls möglich, wenn die Sicherheit einen streng akzessorischen Charakter hat.[514]

### (2) Nicht akzessorische Sicherheiten

Da bei nicht akzessorischen Sicherheiten die Forderung nicht gesetzlich mit der Sicherheit verbunden ist, bedarf es eines Sicherungsvertrags, der diese Bindung erreicht.[515] Der Sicherungsvertrag kann sowohl zwischen dem Sicherungsgeber und dem Sicherungsnehmer (= Gläubiger der Hauptforderung) als auch zugunsten des Sicherungsnehmers als Drittem geschlossen werden.[516] Die Rolle des Sicherungsgebers, ob Eigentümer des der Sicherung dienenden Gegenstandes oder Schuldner der Hauptforderung, kann dabei vertraglich vereinbart werden.[517] Im Folgenden wird der Eigentümer als Sicherungsgeber bezeichnet, um so eine Unterscheidung im Drei-Personen-Verhältnis zu ermöglichen.

Allein aus dem Bestehen des Sicherungsvertrages wird teilweise gefolgert, die Sicherheit sei bei Eintritt der Insolvenz zurück zu gewähren und somit könne keine abgesonderte Befriedigung stattfinden.[518] Diese Ansicht geht offenbar von der Prämisse aus, dass sich der Sicherungszweck erledigt hat, wenn die Insolvenz eingetreten ist. Dies mag im Fall von Sanierungsdarlehen tatsächlich der Fall sein, wenn die Sicherheiten hier ausdrücklich oder zumindest erkennbar nur für die Zeit vor einer zu vermeidenden Insolvenz gewährt werden. Die Annahme kann aber nicht für jeden Fall von besicherten und nachrangigen Forderungen

---

514 A.A. Uhlenbruck/*Mock*, InsO, § 19, Rn. 231, der seine Ausführungen allerdings auf den „qualifizierten Rangrücktritt“ bezieht.

515 *Eickmann* in MüKo BGB, § 1191, Rn. 7a; Staudinger/*Wolfsteiner* (2015), BGB, Vorbem. zu §§ 1191 ff., Rn. 39; Erman/*Wenzel*, BGB, § 1191, Rn. 5.

516 Staudinger/*Wolfsteiner* (2015), BGB, Vorbem. zu§ 1191, Rn. 25.

517 *Eickmann* in MüKo BGB, § 1191, Rn. 22.

518 *Obermüller*, Insolvenzrecht, Rn. 1.1349.

gelten. Hat der Rangrücktritt bereits bei akzessorischen Sicherheiten keine Auswirkung auf den Vorrang der abgesonderten Befriedigung, so gilt dies auch bei nicht akzessorischen Sicherheiten, es sei denn der Sicherungsvertrag enthält eine entsprechende Vereinbarung.

Folglich hat der insolvenzrechtliche Rangrücktritt einer Forderung zunächst keine Auswirkung auf das Recht des Sicherungsnehmers auf abgesonderte Befriedigung.[519]

### *bb) Auswirkungen der Besicherung der Forderung auf die Passivierung in der Überschuldungsbilanz*

Gegenstände des Schuldners, die einer Forderung als Sicherheit dienen und die korrespondierende Forderung sind in der Überschuldungsbilanz zu berücksichtigen.[520] Ist jedoch das Ziel der Parteien, durch die Vereinbarung eines Rangrücktritts eine Passivierung der Forderung in der Überschuldungsbilanz zu vermeiden, so kann für die Forderung nicht gleichzeitig ein Recht auf abgesonderte Befriedigung bestehen. Hierdurch würden die anderen Gläubiger benachteiligt, denen der Rangrücktritt letztlich zugutekommen sollte.[521] Ist die abgesonderte Befriedigung dagegen in der Insolvenz der Schuldnergesellschaft ausgeschlossen, kann die Nichtpassivierung in der Überschuldungsbilanz noch in Betracht kommen. Da bei akzessorischen Sicherheiten gleichfalls nicht bereits zwangsläufig aus ihrer Natur folgt, dass sich der Rangrücktritt der zu sichernden Forderung auch auf das Recht auf abgesonderte Befriedigung erstreckt, sind sie in Bezug auf die Frage nach der Passivierungspflicht mit den nicht akzessorischen Sicherheiten gleichzusetzen.

Nach einer Entscheidung des OLG Düsseldorf ist für die Nichtpassivierung der Forderung maßgeblich, ob der Rangrücktritt auch im Rahmen der Verteilung des restlichen Schuldnervermögens Bestand hat. Nur so könne den Gläubigerinteressen hinreichend Rechnung getragen werden.[522] In dem entschiedenen Fall wurde in der Rangrücktrittsvereinbarung hingegen ausdrücklich geregelt, dass die Rechte aus einer vom Schuldner gewährten Grundschuld unberührt bleiben sollten.

---

519 So auch: *Bloß/Zugelder*, NZG 2011, 332, 333; Scholz/*Bitter*, GmbHG, § 64 Anh., Rn. 366.

520 KPB/*Pape*, InsO, § 19, Rn. 54.

521 OLG Düsseldorf, Urteil v. 10.11.2011, I-6 U 275/10; HK-InsO/*Kirchhof*, § 19, Rn. 24; *Henkel/Wentzler*, GmbHR 2013, 239, 241; Uhlenbruck/*Mock*, InsO, § 19, Rn. 231.

522 OLG Düsseldorf, Urteil v. 10.11.2011, I-6 U 275/10.

Demnach könnte in Frage stehen, ob bei einem Rangrücktritt, der die Überschuldung vermeiden soll, der gleichzeitig mit der Bestellung der Sicherheit vereinbart wurde und der keine der im oben geschilderten Fall vergleichbare Regelung enthält, eine Auslegung in dem Sinne möglich ist, dass sich der Rangrücktritt zwangsläufig ebenfalls auf die Sicherheit erstreckt. Dabei gilt es im Wesentlichen, einen Ausgleich zwischen den widerstreitenden Interessen des Gläubigers und des Schuldners herzustellen. Der Schuldner auf der einen Seite möchte eine Passivierung der Forderung in der Überschuldungsbilanz vermeiden und ist bereit, hierfür einen erhöhten Zinssatz o.ä. zu zahlen. Der Gläubiger verfolgt demgegenüber das Interesse, seine Forderung bestmöglich zu sichern. Vereinbart er allerdings mit dem Schuldner einen Rangrücktritt, so geht er in der Regel bewusst auch das Risiko ein, in der Insolvenz mit seiner Forderung auszufallen. Will er dennoch an einer Sicherheit festhalten, die der Schuldner sogar selbst gestellt hat, so könnte man ihm ein widersprüchliches Verhalten entgegenhalten. In diesem Interessenvergleich spricht vieles dafür, dem Schuldner entgegenzukommen und die Nichtpassivierung in der Überschuldungsbilanz zu ermöglichen. Für den Gläubiger würde das bedeuten, dass ihm die abgesonderte Befriedigung aus dem der Sicherung dienenden Gegenstand versagt wird.[523] Nach anderer Ansicht ist ein Verzicht des Gläubigers auf die Sicherheiten oder zumindest eine ausdrückliche Erstreckung des Rangrücktritts auf sie erforderlich, damit die Nichtpassivierung der Forderung ermöglicht werden kann.[524]

Enthält der Vertrag keine Regelung bezüglich der Befriedigung aus der Sicherheit im Insolvenzfall, kann er, soweit der Zweck erkennbar die Überschuldungsvermeidung des Schuldners ist, dahingehend ausgelegt werden, dass eine Befriedigung aus der Sicherheit im Fall der Eröffnung des Insolvenzverfahrens nicht mehr zulässig ist. Aus Gründen der Rechtssicherheit ist allerdings stets zu empfehlen, eine ausdrückliche Regelung über das Schicksal der Sicherheiten für den Fall der Insolvenz zu treffen.[525]

### b) *Sicherheiten aus dem Vermögen eines außenstehenden Dritten*

Haben Gläubiger und Schuldnergesellschaft lediglich einen insolvenzrechtlichen Nachrang für die Forderung vereinbart, hindert dieser zunächst die Verwertung der durch einen Dritten bestellten Sicherheit vor der Eröffnung des Insolvenzverfahrens nicht. Wird derweil das Insolvenzverfahren über das

523 Für eine ähnliche Lösung: *Weitnauer*, GWR 2012, 193, 194.
524 *Bloß/Zugelder*, NZG 2011, 332, 334; *Henkel/Wentzler*, GmbHR 2013, 239, 241.
525 *Obermüller*, Insolvenzrecht, Rn. 1.1351; *Henkel/Wentzler*, GmbHR 2013, 239, 241 f.

Vermögen der Schuldnergesellschaft eröffnet, kann der Gläubiger aufgrund der Rangrücktrittsvereinbarung Befriedigung seiner Forderung praktisch lediglich im Wege der Verwertung der Sicherheit erlangen. Hierdurch erscheint der Sicherungsgeber zusätzlich benachteiligt. Demzufolge stellt sich die Frage, ob er sich bei Eröffnung des Insolvenzverfahrens ebenfalls auf den Rangrücktritt der Forderung gegenüber dem Gläubiger und Sicherungsnehmer berufen kann.

Soweit der Dritte den Gläubiger befriedigt, geht im Fall der Vereinbarung einer akzessorischen Sicherheit die Forderung des Gläubigers gegen die Schuldnergesellschaft auf ihn über und er erhält zusätzlich einen selbstständigen Regressanspruch.[526] Wurde eine nicht akzessorische Sicherheit vereinbart, steht dem Dritten entweder ein Anspruch auf Abtretung der Hauptforderung gegen den Gläubiger oder ein selbstständiger Regressanspruch gegen den Schuldner zu. Macht er diese Ansprüche in der Insolvenz der Schuldnergesellschaft geltend, ist zu ermitteln, welchen Rang sie jeweils einnehmen.

*aa) Erstreckung des Rangrücktritts auf die Sicherheit des Dritten*

Grundsätzlich scheint der Durchsetzung einer Sicherheit, die für vertraglich nachrangige Forderungen gewährt wurde, nichts im Wege zu stehen, sofern eine Befriedigung durch den Hauptschuldner nicht erreicht werden kann.[527] Im Fall der Vereinbarung einer akzessorischen Sicherheit wird jedoch angenommen, dass sich der Rangrücktritt gemäß den §§ 768 Abs. 1 S. 1, 1211 Abs. 1 und 1137 Abs. 1 BGB gleichermaßen auf die Sicherheit erstrecke.[528] Wurde die Sicherheit von einem Dritten bestellt, kann die Folge, anders als bei Begebung einer Sicherheit durch die Schuldnergesellschaft selbst, allerdings nicht in einer Entwertung des Absonderungsrechts liegen. Da die Sicherheit hier nicht dem Schuldnervermögen entstammt, kann die Befriedigung aus ihr grundsätzlich unabhängig von dem laufenden Insolvenzverfahren erfolgen. Als Beschränkung käme allenfalls in Frage, dass der Gläubiger, sofern sein Ausfall auf dem Nachrang in der Insolvenz der Schuldnerin beruht, nicht mehr auf die Sicherheit zurückgreifen kann.

Für Drittsicherheiten kann in diesem Fall dennoch im Ergebnis nichts anderes gelten als für den Fall, dass die Sicherheit durch die Schuldnergesellschaft selbst gestellt wird. Der insolvenzrechtliche Rangrücktritt stellt auch in diesem Fall keine Einwendung oder Einrede im Sinne der §§ 768 Abs. 1 S. 1, 1211 Abs. 1 und 1137 Abs. 1 BGB dar, da er keine materiellrechtliche Wirkung auf die

---

526 *Medicus*, Bürgerliches Recht, Rn. 913; *Habersack* in FS Graf v. Westphalen, S. 285.

527 *Wittig*, NZI 2001, 169, 171; Scholz/*Bitter*, GmbHG, § 64 Anh., Rn. 367.

528 *Henkel/Wentzler*, GmbHR 2013, 239, 242; vgl. D.III.1.a)aa)(1).

Forderung ausübt. Nach anderer Ansicht soll der Sicherungsgeber das Nachrangrisiko nur in dem Fall übernehmen, dass der Nachrang für die Forderung vor der Bestellung der Sicherheit vereinbart wurde und er von dem vereinbarten Rangrücktritt Kenntnis hat.[529] Andernfalls ginge er ein erhöhtes Risiko ein, für das er nicht einstehen wollte. Dementsprechend kann der Sicherungsgeber dem Gläubiger den Rangrücktritt stets entgegenhalten, es sei denn, er kannte diesen. Eine dritte Ansicht interpretiert das zeitliche Moment hingegen in eine andere Richtung. Danach könne sich der Dritte auf den Rangrücktritt der Forderung gegenüber dem Gläubiger berufen, wenn er der Bestellung der Sicherheit vorausging, da er nach Treu und Glauben davon ausgehen durfte, ebenfalls nur in der Weise in Anspruch genommen zu werden wie der Hauptschuldner.[530] Allerdings ist in diesem Fall wohl ebenso vertretbar, dass die Sicherheit das erhöhte Risiko der gewillkürt nachrangigen Forderung abdeckt und sich der sicherungsgebende Dritte daher nicht auf den Rangrücktritt berufen können sollte.

Wird der oben entwickelte Gedanke hinsichtlich der rein verfahrensrechtlichen Wirkung des insolvenzrechtlichen Rangrücktritts konsequent weiterverfolgt, so kann am Ende nur das Ergebnis stehen, dass sich der Sicherungsgeber nicht auf den zwischen dem Gläubiger und dem Hauptschuldner vereinbarten Rangrücktritt berufen kann. Der Sicherungsgeber hat zugestimmt, die Forderung gegen den Hauptschuldner zu sichern. Die von dem Normalfall abweichende Verteilungsregelung für den Insolvenzfall des Schuldners berührt die Forderung hierbei zunächst nicht. Hatte der Sicherungsgeber über diesen Umstand bei der Gewährung der Sicherheit keine Kenntnis oder wurde der Nachrang später ohne seine Mitwirkung vereinbart, so stünde ihm ein Schadensersatzanspruch wegen Pflichtverletzung aus dem Vertrag mit dem Hauptschuldner zu. Diesen könnte er im Falle der Inanspruchnahme durch den Gläubiger nach Eröffnung der Insolvenz über das Schuldnervermögen als Insolvenzgläubiger gemäß § 38 InsO geltend machen.

Sollte sich der Sicherungsgeber auf den Rangrücktritt berufen können, so entstünden in der Praxis widersinnige Ergebnisse. Für den Fall, dass in der Insolvenz des Hauptschuldners die Masse – wie üblich – nicht für die nachrangigen Gläubiger ausreicht, müsste der Sicherungsgeber unter Berufung auf den Nachrang die Leistung insgesamt verweigern dürfen. Warum aber sollte die Sicherheit des Dritten nicht mehr für die Forderung haften müssen, weil sie gegenüber anderen Forderungen gegen den Schuldner im Insolvenzverfahren nachrangig ist?

---

529 *Habersack* in FS Graf v. Westphalen, S. 281; *Habersack* in MüKo BGB, § 768, Rn. 7.
530 *Martinek/Omlor*, WM 2008, 665, 667.

Noch deutlicher wird die Schwäche dieser Annahme in dem Fall, dass zumindest eine teilweise Befriedigung auch der nachrangigen Gläubiger erreicht werden kann. Hier wäre zu fragen, in welchem Umfang der Sicherungsgeber zur Befriedigung aus dem Sicherungsgegenstand verpflichtet wäre. Könnte er sich ebenfalls auf den Nachrang berufen und jegliche Leistung verweigern oder müsste er den Teil leisten, der zur Befriedigung der ganzen Forderung führen würde? Im ersten Fall verlöre die Sicherheit jede Bedeutung; im zweiten Fall brächte dem Sicherungsgeber auch die Berufung auf den Rangrücktritt keinen Vorteil ein.

Dieses Ergebnis trägt dem Umstand Rechnung, dass hier keine Unterscheidung zwischen der Vereinbarung von akzessorischen oder nicht akzessorischen Sicherheiten getroffen wird. In beiden Fällen sollte demnach vertraglich geregelt sein, dass die Sicherheit für eine nachrangige Forderung bestellt wird. Damit lässt sich festhalten, dass der eine Sicherheit bestellende Dritte sich ebenso wenig wie der sicherungsgebende Schuldner auf den Rangrücktritt der zu sichernden Forderung berufen kann.

### *bb) Rang der Regressforderung des Dritten*

Soll der vertraglich vereinbarte Rangrücktritt das Ziel verfolgen, die Überschuldung des Schuldners zu vermeiden, so ist sicher zu stellen, dass die Regressforderung des Dritten nach Befriedigung des Gläubigers ebenfalls einem Rangrücktritt unterliegt. Andernfalls wäre die Forderung in der Überschuldungsbilanz zu passivieren.[531] Sie ist als Eventualverbindlichkeit in den Überschuldungsstatus aufzunehmen, soweit mit ihrer Inanspruchnahme gerechnet werden muss.[532] Da bei akzessorischen und nicht akzessorischen Sicherheiten die Regressansprüche auf unterschiedlicher Rechtsgrundlage beruhen, ist zwischen ihnen zu differenzieren.

#### (1) Akzessorische Sicherheiten

Wird der Gläubiger durch den Sicherungsgeber befriedigt, so geht im Falle der akzessorischen Sicherheit die Forderung des Gläubigers gegen den Schuldner im Wege der cessio legis über, vgl. §§ 774 Abs. 1 S. 1, 1143 Abs. 1 S. 1, 1225 S. 1 BGB. Gemäß §§ 412, 404 BGB kann der Schuldner bei der Legalzession der Forderung dem neuen Gläubiger die Einwendungen entgegensetzen, die zur Zeit des Forderungsübergangs gegen den bisherigen Gläubiger begründet waren.

---

531 *Wittig*, NZI 2001, 169, 171.

532 BGH NJW 2003, 3629, 3630; Uhlenbruck/*Mock*, InsO, § 19, Rn. 154; Schmidt/*Schröder*, InsO, § 19, Rn. 37.

Stellt der insolvenzrechtliche Rangrücktritt somit eine Einwendung im Sinne des § 404 BGB dar, so kann der Schuldner ihn dem neuen Gläubiger der Forderung entgegenhalten mit der Folge, dass er in der Insolvenz des Schuldners nur als nachrangiger Gläubiger berücksichtigt würde.

Einwendungen gemäß § 404 BGB können neben den materiellrechtlichen Einwendungen und Einreden auch prozessuale Einreden sein.[533] Hierzu sollen beispielsweise die Vereinbarung eines ausschließlichen Gerichtsstandes[534] oder die Vereinbarung, dass aus einer Forderung nicht die Zwangsvollstreckung betrieben werden darf[535] zählen. Die Subsumtion von prozessualen Einreden unter die Norm des § 404 BGB lässt sich damit begründen, dass der Zweck der Norm nicht ausschließlich im Schutz des Schuldners liegt, sondern dass sie darüber hinaus das Wesen der Abtretung widerspiegeln soll, indem die Identität der Forderung nicht verändert wird.[536] Der insolvenzrechtliche Nachrang kommt einer prozessualen Einrede in diesem Sinne gleich. Er wird – sofern er nicht bereits kraft Gesetzes gilt –, ebenso wie die Vereinbarung eines Gerichtsstands[537] oder eine Vollstreckungsvereinbarung[538], durch Prozessvertrag gemäß § 39 Abs. 2 InsO vereinbart.[539] Seine Wirkungen zeigen sich ebenfalls erst nach der Eröffnung eines gerichtlichen Verfahrens und die materielle Rechtslage wird nicht beeinflusst. Dementsprechend wird mehrheitlich angenommen, dass nach der Zession eines Gesellschafterdarlehens, der Nachrang gemäß § 39 Abs. 1 Nr. 5 InsO auch dem neuen Gläubiger gemäß § 404 BGB entgegengehalten werden kann, da es hinsichtlich des Nachrangs keinen gutgläubiger Erwerb gebe.[540] Dies solle auch für den Fall der Legalzession eines Gesellschafterdarlehens nach Befriedigung des Gläubigers (Gesellschafters) durch den Sicherungsgeber gelten.[541] Es ist nicht ersichtlich, warum etwas anderes gelten sollte, wenn die Rechtsfolge

533 Staudinger/*Busche* (2012), BGB, § 404, Rn. 10.

534 OLG Köln NJW-RR 1992, 571, 571; *Roth* in MüKo BGB, § 404, Rn. 5a.

535 Staudinger/*Busche* (2012), BGB, § 404, Rn. 32.

536 Staudinger/*Busche* (2012), BGB, § 404, Rn. 2.

537 BGHZ 99, 143, 147 = NJW 1987, 651.

538 *Soehring*, NJW 1969, 1093, 1094.

539 S. zu der Einordnung der Rangrücktrittsvereinbarung als Prozessvertrag bereits oben B.V.2.b).

540 Allerdings begrenzt auf die Frist, die auch der Regelung des § 135 Abs. 1 Nr. 2 InsO zugrunde liegt: BGHZ 196, 220, 228 = NJW 2013, 2282, 2284; *Thole*, ZHR 176 (2012), 513, 534 f.; *Altmeppen* in Altmeppen/Roth, GmbHG, Anh. §§ 32a, b, Rn. 30 f.; *Führ/Wahl*, NZG 2010, 889, 890 ff.; *Roth* in MüKo BGB, § 404, Rn. 5; a.A. *Kebekus/Zenker* in FS Wellensiek, S. 487.

541 *Habersack* in MüKo BGB, § 774, Rn. 8.

des Nachrangs im Insolvenzverfahren durch Prozessvertrag vereinbart wird. Folglich haftet der Rangrücktritt der legalzedierten Forderung weiterhin an.

Dem Sicherungsgeber steht darüber hinaus ein selbstständiger Regressanspruch gegen den Hauptschuldner zu, in der Regel aus § 670 BGB.[542] Dieser entsteht im Zeitpunkt der Befriedigung des Gläubigers neu und beruht ausschließlich auf dem Rechtsverhältnis zwischen dem Sicherungsgeber und dem Schuldner.[543] Ausnahmsweise ordnet § 44a InsO zwar an, dass der Regressanspruch des Sicherungsgebers in der Insolvenz ebenfalls nachrangig ist. Diese Norm findet jedoch nur in dem Fall Anwendung, dass ein Gesellschafter der Schuldnergesellschaft die Sicherheit gewährt hat. Die Vorschrift ist somit Teil des Gesellschafterdarlehensrechts[544] und kann folglich nicht auf die Gewährung von Sicherheiten von außenstehenden Dritten angewandt werden.[545] Daher erstreckt sich der zwischen Gläubiger und Schuldner vereinbarte Rangrücktritt nicht auf diesen Anspruch.

Folge ist, dass der Regressanspruch des Sicherungsgebers aus § 670 BGB als Eventualanspruch in der Überschuldungsbilanz des Schuldners zu passivieren wäre. Für den Fall, dass der vertraglich vereinbarte Rangrücktritt die Überschuldung des Schuldners verhindern sollte, muss daher mit dem Sicherungsgeber ebenfalls ein Rangrücktritt für seinen Regressanspruch vereinbart werden.[546]

#### (2) Nicht akzessorische Sicherheiten

Im Falle der Bestellung einer nicht akzessorischen Sicherheit wird der Sicherungszweck in dem Sicherungsvertrag festgelegt. Soll folglich der betreffende Gegenstand der Hauptforderung als Sicherheit dienen, so hat der Sicherungsgeber nach Befriedigung des Gläubigers aus dem Gegenstand einen Anspruch gegen diesen auf Abtretung der Hauptforderung.[547] Befriedigt der Sicherungsgeber dagegen die Hauptforderung selbst, so kann sie nicht mehr abgetreten werden. Dem Sicherungsgeber stehen somit lediglich die Ansprüche aus dem Deckungsverhältnis mit dem Schuldner zu.[548]

---

542 *Medicus*, Bürgerliches Recht, Rn. 913; *Habersack* in FS Graf v. Westphalen, S. 285.

543 *Habersack* in FS Graf v. Westphalen, S. 283.

544 *Bitter* in MüKo InsO, § 44a, Rn. 1.

545 Scholz/*Bitter*, GmbHG, § 64 Anh., Rn. 367.

546 Scholz/*Bitter*, GmbHG, § 64 Anh., Rn. 367; Schmidt/*Schröder*, InsO, § 19, Rn. 42.

547 BGHZ 80, 228, 231 = NJW 1981, 1554, 1555; BGH NJW 2001, 2327, 2330; KG NJW 1961, 414, 415; Staudinger/*Wolfensteiner* (2015), BGB, § 1143, Rn. 37.

548 OLG Koblenz WM 2008, 2293, 2293; Staudinger/*Wolfensteiner* (2015), BGB, § 1143, Rn. 37.

Bei Abtretung der Hauptforderung sind die Folgen dieselben wie bei der Legalzession im Falle des Vorliegens einer akzessorischen Sicherheit.[549] Der Anspruch aus dem Deckungsverhältnis zwischen Sicherungsgeber und Schuldner entsteht hingegen neu, weshalb er nicht dem Nachrang unterliegen kann.

Folglich ist hier ebenfalls zwischen dem Sicherungsgeber und dem Schuldner eine Vereinbarung dahingehend zu treffen, dass ein möglicher Regressanspruch den gleichen Rang wie die zu sichernde Hauptforderung haben soll.

### *c) Sicherheiten aus dem Vermögen eines Gesellschafters*

Besteht eine Forderung gegen die Schuldnergesellschaft, für die ein Gesellschafter eine Sicherheit bestellt hat, ordnet § 44a InsO an, dass sich der Gläubiger zunächst an den Gesellschafter als Sicherungsgeber halten muss und für den Fall, dass er nicht oder nicht vollständig durch ihn befriedigt wird, anteilsmäßige Befriedigung aus der Insolvenzmasse verlangen kann. Von § 44a InsO werden ausschließlich Darlehensforderungen und Forderungen aus Rechtshandlungen, die einem Darlehen wirtschaftlich entsprechen, erfasst. Der Gesellschafter kann in der Folge seinen Rückgriffsanspruch gegen die Schuldnergesellschaft lediglich nachrangig gemäß § 39 Abs. 1 Nr. 5 InsO geltend machen.[550]

Für den Fall, dass ein Gesellschafter ein im Rang zurücktretendes Darlehen besichert, stellt sich daher allenfalls die Frage, ob sich sein Regressanspruch gegen die Gesellschaft nach § 44a InsO oder nach dem mit dem Gläubiger für die Darlehensforderung vereinbarten Rang richtet. Zudem wäre der zu erwartende Regressanspruch des Gesellschafters in der Überschuldungsbilanz zu passivieren, sofern er mit diesem nicht ebenfalls in den Rang des § 39 Abs. 2 InsO zurücktritt.

Entsprechend den obigen Ausführungen wäre auch in dem Fall des gesellschafterbesicherten Drittdarlehens zu empfehlen, dass der Gesellschafter mit sämtlichen möglichen Regressforderungen in den Rang des § 39 Abs. 2 InsO zurücktritt.

## 2. Ergänzende Vereinbarung einer materiellrechtlichen Rechtsfolge

Haben Gläubiger und Schuldner in Bezug auf eine Forderung neben dem insolvenzrechtlichen Rangrücktritt eine Vereinbarung mit materiellrechtlicher

549 S.o. D.III.1.b)bb)(1).

550 Braun/*Bäuerle*, InsO, § 44a, Rn. 5; FK-InsO/*Bornemann*, § 44a, Rn. 9; KPB/*Preuß*, InsO, § 44a, Rn. 6; Schmidt/*Lüdtke*, InsO, § 44a, Rn. 15; Uhlenbruck/*Knof/Hirte*, InsO, § 44a, Rn. 1; a.A. *Bitter* in MüKo InsO, § 44a, Rn. 25 ff.

Rechtsfolge, wie eine Stundung oder ein Stillhalteabkommen, getroffen, so sind die Unterschiede in der Auswirkung auf die Sicherheit gegenüber der Rangrücktrittsvereinbarung lediglich marginal. Für die Zeit vor Eröffnung des Insolvenzverfahrens ist zu beachten, dass sowohl eine Stundung als auch ein Stillhalteabkommen oder eine Bedingung Einwendungen im Sinne der §§ 768 Abs. 1 S. 1, 1211 Abs. 1, 1137 Abs. 1 BGB darstellen und damit die Verwertung akzessorischer Sicherheiten hindern.[551] Für nicht akzessorische Sicherheiten folgt in der Regel aus dem Sicherungsvertrag, dass ihre Verwertung nur erfolgen darf, wenn die gesicherte Forderung durchsetzbar ist, da sonst der Sicherungszweck nicht gegeben ist.[552] *Bitter* vertritt demgegenüber die Ansicht, der Sicherungsgeber könne sich üblicherweise nicht auf die vorinsolvenzliche Durchsetzungssperre berufen, weil die Bestellung der Sicherheit andernfalls ihren Sinn verlieren würde.[553] Diese Folgerung ist zwar richtig, sie nimmt aber nicht in den Blick, dass eine gewillkürt nachrangige Forderung mit der Zielrichtung der Vermeidung der Überschuldung nicht aus dem Vermögen der Gesellschaft gesichert sein darf, wenn dieses Ziel erfüllt werden soll. Verfolgen die Vertragsparteien hingegen mit dem Rangrücktritt einen hiervon abweichenden Zweck, so bleibt es ihnen unbenommen, im Sicherungsvertrag festzulegen, dass die nicht akzessorische Sicherheit verwertet werden darf, wenn die gesicherte Forderung selbst nicht durchsetzbar ist.

## IV. Zusätzliche Beschränkungen im Insolvenzverfahren

Sowohl gesetzlich nachrangige Forderungen als auch solche, für die ein rechtsgeschäftlicher Rangrücktritt gemäß § 39 Abs. 2 InsO vereinbart wurde, unterliegen im eröffneten Insolvenzverfahren bestimmten Sonderregelungen. Hervorzuheben sind insbesondere die Einschränkung der Möglichkeit der Anmeldung der Forderung zur Insolvenztabelle gemäß § 174 Abs. 3 InsO sowie die Besonderheiten im Insolvenzplanverfahren.

### 1. Anmeldung nachrangiger Forderungen zur Insolvenztabelle

Die Vorschrift des § 174 Abs. 3 InsO sieht vor, dass Gläubiger nachrangiger Forderungen diese nur im Insolvenzverfahren anmelden können, wenn das Insolvenzgericht ausdrücklich zu ihrer Anmeldung auffordert. Im Regierungsentwurf zur

551 Staudinger/*Wolfsteiner* (2015), BGB, § 1137, Rn. 7.
552 *Eickmann* in MüKo BGB, § 1191, Rn. 86.
553 Scholz/*Bitter*, GmbHG, § 64 Anh., Rn. 367.

InsO ist diese Sonderregelung für nachrangige Gläubiger damit begründet, dass sie ohnehin lediglich in Ausnahmefällen mit einer Befriedigung der ihnen zustehenden Forderungen rechnen können.[554] Eine Aufforderung des Insolvenzgerichts wird folglich auch nur in solchen Fällen erfolgen, in denen eine (teilweise) Befriedigung auch von nachrangigen Forderungen aufgrund des Umfangs der Masse möglich wäre.[555] Wird zu der Anmeldung der nachrangigen Forderung jedoch – wie im Regelfall – nicht aufgefordert, so führt das im Ergebnis zu der Nichtteilnahme des betreffenden Gläubigers am Insolvenzverfahren.[556] Selbst im Falle der Anmeldung sind nachrangige Gläubiger gemäß § 77 Abs. 1 S. 2 InsO in der Gläubigerversammlung zwar teilnahme- aber nicht stimmberechtigt.[557] Auch eine Einberufung der Gläubigerversammlung kann nach § 75 Abs. 1 Nr. 3 InsO nicht von nachrangigen Gläubigern beantragt werden.[558] Ebenso ist die Anfechtung von gefassten Beschlüssen ausgeschlossen, § 78 Abs. 1, 2 S. 2 InsO.[559] Wird schließlich am Ende des Insolvenzverfahrens eine Restschuldbefreiung erteilt, so wirkt diese gemäß § 301 Abs. 1 S. 2 InsO ebenso gegenüber den nachrangigen Gläubigern, selbst wenn sie aufgrund der nicht erfolgten Anmeldung der Forderung keine Befriedigung erlangen konnten.[560] Folglich sind die Gläubiger nachrangiger Forderungen formell gesehen zwar Insolvenzgläubiger. Im Insolvenzverfahren über das Vermögen des Schuldners unterliegen sie jedoch zahlreichen Beschränkungen, die letztlich ihre Verfahrensteilnahme faktisch annähernd ausschließen. In Hinblick auf das Ziel der Verfahrenserleichterung ist eine derartige Behandlung gerechtfertigt. Es wäre überflüssig, einem Gläubiger Verfahrensrechte einzuräumen, obwohl er am Ende des Verfahrens regelmäßig nicht mit einer Befriedigung rechnen kann.

Ein Problem kann sich aber hinsichtlich der Verjährung einer nachrangigen Forderung ergeben. Gemäß § 204 Abs. 1 Nr. 10 BGB führt die Anmeldung einer Forderung zur Insolvenztabelle zur Hemmung der Verjährung des Anspruchs. Für nachrangige Forderungen bedeutet das, dass sie bereits vor der Aufforderung durch das Gericht verjähren könnten. Für diesen Fall wird angeraten, die

554 BT-Drs. 12/2443, S. 184.

555 Braun/*Specovius*, InsO, § 174, Rn. 33; Schmidt/*Preß/Henningsmeier*, InsO, § 174, Rn. 31.

556 Braun/*Specovius*, InsO, § 174, Rn. 35; *Riedel* in MüKo InsO, § 174, Rn. 38.

557 *Ehricke* in MüKo InsO, § 77, Rn. 2; FK-InsO/*Schmitt*, § 77, Rn. 5.

558 KPB/*Preuß*, InsO, § 39, Rn. 7; FK-InsO/*Schmitt*, § 75, Rn. 3; Schmidt/*Preß*, InsO, § 75, Rn. 6.

559 KPB/*Preuß*, InsO, § 39, Rn. 7; HK-InsO/*Waltenberger*, § 301, Rn. 3.

560 Uhlenbruck/*Sinz*, InsO, § 174, Rn. 55.

Forderung dennoch unter Hinweis auf den Nachrang zur Tabelle anzumelden, um so die Verjährungshemmung zu erreichen.[561] Nach anderer Ansicht muss die Vorschrift des § 206 BGB entsprechend herangezogen werden, da der Gläubiger allein durch die Vorschriften des Insolvenzrechts an der Rechtsdurchsetzung gehindert wird.[562]

## 2. Einschränkungen im Insolvenzplanverfahren

Zentrale Regelung für die Behandlung nachrangiger Forderungen im Insolvenzplanverfahren ist § 225 Abs. 1 InsO. Danach gelten nachrangige Forderungen im Regelfall für die Aufstellung des Plans als erlassen.[563] Dieser fingierte Erlass hat zur Folge, dass die Forderung gemäß § 397 Abs. 1 BGB erlischt.[564] Eine von diesem Regelfall abweichende Regelung gemäß § 225 Abs. 2 InsO kommt allenfalls in Betracht, wenn die in der Praxis unwahrscheinliche Möglichkeit der Befriedigung auch der nachrangigen Gläubiger besteht.[565] In diesem Fall muss jedoch zunächst eine Aufforderung zur Anmeldung der Forderung gemäß § 174 Abs. 3 InsO durch das Insolvenzgericht erfolgt sein.[566] Zusätzlich ist den nachrangigen Gläubigern die Möglichkeit versagt, über den Insolvenzplan abzustimmen, §§ 246, 225 Abs. 1 InsO.[567] Weitere Sonderregelungen für nachrangige Gläubiger im Planverfahren enthalten die §§ 222 Abs. 1 S. 2 Nr. 2, 225 Abs. 1 in Verbindung mit § 237 Abs. 2 InsO.

561 KPB/*Preuß*, InsO, § 39, Rn. 6.

562 *Riedel* in MüKo InsO, § 174, Rn. 3.

563 *Breuer* in MüKo InsO, § 225, Rn. 1; Braun/*Braun/Frank*, InsO, § 225, Rn. 1.

564 *Breuer* in MüKo InsO, § 225, Rn. 13; Nerlich/Römermann/*Braun*, InsO, § 225, Rn. 2.

565 Braun/*Braun/Frank*, InsO, § 225, Rn. 2; HK-InsO/*Haas*, § 225, Rn. 2.

566 Uhlenbruck/*Lüer/Streit*, InsO, § 225, Rn. 2.

567 Uhlenbruck/*Sinz*, InsO, § 174, Rn. 53.

# E. Grenzen der vertraglichen Gestaltung

Die Vereinbarung eines insolvenzrechtlichen Rangrücktritts sowie diesen ergänzende Absprachen mit materiellrechtlicher Rechtsfolge unterliegen den allgemeinen Kontrollmechanismen, die die Benachteiligung eines Vertragsteils zu verhindern suchen. Namentlich in Betracht kommt eine Prüfung der betreffenden Vertragsklausel auf Übereinstimmung mit den Grundsätzen des AGB-Rechts sowie möglicherweise auch auf Einhaltung der guten Sitten gemäß § 138 Abs. 1 BGB.

## I. AGB-Kontrolle

Sobald die Rangrücktrittsvereinbarung in einem Vertrag enthalten ist, der für eine Vielzahl von Fällen vorformulierte Vertragsbedingungen enthält[568], sind die Vorschriften der §§ 305 ff. BGB anwendbar und die Klausel ist auf ihre AGB-rechtliche Zulässigkeit hin zu überprüfen. Die Voraussetzung des § 305 Abs. 1 S. 1 BGB wird sowohl bei Nachrangdarlehen als auch bei Genussrechten[569], die die beiden häufigsten Fälle des Auftretens von Rangrücktrittsvereinbarungen in vorformulierten Verträgen darstellen, regelmäßig erfüllt sein. Die AGB-Kontrolle ist zudem in dem hier zu betrachtenden Fall der Vereinbarung mit einem Nichtgesellschafter nicht gemäß § 310 Abs. 4 BGB ausgeschlossen, da es sich bei ihr nicht um einen gesellschaftsrechtlichen Vertrag handelt.[570] Dies gilt auch für den Fall der Vereinbarung eines Rangrücktritts in Genussrechtsbedingungen. Auch hier handelt es sich, jedenfalls allein durch die Vereinbarung eines Rangrücktritts, nicht um einen Vertrag auf dem Gebiet des Gesellschaftsrechts.[571]

Ein in Allgemeinen Geschäftsbedingungen vorgesehener Rangrücktritt der Forderung kann insbesondere gegen die Vorschriften der § 305c Abs. 1, § 307 Abs. 1 oder Abs. 2 BGB verstoßen.

568 BGH NZI 2014, 503, 503.

569 Vgl. Hüffer/*Koch*, AktG, § 221, Rn. 29.

570 *Bitter*, ZIP 2015, 345, 348; für Genussrechte vgl. BGHZ 119, 305, 312 = NJW 1993, 57, 58.

571 *Hirte* in Großkomm AktG, § 221, Rn. 399; *Habersack* in MüKo AktG, § 221, Rn. 255 (allenfalls Anwendung des § 310 Abs. 4 BGB, wenn Verlustteilnahme vereinbart wird); K. Schmidt/Lutter/*Merkt*, AktG, § 221, Rn. 74.

## 1. Überraschende Klausel gemäß § 305c Abs. 1 BGB

Eine Klausel wird gemäß § 305c Abs. 1 BGB bereits nicht Vertragsbestandteil, wenn sie ihrem Inhalt nach so überraschend ist, dass der Vertragspartner mit ihr nicht rechnet und auch nicht rechnen muss.[572] So wird erreicht, dass auch bei der Verwendung Allgemeiner Geschäftsbedingungen nur solche Regelungen Vertragsbestandteil werden, die beide Parteien nach den Umständen erwarten konnten.[573] Daher bestimmt der Grad des Auseinanderlaufens von der Vorstellung des Vertragspartners und dem tatsächlichen Inhalt der Klausel, ob diese einen überraschenden Charakter hat.[574]

Da ein erheblicher Unterschied darin besteht, ob ein Vertrag bloß einen insolvenzrechtlichen Rangrücktritt gemäß § 39 Abs. 2 InsO vorsieht oder ob zusätzlich eine materiellrechtliche Rechtsfolge vereinbart werden soll, die die Befriedigungsmöglichkeit der Forderung in der Zeit vor der Insolvenzeröffnung einschränkt, wird im Folgenden zwischen diesen beiden Möglichkeiten unterschieden.

### *a) Insolvenzrechtlicher Rangrücktritt*

Dass der in Allgemeinen Geschäftsbedingungen enthaltene Nachrang der Forderung eine überraschende Klausel darstellt, ist allenfalls in solchen Fällen anzunehmen, in denen es sich nicht bereits nach der Vertragsbezeichnung um ein Genussrecht, ein Nachrangdarlehen oder ein ähnlich benanntes Sanierungsinstrument handelt. Ist der Rangrücktritt beispielsweise in Genussrechtsbedingungen vereinbart, so handelt es sich um eine Klausel, die notwendiger Vertragsbestandteil ist, um eine Behandlung des Genussrechtskaptals als Eigenkapital zu ermöglichen.[575] Auch im Falle eines Nachrangdarlehens ergibt sich bereits aus der Bezeichnung, dass es mit einem vom gesetzlichen Normalfall des § 38 InsO abweichenden Rang verbunden ist.[576] Ist dem Vertragspartner folglich bekannt, dass er mit dem Abschluss des Vertrages ein gegenüber dem „normalen" Darlehensvertrag gemäß § 488 BGB erhöhtes Risiko eingeht, so kann

---

572 Vgl. schon BGH NJW 1977, 195, 196.

573 BT-Drs. 7/3919, S. 19.

574 *Basedow* in MüKo BGB, § 305c, Rn. 5.

575 OLG Bamberg WM 2006, 2093, 2094; *Baetge/Brüggemann*, DB 2005, 2145, 2146 f.; *Zitzelsberger* in Bösl/Schimpfky/Beauvais, Fremdfinanzierung, § 12, Rn. 37; *Bünning*, BB 2014, 2667, 2670; *Hultsch/Roß/Drögemüller*, BB 2007, 819, 819.

576 *Poelzig*, WM 2014, 917, 921.

ihn die Klausel über den Nachrang nicht mehr überraschen.[577] Es fehlt an dem für die Erfüllung des Tatbestands des § 305c Abs. 1 BGB notwendigen Überrumpelungseffekt[578], da die Vorstellung des Vertragspartners nun nicht mehr deutlich von dem Vertragsinhalt abweichen kann. Dementsprechend hat der BGH in einer Entscheidung aus dem Jahr 2014[579] festgestellt, dass die Vereinbarung eines Rangrücktritts zwar eine objektiv ungewöhnliche Klausel ist, dass sie aber keinen überraschenden Charakter hat, sofern ausdrücklich auf sie aufmerksam gemacht wird, insbesondere durch drucktechnische Hervorhebung.[580] Allerdings lag dem Fall der besonders gelagerte Sachverhalt zugrunde, dass ein privater Schulträger von den Eltern der Schüler nachrangige Darlehen einforderte. Eine Übertragbarkeit der Entscheidung auf Rangrücktritte in Genussrechtsbedingungen oder in mit Banken oder sonstigen Finanzdienstleistern vereinbarte Nachrangdarlehen ist daher fraglich.

Letztendlich wird es bei der Entscheidung, ob eine überraschende Klausel vorliegt, auf den konkreten Einzelfall ankommen. Kann aber der Vertragspartner erkennen, dass er in Bezug auf seine Befriedigung ein gegenüber dem Normalfall erhöhtes Risiko eingeht, so ist die Vereinbarung eines Rangrücktritts nicht überraschend.[581]

### *b) Materiellrechtlich wirkende Vereinbarung*

Ist der insolvenzrechtliche Rangrücktritt allerdings mit einer die Befriedigung der Forderung in der Zeit vor der Insolvenzeröffnung einschränkenden materiellrechtlichen Vereinbarung verbunden, so liegt die Situation grundlegend anders. Hier geht der Vertragspartner nicht nur das Risiko ein, in einer möglichen Insolvenz statt einer Quote für seine Forderung überhaupt keine Befriedigung zu erlangen, sondern, je nach Ausgestaltung der konkreten Vereinbarung, bereits in liquiditätsschwachen Phasen nicht berücksichtigt zu werden.

Die beliebte und inzwischen durch den BGH wiederbelebte[582] Bezeichnung des „qualifizierten Rangrücktritts" ist zwar durch die Rechtsprechung des IX. Senats in ihrem Inhalt ausreichend konkretisiert, für Rechtsunkundige wird jedoch allein aus

577 *Poelzig*, WM 2014, 917, 922.
578 BGHZ 84, 109, 112 = NJW 1982, 2309, 2309; BGHZ 109, 197, 201 = NJW 1990, 576, 577.
579 BGH NZI 2014, 503.
580 BGH NZI 2014, 503, 504.
581 So auch *Bitter*, ZIP 2015, 345, 348 f.
582 BGH NJW 2015, 1672.

diesem Begriff kaum erkennbar sein, welche weitreichenden Folgen damit verbunden sind. Um die Rechtsfolge des § 305c Abs. 1 BGB zu vermeiden, sollte daher in jedem Fall nicht lediglich der Begriff des „qualifizierten Rangrücktritts" in der Klausel verwendet, sondern auch auf die damit verbundenen Risiken und Folgen für die Zeit vor der Insolvenzeröffnung hingewiesen werden.[583] Die konkrete Art der Formulierung hängt jedoch auch hier vom Einzelfall ab. Soll der jeweilige Vertrag auch mit Verbrauchern abgeschlossen werden, so empfiehlt sich eine ausführliche Schilderung der Rechtsfolgen einer derartigen Vereinbarung und der dadurch entstehenden praktischen Risiken. Wird die Allgemeine Geschäftsbedingung dagegen ausschließlich im Geschäftsverkehr mit Banken oder anderen Gesellschaften verwendet, so kann die Aufklärung kürzer ausfallen, sollte aber ebenfalls über die bloße Bezeichnung als „qualifizierter Rangrücktritt" hinausgehen.

## 2. Eröffnung der Inhaltskontrolle gemäß §§ 307 ff. BGB

Gemäß § 307 Abs. 3 S. 1 BGB findet eine Inhaltskontrolle von Allgemeinen Geschäftsbedingungen lediglich statt, soweit durch sie von Rechtsvorschriften abweichende oder diese ergänzende Regelungen vereinbart werden. Nach der Begründung des Gesetzentwurfs zur Modernisierung des Schuldrechts sollen, in Übereinstimmung mit Art. 4 Abs. 2 der Richtlinie 1993/13 EWG, „preisbestimmende und leistungsbeschreibende Vertragsklauseln" von der Inhaltskontrolle gleichermaßen ausgeschlossen sein, sofern sie verständlich verfasst sind.[584] Folglich wäre die Vereinbarung eines vertraglichen Rangrücktritts der Inhaltskontrolle gemäß den §§ 307 ff. BGB nicht zugänglich, soweit es sich bei ihm um eine preisbestimmende oder leistungsbeschreibende Klausel handelt.[585] Nach der Rechtsprechung des BGH liegt eine Leistungsbeschreibung vor, wenn sie Umfang, Art und Güte der Leistung festlegt, die gesetzlichen Vorschriften jedoch unberührt lässt.[586] Der Inhaltskontrolle nicht entzogen sollen hingegen solche Klauseln sein, die Einschränkungen oder Ausgestaltungen des Hauptleistungsversprechens vornehmen.[587] Die Abgrenzung zwischen Klauseln, die die Leistung lediglich begrenzen und solchen, die sie konkretisieren, erfolgt nach

583 *Primozic/Schaaf*, ZInsO 2014, 1831, 1834; *Bitter*, ZIP 2015, 345, 349.

584 BT-Drs. 14/6040, S. 154.

585 Sich mit dieser Frage bereits ausführlich auseinandersetzend: *Poelzig*, WM 2014, 917, 922 ff.; *Bitter*, ZIP 2015, 345, 350 ff.

586 BGH NJW-RR 1993, 1049, 1050; BGHZ 123, 83, 84 = NJW 1993, 2369, 2369; BGHZ 130, 150, 156 = NJW 1995, 2637, 2638.

587 Ebd.

Ansicht der Rechtsprechung danach, ob es sich um essentialia negotii des Vertrages handelt (keine Kontrolle) oder um Vereinbarungen, die durch gesetzliche Regeln oder ergänzende Vertragsauslegung ausgetauscht werden könnten (Kontrolle möglich).[588] Die Geeignetheit der Abgrenzung anhand von Haupt- oder Nebenpflichten des Vertrages ist jedoch nicht unbestritten. So wird vielmehr ebenso vertreten, dass im Einzelfall zu beurteilen sei, ob die Klausel auf einer freien Marktentscheidung beruhe und die Kontrolle daher aufgrund des Vorrangs der Privatautonomie ausgeschlossen sei.[589]

Im Falle von Genussrechten, die in den mit dem Erwerb vereinbarten Genussrechtsbedingungen eine Verlustteilnahme des Genussrechtsinhabers vorsehen, hat der BGH entschieden, dass eine derartige Klausel nicht gemäß § 307 ff. BGB zu überprüfen sei.[590] Die Verlustteilnahme sei Teil der Ausgestaltung des Inhalts der Hauptleistungspflichten, die aufgrund der fehlenden Regelung im Gesetz an die Rechtsfolgen, die für das Eigenkapital einer Gesellschaft gelten, angepasst werden können.[591] Da Genussrechte regelmäßig in den Genussrechtsbedingungen mit einem Rangrücktritt versehen sind, schließt sich die Frage an, ob dieser, wie die Verlustteilnahme, eine Ausgestaltung der Hauptleistung darstellt und damit der Inhaltskontrolle entgeht. Dies bejaht beispielsweise *Habersack*, der Nachrang und Verlustbeteiligung in dieser Hinsicht auf eine Stufe stellt.[592] Dagegen spricht sich wiederum *Bitter* aus. Nach seiner Ansicht kommt es für die Zugänglichkeit zu der Inhaltskontrolle im Wesentlichen darauf an, ob eine gesetzliche Vorschrift existiert, von der abgewichen wird oder nicht.[593] Die Existenz von gesetzlichen Vorschriften sei aber wiederum an der Finanzierungsform zu messen, also daran, ob es sich um Fremd- oder Eigenkapital handele. Da beide Möglichkeiten gesetzlich geregelt seien und mezzanine Finanzinstrumente, wie Genussrechte oder Nachrangdarlehen, von diesen „Grundregelungen“ abwichen, indem eine Zwischenstufe geschaffen werde, sei eine Inhaltskontrolle hier stets möglich.[594] Diese Lösung erscheint durchaus plausibel, könnte indessen zu unerwarteten Folgeproblemen führen, wenn die abweichende Regelung durch eine gesetzliche Regelung ersetzt werden soll. Die für unwirksame Klauseln in

588 BGHZ 100, 158, 173 f. = NJW 1987, 1931, 1935; K. Schmidt/Lutter/*Merkt*, AktG, § 221, Rn. 75.

589 Staudinger/*Coester*, BGB (2013), § 307, Rn. 320 f.; *Stoffels*, JZ 2001, 843, 847.

590 BGHZ 119, 305, 315 ff. = NJW 1993, 57, 57 ff.

591 BGHZ 119, 305, 315 = NJW 1993, 57, 59.

592 *Habersack* in MüKo AktG, § 221, Rn. 259.

593 *Bitter*, ZIP 2015, 345, 351.

594 *Bitter*, ZIP 2015, 345, 351 f.

Allgemeinen Geschäftsbedingungen geltende Rechtsfolge ist gemäß § 306 BGB grundsätzlich, dass der Vertrag zunächst wirksam bleibt (Abs. 1) und dass die unwirksame Klausel durch die gesetzlichen Vorschriften zu ersetzen ist (Abs. 2). Daher müsste folgerichtig bei jeder Klausel ermittelt werden, ob sie mehr Eigenschaften der Eigenkapital- oder der Fremdkapitalfinanzierung enthält, damit sie dementsprechend ausgetauscht werden könnte.

Die ständige Rechtsprechung des BGH eröffnet die Inhaltskontrolle für solche Klauseln, die Auswirkungen auf Preis und Leistung des Vertrages haben, wenn sie durch dispositives Gesetzesrecht ersetzt werden können.[595] Diese Ansicht kommt zwar dem Wortlaut des § 307 Abs. 3 S. 1 BGB entgegen, sie beschränkt den Zugang zur Inhaltskontrolle aber einzig auf die Frage, ob eine ergänzende gesetzliche Regelung eingreifen kann. Die leistungsbezogene Klausel ist jedoch sowohl auf ihre Kontrollbedürftigkeit als auch auf ihre Kontrollfähigkeit hin zu überprüfen. Die Frage nach der Ergänzung durch dispositives Gesetzesrecht ist hingegen erst auf der Stufe der Kontrollfähigkeit relevant.[596] Vorgelagert ist zu klären, ob die Klausel überhaupt einer Kontrolle bedarf. Dies ist nach der Zweckrichtung des AGB-Rechts nicht der Fall, wenn eine Regulierung derartiger Klauseln über einen funktionierenden Markt erfolgen kann, der Vertragspartner des Verwenders die Klausel also bewusst in seine Abschlussentscheidung einbezieht und sich ihr nicht ausgeliefert fühlt.[597] Die Inhaltskontrolle von Allgemeinen Geschäftsbedingungen ist demzufolge nur notwendig, falls eine funktionierende Marktregulierung nicht (mehr) besteht.[598] Der BGH formuliert den Sinn und Zweck allerdings etwas enger dahingehend, dass der

> „Vertragspartner des Verwenders vor einseitig ausbedungener, inhaltlich unangemessener Verkürzung der vollwertigen Leistung, wie er sie nach dem Gegenstand und Zweck des Vertrages erwarten darf, geschützt“[599]

---

595 BGHZ 146, 331, 338 = NJW 2001, 2399, 2401; BGH NJW 2000, 651, 651 (mwN); Diesen Grundsatz verfolgt der BGH auch in seinem neueren Urteil v. 20.02.2014: „*Die Vereinbarung eines Nachranges für den Anspruch auf Darlehensrückzahlung enthält eine von den allgemeinen insolvenzrechtlichen Bestimmungen abweichende Regelung. Wegen §§ 38, 174 I InsO sind die angemeldeten Forderungen der Insolvenzgläubiger im Grundsatz gleichrangig und damit gleichmäßig zu befriedigen. […]*“ BGH, NZI 2014, 503, 505; so auch FK-InsO/*Bornemann*, § 39, Rn. 100.

596 Staudinger/*Coester*, BGB (2013), § 307, Rn. 328.

597 Siehe dazu Staudinger/*Coester*, BGB (2013), § 307, Rn. 319 ff.; *Wurmnest* in MüKo BGB, § 307, Rn. 12.

598 *Stoffels*, JZ 2001, 843, 847; a.A. Bamberger/Roth/*H. Schmidt*, BGB, § 307, Rn. 81.

599 BGHZ 100, 158, 174 = NJW 1987, 1931, 1935.

werden muss. Zusätzlich soll durch die Inhaltskontrolle ein fairer Interessenausgleich hergestellt werden, indem Klauseln überprüft werden, die der Vertragspartner des Verwenders aufgrund fehlender Ausweichmöglichkeit akzeptieren musste.[600] Anhand dieser Zweckrichtung ist denn auch die Vereinbarung eines Rangrücktritts gemäß § 39 Abs. 2 InsO zu untersuchen.

Es stellt sich damit die Frage, ob der Vertragspartner bei Erwerb eines Genussrechts oder bei Abschluss eines Nachrangdarlehens erwarten kann und muss, dass seine Forderung in der Insolvenz des Verwenders gemäß § 39 Abs. 2 InsO im Rang zurücktreten wird und ob eine derartige Klausel einem fairen Interessenausgleich widerspricht. Natürlich bedeutet ein solcher Vertragsinhalt ein Abweichen von der „Normalsituation", nach der jede Forderung zunächst mit denen sämtlicher anderer Gläubiger gemäß §§ 38, 174 Ab. 1 InsO gleichrangig zu befriedigen ist.[601] Eine Gleichbehandlung in der Insolvenz kann jedoch bei den vorgenannten Vertragstypen nicht erwartet werden. Bei Nachrangdarlehen ergibt sich dies bereits aus der Bezeichnung des Vertrages und bei Genussrechten ist anerkannt, dass sie nur als Eigenkapital der ausgebenden Gesellschaft ausgewiesen werden dürfen, wenn sie mit einem Nachrang versehen sind.[602] Der Rangrücktritt ist also bei beiden Vertragsarten in der allgemeinen Geschäftspraxis durchaus zu erwarten und er ist ein prägender Teil dieser Finanzierungsinstrumente.[603] Zudem führt eine Rangrücktrittsklausel nicht zwingend zu einem Interessenungleichgewicht zwischen den Vertragsparteien. Erwerber von Genussrechten gehen nicht nur in Bezug auf den Nachrang der Forderungen ein erhöhtes Risiko ein, häufig wird auch eine Verlustteilnahme vereinbart – welche laut dem BGH[604] keiner Inhaltskontrolle unterliegt. Dieses Risiko geht der Erwerber in der Hoffnung auf eine erhöhte Gewinnmöglichkeit ein. Ähnlich verhält es sich im Falle des Nachrangdarlehens. Hier wird regelmäßig ebenfalls das erhöhte Risiko mit einem höheren Zinssatz vergütet.[605] Es könnte aber weiter vorgebracht werden, dass der Vertragspartner einer solchen Klausel weniger Interesse entgegenbringen könnte, da es sich um eine Rechtsfolge handelt, die

600 Staudinger/*Coester*, BGB (2013), § 307, Rn. 2.

601 BGH NZI 2014, 503, 505; *Poelzig*, WM 2014, 917, 923 f.

602 OLG Bamberg WM 2006, 2093, 2094; *Baetge/Brüggemann*, DB 2005, 2145, 2146 f.; *Zitzelsberger* in Bösl/Schimpfky/Beauvais, Fremdfinanzierung, § 12, Rn. 37; *Bünning*, BB 2014, 2667, 2670; *Hultsch/Roß/Drögemüller*, BB 2007, 819, 819.

603 So auch (mit sehr ausführlicher Herleitung) *Poelzig*, WM 2014, 917, 923 f.

604 BGHZ 119, 305, 315 = NJW 1993, 57, 59.

605 Vgl. dazu oben B.IV.

nicht gesichert eintreten wird.[606] Dagegen spricht wiederum die ausdrückliche Bezeichnung als Nachrangdarlehen oder die Sonderstellung eines Genussrechts. In beiden Fällen handelt es sich nicht um einen typischen Vertragstyp, bei dem der Vertragspartner nicht auf jedes Detail in den Allgemeinen Geschäftsbedingungen achten würde. Vielmehr wird allein die ungewöhnliche Bezeichnung oder Ausgestaltung bereits dazu beitragen, dass auf eine Vertragsbestimmung geachtet wird, deren Wirkung erst in dem Eventualfall der Insolvenz eintreten wird. Folglich bedarf es im Falle von Nachrangdarlehen oder Genussrechten keiner inhaltlichen Kontrolle der Rangrücktrittsklausel, da ihre Regulierung bereits durch einen funktionierenden Markt gewährleistet ist.[607] Die Privatautonomie genießt insoweit Vorrang gegenüber der richterlichen Vertragskontrolle.[608]

Anders lässt sich die Situation aber beurteilen, wenn sich nicht bereits aus der Bezeichnung oder der Art des Finanzierungsmittels ergibt, dass dieses mit einem Nachrang verbunden sein könnte. Wird folglich in einen „normalen" Darlehensvertrag eine solche Klausel aufgenommen, so sind sowohl die Erwartungshaltung als auch die Interessenlage der Parteien anders zu beurteilen. Allerdings dürfte in einem solchen Fall regelmäßig der Tatbestand des § 305c Abs. 1 BGB erfüllt sein.

Zweifelhaft ist weiterhin, ob die Vereinbarung des Nachrangs einen beliebigen Umfang haben kann, ob sie beispielsweise ohne Weiteres eine Erstreckung in Form der Vereinbarung einer materiellrechtlichen Rechtsfolge, die die Befriedigungsmöglichkeit der Forderung in der Zeit vor der Eröffnung des Insolvenzverfahrens einschränkt, enthalten darf, ohne der Inhaltskontrolle zu unterliegen. Dagegen spricht zunächst, dass der Rangrücktritt im Gesetz lediglich in § 39 Abs. 2 InsO zu finden ist und dort nach dem Wortlaut ausschließlich auf die Zeit nach der Insolvenzeröffnung Auswirkung hat. Die Kenntnis davon, dass der BGH[609] eine Beschränkung auf diesen Zeitraum nicht als ausreichend ansieht, um das regelmäßig angestrebte Ziel der Nichtpassivierung der Forderung in der Überschuldungsbilanz zu erreichen, kann von den Vertragsparteien nicht vorausgesetzt werden. Daher übersteigt diese Besonderheit den Erwartungshorizont des Vertragspartners des Verwenders, wenn lediglich von einem Nachrangdarlehen die Rede ist. Darüber hinaus ginge er in dieser Situation ein erheblich größeres Risiko ein als bei der Vereinbarung lediglich eines insolvenzrechtlichen

606 *Stoffels*, JZ 2001, 843, 848.

607 Im Ergebnis ähnlich: *Primozic/Schaaf*, ZInsO 2014, 1831, 1835; *Poelzig*, WM 2014, 917, 924; a.A. *Bitter*, ZIP 2015, 345, 351 f.

608 Vgl. dazu Bamberger/Roth/*H. Schmidt*, BGB, § 307, Rn. 1, 76.

609 BGH NJW 2015, 1672, 1673.

Rangrücktritts. Auch dieses Risiko wird im Zweifel nicht in der Interessenlage der Parteien vollen Niederschlag gefunden haben. Folglich findet die Kontrollfreiheit ihre Grenze dort, wo über den Wortlaut der §§ 19 Abs. 2 S. 2, 39 Abs. 2 InsO hinaus eine zusätzliche Einschränkung der Rückzahlbarkeit der Hauptforderung für den Zeitraum vor der Eröffnung der Insolvenz vereinbart werden soll.

### 3. Transparenzgebot, § 307 Abs. 1 S. 2 BGB

Unabhängig von der Frage, ob für Rangrücktrittsvereinbarungen in Allgemeinen Geschäftsbedingungen die Inhaltskontrolle überhaupt eröffnet ist, greift doch stets die Transparenzkontrolle ein, arg. § 307 Abs. 3 S. 2 BGB. Gemäß § 307 Abs. 1 S. 2 BGB kann eine unangemessene Benachteiligung des Vertragspartners auch aus dem Grund angenommen werden, dass eine Klausel nicht klar und verständlich formuliert ist. Liegt ein Verstoß gegen das Gebot der Verständlichkeit vor, so bedarf es überdies keiner weiteren inhaltlichen Kontrolle.[610] Relevant im Zusammenhang mit der Überprüfung von Rangrücktrittsvereinbarungen in Allgemeinen Geschäftsbedingungen dürfte vor allem die Fallgruppe[611] des Bestimmtheitsgebots sein. Die tatbestandlichen Voraussetzungen und Rechtsfolgen müssen danach so umfassend und deutlich beschrieben werden, dass dem Verwender der Allgemeinen Geschäftsbedingung keine ungerechtfertigten Beurteilungsspielräume entstehen können.[612] Das AG Itzehoe hat jüngst entschieden, dass das Bestimmtheitsgebot durch Genussrechtsbedingungen verletzt wird, nach denen das Genussrechtskapital nachrangig dem „sonstigen Eigenkapital" haften soll.[613] Dies folge daraus, dass der Anleger nicht erkennen könne, welche konkreten Positionen unter dieses „sonstige Eigenkapital" fallen sollen.[614] Allerdings kann festgehalten werden, dass es sich bei dieser Entscheidung um einen Einzelfall handelt, in dem die konkrete Formulierung in den Genussrechtsbedingungen zu beanstanden war. Allgemeine Grundsätze für die Vereinbarung eines Rangrücktritts lassen sich daraus nicht herleiten.

Vielmehr verfolgt der BGH den Ansatz, dass die Verwendung des Rechtsbegriffs „nachrangiges Darlehen" in Allgemeinen Geschäftsbedingungen selbst

---

610 *Wurmnest* in MüKo BGB, § 307, Rn. 56; Staudinger/*Coester*, BGB (2013), § 307, Rn. 174.

611 Vgl. zu den verschiedenen Fallgruppen des Transparenzgebots: Staudinger/*Coester*, BGB (2013), § 307, Rn. 180 ff.

612 BGH NJW 2004, 1598, 1600; AG Itzehoe, ZIP 2014, 1038, 1040.

613 AG Itzehoe, ZIP 2014, 1038, 1040.

614 Ebd.

noch nicht gegen das Transparenzgebot verstößt.[615] Da es sich um einen gängigen Rechtsbegriff handele, sei der Verwender nicht verpflichtet, diesen näher zu erläutern.[616] Fraglich ist allerdings, ob dies auch für den Begriff des „qualifizierten Rangrücktritts" gelten kann. Wie bereits eingehend dargestellt[617], handelt es sich hierbei um eine Verbindung eines insolvenzrechtlichen Rangrücktritts gemäß § 39 Abs. 2 InsO mit einer auch materiellrechtlichen Rechtsfolge. Das Risiko, dass die Forderung des Vertragspartners nicht zurückgeführt wird, ist damit folglich wesentlich erhöht, da in der Zeit vor der Insolvenzeröffnung nur unter Einhaltung strenger Voraussetzungen eine Befriedigung erfolgen kann. So hat das VG Frankfurt denn auch entschieden, dass die Vereinbarung eines „qualifizierten Rangrücktritts" gegen das Transparenzgebot des § 307 Abs. 1 S. 2 BGB verstößt, wenn dessen Rechtsfolgen anhand von weiteren Rechtsbegriffen, wie „Insolvenz", „Liquidation des Käufers", „illiquide Mittel" und „bilanzielle Überschuldung" erklärt werden.[618] Zwar hat der BGH in dem Urteil vom 05.03.2015 endgültig festgelegt, was unter einem „qualifizierten Rangrücktritt" zu verstehen ist.[619] Allerdings kann die Kenntnis der Tragweite der darin vorgesehenen Rechtsfolgen beispielsweise von dem durchschnittlichen Erwerber eines Genussrechts wohl nicht erwartet werden. Anders als bei der Vereinbarung eines „einfachen" oder insolvenzrechtlichen Rangrücktritts, sollten daher die Rechtsfolgen und Risiken des „qualifizierten Rangrücktritts" in der Vertragsbestimmung ausführlich erläutert werden, um sicherzustellen, dass die Klausel nicht für unwirksam erklärt wird.[620]

## 4. Unangemessene Benachteiligung, § 307 Abs. 1 S. 1 BGB

Bei Vereinbarung eines „qualifizierten Rangrücktritts" bzw. eines insolvenzrechtlichen Rangrücktritts verbunden mit einer Abrede mit materiellrechtlichen Rechtsfolgen in Allgemeinen Geschäftsbedingungen, ist aufgrund der eröffneten Inhaltskontrolle[621] insbesondere zu prüfen, ob der Vertragspartner des Verwenders durch die Klausel entgegen der Gebote von Treu und Glauben unangemessen benachteiligt wird, § 307 Abs. 1 S. 1 BGB. Für die Feststellung,

---

615 BGH NZI 2014, 503, 505.

616 Ebd.

617 S. B.III.3.c).

618 VG Frankfurt v. 26.11.2013 – 9 L 2958/13.F, zitiert nach juris, Rn. 28.

619 Vgl. B.II.2.b)bb).

620 Einen Formulierungsvorschlag unterbreitet *Bitter*, ZIP 2015, 345, 350.

621 Dazu oben E.I.2.

ob eine Benachteiligung unangemessen ist, ist eine Interessenabwägung unter Berücksichtigung des gesamten Vertragsinhalts vorzunehmen.[622] Dass die Vereinbarung eines „qualifizierten Rangrücktritts" zu Lasten des Vertragspartners des Verwenders objektiv eine Benachteiligung darstellt, bedarf keiner näheren Erläuterung. Die Unangemessenheit der Benachteiligung ist weiter danach zu beurteilen, ob der Verwender etwaige die Benachteiligung rechtfertigende Gegeninteressen hat, ob die Beeinträchtigung der Interessen des Vertragspartners erforderlich war und ob sie eventuell durch andere Vorteile im Vertrag kompensiert wird.[623] Nach der neuesten Rechtsprechung des BGH setzt der „qualifizierte Rangrücktritt" voraus, dass die betreffende Forderung vor der Eröffnung des Insolvenzverfahrens nicht befriedigt werden darf, sofern der Schuldnerin dadurch das Eintreten der Überschuldung oder Zahlungsunfähigkeit droht.[624] Damit geht der Vertragspartner ein nahezu unüberschaubares Risiko in Bezug auf die Befriedigungsmöglichkeit seiner Forderung ein, welchem ein großer Vorteil gegenüberstehen müsste, damit keine unangemessene Benachteiligung besteht.[625] In dem vom BGH entschiedenen Fall wurde eine unangemessene Benachteiligung dennoch verneint, da zugunsten der Vertragspartnerin Kontroll- und Einwirkungsmöglichkeiten eingeräumt waren.[626] Hierbei dürfte es sich allerdings um einen Einzelfall handeln. Insbesondere ist nicht anzunehmen, dass derartige Möglichkeiten auch in einem vorformulierten Vertrag enthalten wären. Ungeachtet des hier besonders gelagerten Sachverhalts, gelten die Anforderungen an den „qualifizierten Rangrücktritt" mit dem Ziel der Vermeidung der Überschuldung jedoch in jedem Fall. Daher wird im Normalfall der Vereinbarung eines „qualifizierten Rangrücktritts" in Allgemeinen Geschäftsbedingungen eine unangemessene Benachteiligung des Vertragspartners vorliegen.[627]

## 5. Folgen der neuen Rechtsprechung des BGH

Das Urteil des BGH vom 05.03.2015[628] stellt als Voraussetzung für die Nichtpassivierung einer Forderung in der Überschuldungsbilanz die Vereinbarung eines insolvenzrechtlichen Rangrücktritts verbunden mit einer vorinsolvenzlich

---

622 *Wurmnest* in MüKo BGB, § 307, Rn. 33 f.; Staudinger/*Coester*, BGB (2013), § 307, Rn. 95 f.; BGH, NZI 2014, 503, 505.

623 Staudinger/*Coester*, BGB (2013), § 307, Rn. 96.

624 BGH NJW 2015, 1672, 1674.

625 *Bitter*, ZIP 2015, 345, 352.

626 *Poelzig*, BB 2015, 973, 980.

627 So auch *Bitter*, ZIP 2015, 345, 354.

628 BGH NJW 2015, 1672.

wirkenden Rückzahlungssperre auf. Wie bereits dargestellt, ist eine solche Vereinbarung in Allgemeinen Geschäftsbedingungen sehr problematisch, da nahezu stets eine unangemessene Benachteiligung des Vertragspartners des Verwenders anzunehmen ist. Für die Praxis bedeutet das, dass die gewünschte Vermeidung der Überschuldung kaum mittels eines in Allgemeinen Geschäftsbedingungen enthaltenen Rangrücktritts erreicht werden kann. Insbesondere im Fall von Genussrechten kann dies in der Praxis erhebliche Konsequenzen nach sich ziehen. Bei den mit dem Erwerb von Genussrechten vereinbarten Genussrechtsbedingungen handelt es sich regelmäßig um kontrollfähige Allgemeine Geschäftsbedingungen.[629] Zwar sind die darin enthaltenen Rangrücktritte meist vereinbart, damit eine Behandlung des Genussrechtskapitals als Eigenkapital des Emittenten erreicht werden kann, die zusätzliche Möglichkeit der Nichtpassivierung in der Überschuldungsbilanz kommt den Interessen des Emittenten aber ebenfalls entgegen. Durch die Vorgaben des BGH ist es nunmehr allerdings nahezu ausgeschlossen, dieses zweite Ergebnis zu erreichen. Entweder die Klausel erfüllt die Voraussetzung der Rechtsprechung, stellt damit aber eine unangemessene Benachteiligung des Vertragspartners dar und wird damit unwirksam, oder die Klausel bleibt unter den Anforderungen und kann die Vermeidung der Überschuldung nicht bewirken.

Aus Anlegerschutzgesichtspunkten mag das ein zweckmäßiges Ergebnis sein. Allerdings könnte es dazu führen, dass die Relevanz des Rangrücktritts als überschuldungsvermeidendes Instrument erheblich an Bedeutung verlieren wird.

## II. Sittenwidrigkeit oder Wuchergeschäft

Neben der AGB-Kontrolle von Rangrücktrittsvereinbarungen wird von *Bitter* zusätzlich die Möglichkeit in Betracht gezogen, dass ein Verstoß gegen § 138 Abs. 1 und/oder Abs. 2 BGB vorliegen könnte.[630] Im Fall der Vereinbarung einer vorinsolvenzlichen Rückzahlungssperre ohne gleichzeitige Einräumung von Informations- oder Mitwirkungsrechten läge im Grunde eine „Selbstentmündigung“ vor.[631] Das Eingreifen von § 138 BGB kann jedoch nur angenommen werden, soweit der Meinung gefolgt wird, dass § 138 BGB auch anwendbar ist, wenn die konkrete Klausel bereits der Inhaltskontrolle der §§ 307 ff. BGB unterliegt.[632]

629 Vgl. BGHZ 119, 305, 315 ff. = NJW 1993, 57, 57 ff.

630 *Bitter*, ZIP 2015, 345, 354.

631 Ebd.

632 Für eine Anwendung von § 138 BGB neben den §§ 307 ff. BGB: Staudinger/*Sack/Fischinger*, BGB (2011), § 138, Rn. 189; Staudinger/*Coester*, BGB (2013), § 307, Rn. 34;

Hinsichtlich der Rechtsfolgen ändert sich allerdings ohnehin nichts, selbst wenn das parallele Eingreifen des § 138 BGB bejaht werden sollte. Da die Rechtsfolge des § 306 Abs. 1 BGB erhalten bleiben soll, darf sie nicht dadurch ausgehöhlt werden, dass aufgrund der Sittenwidrigkeit nur einer Vertragsklausel die Nichtigkeit des gesamten Vertrages gemäß § 139 BGB angenommen wird.[633] Selbst wenn also neben der Unwirksamkeit aufgrund einer unangemessenen Benachteiligung der Rangrücktrittsklausel zusätzlich ein Verstoß gegen die guten Sitten anzunehmen wäre, so wäre doch die Rechtsfolge dieselbe. Zudem ist ein Sachverhalt, in dem die Rangrücktrittsklausel der Inhaltskontrolle standhielte, aber ein Fall des § 138 BGB einschlägig wäre, sehr unwahrscheinlich.

---

Soergel/*Hefermehl*, BGB, § 138, Rn. 66; **gegen** eine Anwendung nebeneinander: RGRK/*Krüger-Nieland/Zöller*, BGB, § 138, Rn. 18; *Wurmnest* in MüKo BGB, Vor § 307, Rn. 10; *Armbrüster* in MüKo BGB, § 138, Rn. 5 (§ 138 BGB gilt nur „subsidiär"); *Bruse*, BB 1986, 478, 482 ff.

633 Staudinger/*Sack/Fischinger*, BGB (2011), § 138, Rn. 190; Bamberger/Roth/*H. Schmidt*, BGB, § 306, Rn. 7; BGH, NJW 2001, 2466, 2468.

# F. Aufhebung von Rangrücktrittsvereinbarungen

Ist die Vereinbarung eines vertraglichen Rangrücktrittes zwischen Schuldner und Gläubiger einer beliebigen Forderung zulässig, so stellt sich zugleich die Frage, ob eine derartige Vereinbarung ohne Weiteres durch die Vertragsparteien wieder aufgehoben werden kann.

Für den Zeitraum vor der Insolvenzeröffnung ist die Frage nach der Aufhebbarkeit einer Rangrücktrittsvereinbarung von großer Bedeutung. Insbesondere falls die Aufhebung zu einer Zeit erfolgen soll, in der sich die Schuldnergesellschaft bereits in der Krise und damit kurz vor Eintritt der materiellen Insolvenz befindet. Eine Aufhebung hätte in diesem Fall unweigerlich zur Folge, dass die materielle Insolvenz durch sie unmittelbar eintritt, da nunmehr eine Passivierung der zuvor nachrangigen Forderung in der Überschuldungsbilanz erfolgen muss. Darüber hinaus wäre der ehemals nachrangige Gläubiger – sofern es sich um einen Nichtgesellschafter handelt – wieder „normaler“ Insolvenzgläubiger gemäß § 38 InsO und träte somit bei der Verteilung der Masse in Konkurrenz zu den übrigen Gläubigern.

## I. Möglichkeit und Grenzen der Aufhebbarkeit einer Rangrücktrittsvereinbarung

Bei der vertraglichen Aufhebung einer Rangrücktrittsvereinbarung stehen sich zwei widerstreitende Grundsätze gegenüber. Zum einen ist die Privatautonomie der Vertragsparteien zu berücksichtigen und zum anderen darf die Schutzbedürftigkeit der übrigen Gläubiger der Schuldnergesellschaft nicht unbeachtet bleiben.

### 1. Grundsatz der Privatautonomie

Die Vereinbarung eines insolvenzrechtlichen Rangrücktritts sowie die ergänzende Vereinbarung einer materiellrechtlichen Rechtsfolge, die in dem Zeitraum vor der Insolvenzeröffnung Wirkung entfaltet, stellen Verträge dar, deren Aufhebung grundsätzlich ebenfalls einer privatautonomen Entscheidung der Parteien unterfällt.[634] Dass es sich bei der Rangrücktrittsvereinbarung um einen Prozessvertrag und keinen materiellrechtlichen Vertrag handelt, ändert an dieser Beurteilung nichts, da sich der Abschluss und demzufolge auch die Aufhebung des Vertrags nach den allgemeinen Vorschriften des BGB richtet.[635]

Eine Einschränkung ist jedoch dort vorzunehmen, wo eine einseitige Kündigungsmöglichkeit des Rangrücktritts vorgesehen ist. In diesem Fall läge die Entscheidung über die Weiterführung der Sanierungsbemühungen allein bei dem betreffenden Gläubiger und der Schuldner wäre seiner Entscheidung ausgeliefert.[636] Um das Ziel der Nichtpassivierung der subordinierten Forderung in der Überschuldungsbilanz zu erreichen, kann einer Ansicht entsprechend eine kündbare Rangrücktrittsvereinbarung daher nicht ausreichend sein.[637]

Eine weitere Einschränkung greift außerdem ein, sobald das Insolvenzverfahren eröffnet wurde, bzw. sobald ein Verfügungsverbot für den Schuldner im Vorverfahren angeordnet wurde. In diesem Fall ist nur noch der Insolvenzverwalter berechtigt, eine Aufhebungsvereinbarung mit dem Gläubiger abzuschließen, bzw. muss der vorläufige Insolvenzverwalter im vorläufigen Insolvenzverfahren der Aufhebung zustimmen.[638]

Im Fall der Vereinbarung des Rangrücktritts für ein Gesellschafterdarlehen ist ergänzend zu beachten, dass gemäß altem Eigenkapitalersatzrecht nach der Aufhebung der Vereinbarung wieder die Rückzahlungssperre des § 30 Abs. 1 GmbHG analog eingriff[639] und dass nach derzeit geltendem Recht das Darlehen „automatisch" wieder den Rang des § 39 Abs. 1 Nr. 5 InsO einnimmt, allerdings ohne einer vorinsolvenzlichen Rückzahlungssperre zu unterliegen.

---

634 *Frystatzki*, NZI 2013, 609, 614; *Wittig*, NZI 2001, 169, 175; *K. Schmidt* in FS Frotscher, S. 547; *K. Schmidt*, ZIP 1999, 1241, 1247; Braun/*Bäuerle*, § 39, Rn. 30; Uhlenbruck/*Hirte*, InsO, § 39, Rn. 56; *Bitter*, ZIP 2013, 2, 5 f.; Scholz/*Bitter*, GmbHG, Anh. § 64, Rn. 368; *Henkel/Wentzler*, GmbHR 2013, 239, 240; *Leithaus/Schaefer*, NZI 2010, 844, 848; *Taplan/G. Baumgartner/E. Baumgartner*, GmbHR 2015, 347, 349.

635 Vgl dazu bereits oben B.V.2.b).

636 *Teller/Steffan*, Rangrücktrittsvereinbarungen, Rn. 399; *Frystatzki*, NZI 2013, 609, 614.

637 *Leithaus/Schaefer*, NZI 2010, 844, 848.

638 *Wittig*, NZI 2001, 169, 175; Scholz/*Bitter*, GmbHG, Anh. § 64, Rn. 368; *Habersack*, ZGR 2000, 384, 406.

639 Dazu BGH NJW 1983, 120, 121; *Habersack*, ZGR 2000, 384, 407 f.; *K. Schmidt*, ZIP 1999, 1241, 1246.

## 2. Begrenzung aufgrund Vertrauensschutzes oder Bestehen eines Vertrags zugunsten der übrigen Gläubiger

Aufgrund der negativen Folgen der nachträglichen Aufhebung einer Rangrücktrittsvereinbarung für die übrigen Gläubiger des Schuldners vertreten einige Stimmen in der Literatur die Ansicht, dass die Aufhebbarkeit gewissen Einschränkungen unterliegen müsse. Die Rechtsprechung hat sich erstmals in dem Urteil vom 05.03.2015[640] mit dieser Frage beschäftigt und befürwortet darin ebenfalls den Vorrang des Gläubigerschutzes gegenüber der Privatautonomie.

Die Einschränkung der Aufhebbarkeit wird von den Vertretern dieser Ansicht darauf zurückgeführt, dass die Rangrücktrittsvereinbarung einen Vertrag zugunsten der übrigen Gläubiger der Schuldnergesellschaft darstelle.[641] Der einmal erklärte Rangrücktritt diene dem Schutz dieser Gläubiger und verleihe ihnen ein „eigenes und unentziehbares Recht".[642] Die Aufhebung des Rangrücktritts sei demzufolge allenfalls möglich, wenn die übrigen Gläubiger dem zustimmten.[643] Dass die Vertragsparteien als primären Zweck der Vereinbarung nicht den Schutz der anderen Gläubiger verfolgten, sei unschädlich, da es sich hierbei auf dem Weg zur Sanierung des Schuldners stets um ein notwendiges Zwischenziel handele.[644] Einer ausdrücklichen dahingehenden Äußerung der Parteien bedürfe es daher ebenso wenig.[645]

Dagegen wird eingewandt, dass es den Gläubigern an der „tatsächlichen Leistungsnähe" fehle[646] und dass überdies ein unüberschaubarer Personenkreis betroffen sei, was gegen einen Vertrag zugunsten eines – zumeist konkret bestimmten – Dritten spreche.[647] Weiter sei das von den Parteien der Vereinbarung ursprünglich verfolgte Ziel die Vermeidung der Überschuldung und nicht der

640 Vgl dazu bereits oben B.II.2.b).

641 BGH NJW BGH NJW 2015, 1672, 1676; *Duss*, AG 1974, 133, 134 (zum Schweizer Recht); *Fleischer*, Finanzplankredite und Eigenkapitalersatz, S. 291 f.; a.A. *Leithaus/Schaefer*, NZI 2010, 844, 848; insgesamt die Einschränkung der Aufhebbarkeit beim Vertrag zu Gunsten Dritter verneinend *Solomon* in FS Westermann, S. 672 ff.

642 *Duss*, AG 1974, 133, 134 (zum Schweizer Recht); so auch *Fleischer*, Finanzplankredite und Eigenkapitalersatz, S. 291 f.

643 BGH NJW BGH NJW 2015, 1672, 1676.

644 *Fleischer*, Finanzplankredite und Eigenkapitalersatz, S. 291 f.; a.A. *Wittig*, NZI 2001, 169, 175.

645 *Fleischer*, Finanzplankredite und Eigenkapitalersatz, S. 291 f.

646 *Herget*, AG 1974, 137, 141.

647 *Herget*, AG 1974, 137, 141; *Wittig*, NZI 2001, 169, 175.

Schutz der übrigen Gläubiger.[648] Laut *Bitter* könne es sich bei einer Rangrücktrittsvereinbarung zwar grundsätzlich um einen Vertrag zugunsten Dritter handeln. Dies setze aber voraus, dass durch den Vertrag tatsächlich Ansprüche für die anderen Gläubiger begründet würden.[649]

*Habersack* spricht sich für ein besonderes Schutzbedürfnis der übrigen Gläubiger der Schuldnergesellschaft aus, auch wenn möglicherweise kein Vertrag zugunsten Dritter vorliege. So bestünde die Möglichkeit, dass einige Gläubiger sich nur aufgrund des vereinbarten Rangrücktritts zu einer weiteren Kreditgewährung bereit erklärten.[650] Das sei namentlich der Fall, wenn der Rangrücktritt im Jahresabschluss der Schuldnergesellschaft veröffentlicht würde.[651] Die Kritiker dieser Auffassung heben hervor, dass streng genommen bei einem Forderungserlass durch den Schuldner gegenüber einem Dritten ein ebenso großes Schutzbedürfnis der übrigen Gläubiger bestehen müsste. In diesem Fall beriefe sich jedoch niemand auf das schützenswerte Vertrauen der Gläubiger.[652]

## II. Vergleich mit weiteren Sanierungsinstrumenten

Eine differenziertere Betrachtungsweise der Problematik lässt sich erreichen, wenn über den Rangrücktritt hinaus weitere Sanierungsinstrumente in den Blick genommen werden, bei denen sich die Frage der freien Aufhebbarkeit ebenfalls stellt. Von der Rechtsprechung diskutiert wurde vor allem die Aufhebung von Finanzplankrediten und Patronatserklärungen. Ein wichtiger Unterschied zu einer Rangrücktrittserklärung besteht bei diesen Konstruktionen allerdings darin, dass es sich bei ihnen ausschließlich um Sanierungshilfen von Gesellschaftern handelt, während der Rangrücktritt auch von einem außenstehenden Dritten erklärt werden kann. Eine wesentliche Gemeinsamkeit liegt aber darin, dass es sich bei sämtlichen erwähnten Sanierungsformen um privatautonome Vereinbarungen handelt, die einen Insolvenzeröffnungsgrund für den Schuldner zu vermeiden suchen. Anhand der Rechtsprechung zu den genannten Instrumenten soll ermittelt werden, ob der BGH bei der Frage der Aufhebbarkeit und des damit einhergehenden Drittschutzes eine einheitliche Linie verfolgt.

---

648 *Leithaus/Schaefer*, NZI 2010, 844, 848.

649 Scholz/*Bitter*, GmbHG, Anh. § 64, Rn. 369.

650 *Habersack*, ZGR 2000, 384, 406 f.; Ulmer/*Habersack*, GmbHG, Anh. § 30, Rn. 184.

651 *Habersack*, ZGR 2000, 384, 406 f.; a.A. Uhlenbruck/*Hirte*, InsO, § 39, Rn. 56; Scholz/*Bitter*, GmbHG, Anh. § 64, Rn. 369; *Leithaus/Schaefer*, NZI 2010, 844, 848.

652 *Leithaus/Schaefer*, NZI 2010, 844, 848.

## 1. Finanzplankredit

Im Jahr 1999 hat der II. Zivilsenat des BGH über die Möglichkeit der Aufhebung eines Finanzplankredits entschieden.[653] Unter einem Finanzplankredit ist die Darlehenszusage eines Gesellschafters zu verstehen, die er vertraglich gegenüber der Gesellschaft - zumeist schon im Gesellschaftsvertrag - erklärt.[654] Eine solche Vereinbarung wird, um die Nähe zum Eigenkapital der Gesellschaft aufzuzeigen, durch den BGH auch als „gesplittete Einlage" bezeichnet.[655] Im Unterschied zum früheren eigenkapitalersetzenden Darlehen handelt es sich beim Finanzplankredit lediglich um das Versprechen, einen Kredit zu gewähren.[656] Nach erwähnter Rechtsprechung ist eine Aufhebung einer derartigen Vereinbarung allenfalls bis zum Eintritt der Krise der Gesellschaft möglich.[657] Dies folge jedoch nicht aus den Grundsätzen zum Eigenkapitalersatzrecht, sondern vielmehr daraus, dass der Finanzplankredit wie eine nicht vollständig erbrachte Einlage zu behandeln sei.[658] Eine Aufhebung sei danach in der Zeit der Krise nur entsprechend der Regelung über die Kapitalherabsetzung nach § 58 GmbHG möglich.[659] In Übereinstimmung mit der neueren Rechtsprechung des II. Senats zu Patronatserklärungen[660], wird heute jedoch angenommen, dass sogar eine einseitige Kündigung eines Finanzplankredits möglich sein müsse, soweit ein Kündigungsrecht in der ursprünglichen Vereinbarung vorgesehen war.[661]

*Fleischer* möchte den Finanzplankredit dagegen, ebenso wie die Rangrücktrittsvereinbarung[662], als Vertrag zugunsten Dritter begreifen. Auch bei ihm handele es sich um eine Abrede, die den Schutz der übrigen Gläubiger der Gesellschaft bezwecke.[663] Dagegen führt *K. Schmidt* an, dass ein Schutz der übrigen Gläubiger kaum aus der bloßen Gewährung einer Kreditzusage erwachsen

653 BGHZ 142, 116 = NJW 1999, 2809.

654 BGHZ 142, 116, 121 ff. = NJW 1999, 2809, 2810; zum vor Inkrafttreten des MoMiG bestehenden Meinungsstreit darüber, ob es sich beim Finanzplankredit um Eigenkapitalersatz oder Quasi-Haftkapital handelt s. *K. Schmidt*, ZIP 1999, 1241, 1248 f.

655 BGH NJW-RR 2010, 955. 955 f.

656 *Buschmann*, NZG 2009, 91, 91.

657 BGHZ 142, 116, 123 f. = NJW 1999, 2809, 2810 f.

658 Ebd.

659 Ebd.

660 Dazu unten F.II.2.

661 *Rieder*, GWR 2010, 544, 546.

662 *Fleischer*, Finanzplankredite und Eigenkapitalersatz, S. 291 f.

663 *Fleischer*, DStR 1999, 1774, 1778 f.

könne. Der Gläubigerschutz sei durch andere Vorschriften, wie Ausschüttungsverbote oder die Insolvenzantragspflicht bereits hinreichend gewährleistet.[664]

Festzuhalten ist, dass der Finanzplankredit lediglich die Zusage über die Gewährung eines Darlehens enthält, während der gewillkürte Rangrücktritt mit der Forderung aus einem bereits gewährten Darlehen verbunden ist. Für den Versprechenden bzw. den zurücktretenden Gläubiger besteht zwischen beiden Konstellationen im Insolvenzfall dagegen kaum ein Unterschied, da in beiden Fällen ein Totalausfall seiner Forderung droht. Der BGH beruft sich hingegen bei der Frage nach der Aufhebung und der Pflicht zur Erfüllung des Finanzplankredits auf gesellschaftsrechtliche Grundsätze und begründet seine Ansicht nicht mit dem Vorliegen eines Vertrags zugunsten Dritter.

## 2. Patronatserklärung

Ein weiteres bekanntes Sanierungsmittel stellt die Patronatserklärung dar, die in Konzernstrukturen häufig zur Anwendung kommt. Patronatserklärungen können sowohl intern, gegenüber der zu sanierenden Tochtergesellschaft, oder extern, gegenüber einem oder mehreren Gläubigern, abgegeben werden. Üblicherweise wird außerdem zwischen harten und weichen Patronatserklärungen unterschieden.[665] In einer „harten" Patronatserklärung verpflichtet sich regelmäßig die Muttergesellschaft dazu, eine Tochtergesellschaft in der Weise finanziell auszustatten, dass kein Insolvenzeröffnungsgrund eingreift.[666] Bei der „weichen" Patronatserklärung wird demgegenüber kein konkreter Erfolg zugesagt und die Patronin bringt darin zum Ausdruck, dass eine rechtsgeschäftliche Haftung nicht erwünscht ist.[667] Da demnach lediglich die „harte" Patronatserklärung einen aufgrund der verbindlichen Zusage beruhenden Vertrauenstatbestand gegenüber Dritten schaffen kann, können nur bei ihr der Rangrücktrittsvereinbarung ähnliche Fragen hinsichtlich der Aufhebbarkeit der Abrede entstehen.

Der Sachverhalt, der dem Grundsatzurteil des BGH zur Kündbarkeit von Patronatserklärungen zugrunde lag, betraf dementsprechend den Fall einer internen „harten" Patronatserklärung, in der die Patronin sich dazu verpflichtete, die Verbindlichkeiten der Schuldnerin zu erfüllen, soweit dies zur Vermeidung des

---

664 *K. Schmidt*, ZIP 1999, 1241, 1250.

665 Nähere Ausführungen zur Ausgestaltung von Patronatserklärungen z.B. bei *Maier-Reimer/Etzbach*, NJW 2011, 1110 ff.

666 Uhlenbruck/*Uhlenbruck*, InsO, § 19, Rn. 79.

667 *Allstadt-Schmitz* in Ebenroth/Boujong/Joost/Strohn, HGB, Bank- und Börsenrecht, Rn. IV696.

Eintretens eines Insolvenzgrundes notwendig sei.[668] Eine solche Vereinbarung könne, so der BGH, ein einseitiges Kündigungsrecht eines Vertragspartners vorsehen, ohne dass diesem die Grundsätze des Eigenkapitalersatzrechts oder über den Finanzplankredit entgegengehalten werden könnten.[669] Die Privatautonomie der Parteien der Patronatserklärung könne mithin nicht so weit eingeschränkt werden, dass eine ex nunc wirkende Kündigung ausgeschlossen wäre.[670] Insbesondere seien die Grundsätze über das Eigenkapitalersatzrecht nicht anwendbar, da noch keine Mittel zugeführt, sondern dies lediglich in Aussicht gestellt wurde.[671] Offen bleibt jedoch, ob diese Argumente ebenso gelten, wenn die Inhalte der Patronatserklärung nach außen offengelegt worden wären.[672] Im Übrigen legen die Ausführungen des BGH nahe, dass bei einer anderen Ausgestaltung der Patronatserklärung eine Anwendung der Grundsätze über den Finanzplankredit in Betracht käme.[673]

Zuvor wurde in Bezug auf die Patronatserklärung bereits die Meinung vertreten, dass es sich bei ihr ebenfalls um einen Vertrag zugunsten Dritter handele, da der Dritte (Gläubiger) durch die Erklärung einen Anspruch auf den Erfolg, also die Ausstattung mit neuen Kapitalmitteln erlange.[674] Die Folge wäre hier ebenfalls, dass weder die einseitige, noch die vereinbarte Aufhebung der Vereinbarung ohne die Mitwirkung der geschützten Dritten möglich wäre. Dieser Ansicht hat sich der BGH in Bezug auf die Patronatserklärung allerdings nicht angeschlossen.

Ein wesentlicher Unterschied zwischen Patronatserklärung und Rangrücktrittsvereinbarung liegt darin, dass die Schuldnergesellschaft beim Rangrücktritt eine Leistung bereits erhalten hat, während die Patronatserklärung – wie auch der Finanzplankredit – eine solche für den Eintritt bestimmter Umstände lediglich in Aussicht stellt. Eine Parallele ist zwischen der internen Patronatserklärung und dem Rangrücktritt dagegen darin zu sehen, dass es sich jeweils um eine Vereinbarung zwischen dem Schuldner und einem Gläubiger handelt, die die Überschuldungs- und/oder Liquiditätslage des Schuldners maßgeblich beeinflussen kann und regelmäßig auf diesen Zweck ausgerichtet ist. Ob nun in

668 BGHZ 187, 69, 73 f. = NJW 2010, 3442, 3442.
669 BGHZ 187, 69, 76 ff. = NJW 2010, 3442, 3443 f.
670 BGHZ 187, 69, 79 = NJW 2010, 3442, 3443.
671 BGHZ 187, 69, 76 = NJW 2010, 3442, 3443; *Rieder*, GWR 2010, 544, 545.
672 *Raeschke-Kessler/Christopeit*, NZG 2010, 1361, 1364.
673 BGHZ 187, 69, 79 f. = NJW 2010, 3442, 3444.
674 *Pesch*, WM 1998, 1609, 1611; ähnlich auch Staudinger/*Jagmann*, BGB (2009), § 328, Rn. 209; a.A. *Raeschke-Kessler/Christopeit*, NZG 2010, 1361, 1365.

der Rechtsprechung zu Patronatserklärungen ein Widerspruch gegenüber dem neuen Urteil zu Rangrücktrittsvereinbarungen zu sehen ist, wird im Folgenden näher dargestellt.

## III. Eigene Stellungnahme

In Übereinstimmung mit der hier vertretenen Ansicht, dass zum einen der rein insolvenzrechtliche Rangrücktritt gemäß § 39 Abs. 2 InsO und zum anderen eine materiellrechtliche Rechtsfolge vereinbart werden kann, sollen diese beiden Möglichkeiten in Bezug auf die Frage nach ihrer Aufhebbarkeit getrennt untersucht werden. Bereits an dieser Stelle findet eine Abgrenzung zu der neuen Rechtsprechung des BGH statt, die weiterhin nur von einer Rangrücktrittsvereinbarung ausgeht, welche sowohl eine Wirkung im Insolvenzverfahren als auch in der Zeit davor entfaltet.[675]

### 1. Insolvenzrechtlicher Rangrücktritt

Vereinbaren die Parteien einen insolvenzrechtlichen Rangrücktritt für eine bestehende oder demnächst entstehende Forderung, so treffen sie eine Regelung über den Rang, den diese Forderung bei der Verteilung der Masse im Insolvenzverfahren einnehmen soll.[676] Hierbei handelt es sich um einen Prozessvertrag, der außerhalb des Insolvenzverfahrens keinerlei Wirkung entfaltet. Bereits aus diesem Grund kann eine insolvenzrechtliche Rangrücktrittsvereinbarung nicht einen Vertrag zugunsten Dritter darstellen. Die Vorschrift des § 328 Abs. 1 BGB setzt voraus, dass der Dritte aus dem Vertrag ein Recht erwirbt. Dieses „Recht" ist mit einem Anspruch i.S.d. § 194 Abs. 1 BGB gleichzusetzen.[677] Aus dem insolvenzrechtlichen Rangrücktritt kann hingegen kein materiellrechtlicher Anspruch folgen, da er lediglich im eröffneten Insolvenzverfahren Wirkungen entfaltet. Folglich kann der vertragliche Rangrücktritt durch eine gegenläufige Vereinbarung der Parteien vor der Eröffnung des Insolvenzverfahrens wieder aufgehoben werden.

Ein einseitiges Kündigungsrecht eines Vertragspartners – regelmäßig des im Rang zurücktretenden Gläubigers – ist dagegen abzulehnen, da eine (außerordentliche) Kündigung nur bei einem Dauerschuldverhältnis erfolgen kann.

---

675 BGH NJW 2015, 1672 = NZI 2015, 315.

676 Vgl. B.V.2.a).

677 *Heilmann*, NJW 1968, 1853, 1853; *Heilmann*, KTS 1972, 14, 14 ff.; Staudinger/*Jagmann*, BGB (2009), Vorbem. zu §§ 328 ff., Rn. 62; *Gottwald* in MüKo BGB, § 328, Rn. 3.

Wurde das Dauerschuldverhältnis bereits in Vollzug gesetzt, so tritt die Kündigung regelmäßig an die Stelle des bei anderen Schuldverhältnissen üblichen Rücktritts, da dies den Interessen der Vertragspartner im Normalfall eher entspricht.[678] Ein Dauerschuldverhältnis ist vor allem dadurch gekennzeichnet, dass sich aus ihm im Laufe der Zeit ständig neue Leistungs- und Schutzpflichten ergeben, weshalb dem Zeitelement eine besondere Bedeutung zukommt.[679] Das ist bei der Vereinbarung des insolvenzrechtlichen Nachrangs für eine Forderung jedoch nicht der Fall. Hierbei handelt es sich um einen Prozessvertrag zwischen den Parteien, der nicht dazu geeignet ist, vorinsolvenzliche Leistungs- oder Schutzpflichten zu begründen. Anders liegt es hingegen bei der Patronatserklärung, die stets neue Pflichten der Patronin begründet, sobald die Überschuldung der Schuldnerin wieder im Raum steht. Denkbar wäre im Falle der Rangrücktrittsvereinbarung demnach allein ein zuvor vereinbartes einseitiges Lösungsrecht. Hier ist die Situation im Ergebnis kaum anders zu beurteilen als im Fall der beiderseitigen Aufhebung, insbesondere in Hinblick auf die mögliche Schutzbedürftigkeit der übrigen Gläubiger.

## 2. Vereinbarung einer materiellrechtlichen Rechtsfolge

Das neue Urteil des BGH vom 05.03.2015 greift die bisher vertretenen Meinungen zu der Aufhebbarkeit von Rangrücktrittsvereinbarungen auf und schließt sich ausdrücklich der Ansicht an, die den umfassenderen Gläubigerschutz verspricht. Da die Entscheidung in ihrer Begründung weiter geht als sämtliche bisher geäußerten Annahmen, soll die Diskussion exemplarisch an den dort aufgestellten Thesen ausgerichtet werden.

Der Entscheidung lag der Sachverhalt zugrunde, dass Gläubigerin und Schuldnerin einen „qualifizierten Rangrücktritt“ für die Forderungen aus einem Darlehen vereinbart hatten.[680] Diese Form des Rangrücktritts stellt laut BGH einen Vertrag zugunsten Dritter dar.[681]

678 BGH NJW 1981, 1264, 1264 f.; BGH NJW 2002, 1870, 1870; *Gaier* in MüKo BGB, § 314, Rn. 3.

679 *Gaier* in MüKo BGB, § 314, Rn. 5; Erman/*Böttcher*, BGB, § 314, Rn. 3b; Soergel/*Teichmann*, BGB, § 314, Rn. 10.

680 Vgl. dazu bereits oben B.II.2.b)aa).

681 BGH NJW 2015, 1672, 1676; S. auch oben B.II.2.b)ee).

### *a) Einräumung eines materiellrechtlichen Anspruchs*

Zunächst wird aus der Darstellung des IX. Senats nicht deutlich, worin das „Recht", also der materiellrechtliche Anspruch, besteht, das den Drittgläubigern aufgrund der Rangrücktrittsvereinbarung zukommen soll. Auch die weiteren Vertreter der Theorie des Vertrags zugunsten Dritter nehmen eine solche Präzisierung nicht vor.

Der klassische Fall eines Vertrags zugunsten eines Dritten zeichnet sich dadurch aus, dass der Dritte, in Abweichung zum sonst üblichen Zwei-Personen-Verhältnis eines Vertrages, unmittelbar eine Leistung erhalten soll, obwohl er selbst nicht an dem Vertrag beteiligt ist.[682] In § 328 Abs. 1 BGB ist der Fall geregelt, dass der Dritte bereits aus dem Vertrag dazu berechtigt ist, die Leistung selbst einzufordern („echter" Vertrag zugunsten Dritter). Daneben gibt es allerdings auch die Möglichkeit, einen „unechten" Vertrag zugunsten eines Dritten zu vereinbaren, der den Dritten lediglich zu der Entgegennahme der Leistung berechtigt, ihm aber keinen eigenen Anspruch einräumt.[683] Ungeachtet dessen, ob die Rangrücktrittsvereinbarung einen echten oder unechten Vertrag zugunsten eines Dritten darstellen soll, ist doch zunächst zu ermitteln, welche konkrete Leistung dem Dritten aus dem Vertrag erwächst. Schließlich muss sich aus dem Vertrag ergeben, dass dem Dritten ein Recht zustehen soll.[684] Wie bereits oben erwähnt wurde, muss dieses Recht einen materiellrechtlichen Anspruch darstellen.[685]

Dabei gilt es zu beachten, dass eine ein Leistungsverweigerungsrecht begründende Einrede kein Anspruch sein kann. Vielmehr ist sie komplementär zum materiellrechtlichen Anspruch,[686] da sie die Möglichkeit eröffnet, einen Anspruch im Prozess abzuwehren. Sollte die Rangrücktrittsvereinbarung folglich eine Einrede darstellen, kann sie nicht gleichzeitig ein Anspruch und somit ein „Recht" gemäß § 328 Abs. 1 BGB sein. Nach der Rechtsprechung des BGH kann ein Drittrecht i.S.d. § 328 Abs. 1 BGB zwar in der Form vereinbart werden, dass der Vertrag eine Verpflichtung enthält, einen Anspruch gegenüber dem Dritten gerichtlich nicht geltend zu machen.[687] Mithin ist es möglich, ein Drittrecht in

682 *Gottwald* in MüKo BGB, § 328, Rn. 1; Erman/*Westermann*, BGB, Vor § 328, Rn. 4.

683 Staudinger/*Jagmann*, BGB, § 328, Rn. 3; *Gottwald* in MüKo BGB, § 328, Rn. 9.

684 Erman/*Westermann*, BGB, § 328, Rn. 4.

685 S. o. F.III.1.

686 Staudinger/*Peters/Jacoby*, BGB (2014), § 194, Rn. 20.

687 BGH NJW-RR 1993, 1111, 1112; BGH NJW 1984, 1819; vgl. auch Staudinger/*Jagmann*, BGB (2009), § 328, Rn. 10; Vorbem. zu §§ 328 ff., Rn. 56 f.

der Form eines pactum de non petendo zu vereinbaren. Das „Recht“, das in dem Vertrag zwischen Versprechendem und Versprechensempfänger vorgesehen ist, stellt hingegen keine Einrede, sondern eine Verpflichtung gegenüber dem Dritten dar, dem hieraus wiederum eine Einrede erwächst. Folglich handelt es sich auch hier nicht um eine Ausnahme von dem Grundsatz, dass eine Einrede kein Drittrecht begründen kann.

Selbst wenn man den (qualifizierten) Rangrücktritt als pactum de non petendo ansehen würde[688], könnte er dennoch kein Drittrecht begründen. Die Einrede wird in diesem Fall nämlich dem Schuldner eingeräumt. Im Gegensatz zum oben geschilderten Fall fehlt es also an einer Verpflichtung, nicht gegen den Dritten vorzugehen. Im Fall des vertraglichen Rangrücktritts soll nur der Schuldner dazu berechtigt sein, den Anspruch aufgrund des „Rangrücktritts“ verweigern zu dürfen. Davon, dass darüber hinaus ein Drittgläubiger zu einem ähnlichen Verhalten berechtigt sein soll, ist hingegen regelmäßig keine Rede. Es wäre auch kaum möglich, eine Einrede der Drittgläubiger in Form eines pactum de non petendo zu begründen. Es würde sich insbesondere die Frage stellen, auf welche Weise der Dritte die Einrede geltend machen sollte. Wäre er in einem Prozess berechtigt, eine Forderung, die der Gläubiger gegenüber dem Schuldner geltend macht, zu verweigern? Und in welcher Funktion könnte er an einem solchen Prozess überhaupt teilnehmen? Diese Fragen zeigen bereits, welche paradoxen Folgen es haben könnte, wenn eine Einrede als „Recht“ auf einen Dritten übergehen soll.

Allerdings vertritt der BGH nicht die Ansicht, dass es sich bei dem qualifizierten Rangrücktritt um ein pactum de non petendo handelt. Vielmehr stelle er einen verfügenden Schuldänderungsvertrag in der Form dar, dass die Forderung inhaltlich dahingehend umgewandelt werde, dass sie nicht mehr zu passivieren sei.[689] Auch diese rechtliche Einordnung lässt sich jedoch nicht ohne weiteres mit dem Vertrag zugunsten Dritter in Einklang bringen. Schließlich wird eine Verfügung zugunsten eines Dritten von der Rechtsprechung grundsätzlich abgelehnt.[690]

### *b) Bestimmtheit des eingeräumten Drittanspruchs*

Abgesehen davon, dass bereits zweifelhaft ist, ob den Drittgläubigern durch den qualifizierten Rangrücktritt überhaupt ein Anspruch eingeräumt wird, ist ebenso

---

688 S. dazu oben B.V.1.b).

689 BGH NJW 2015, 1672, 1675; vgl. auch oben B.II.2.b)cc).

690 RGZ 127, 126, 128 f.; BGH NJW 1994, 2483, 2484.

unsicher, ob ein solcher Anspruch den Anforderungen an die Bestimmtheit gerecht würde. Ein Anspruch muss durch den Vertrag nach Inhalt, Gläubiger und Schuldner bestimmt sein.[691]

Der BGH spricht hingegen lediglich davon, dass die Rangrücktrittsvereinbarung „*notwendigerweise auf eine Begünstigung der Gläubiger des Forderungsschuldners gerichtet*“ sei.[692] So ist zunächst ungewiss, von wem der Dritte überhaupt eine Leistung erhält, ob also die Schuldnergesellschaft oder der vertraglich im Rang zurücktretende Gläubiger ihm gegenüber verpflichtet sein soll. Beide Möglichkeiten wären denkbar. So könnte der Gläubiger zum einen dazu angehalten sein, eine Leistung nicht einzufordern, sofern die Voraussetzungen, also beispielsweise die Möglichkeit der Befriedigung aus dem freien Vermögen der Schuldnerin, nicht vorliegen. Andererseits könnte die Schuldnerin gegenüber den Drittgläubigern dazu verpflichtet sein, die Forderung des nachrangigen Gläubigers nicht zu erfüllen, solange die erwähnten Voraussetzungen nicht vorliegen. In beiden Konstellationen bestünde der Anspruch lediglich in einem Unterlassen. Ohne nähere Anhaltspunkte in der Vereinbarung lässt sich nicht ermitteln, welche der beiden Möglichkeiten erfüllt sein soll. Nach der Argumentation des BGH ist ebenfalls fraglich, ob in den geschilderten Fällen des Unterlassens überhaupt ein Recht des Dritten liegen kann. Schließlich soll für den Fall, dass die nachrangige Forderung nicht aus freiem Vermögen des Schuldners berichtigt werden kann, bereits kein Zahlungsanspruch des zurücktretenden Gläubigers bestehen.[693] Entsprechend bedürfte es denn auch keines Unterlassungsanspruchs der Drittgläubiger, da sie bereits durch diese Tatsache hinreichend geschützt wären.

Hinzu kommt, dass es sich bei nämlichem Unterlassungsanspruch nicht um ein eigenes Leistungsrecht des Dritten handelt. Vielmehr läge das Recht des Dritten lediglich in der Einhaltung der vertraglichen Pflichten, die sich die Vertragsparteien gegenseitig erklärt haben. Daraus ergibt sich auch das folgende Problem: Enthält die Rangrücktrittsvereinbarung keinerlei Hinweis auf eine Berechtigung der Drittgläubiger, sondern spricht sie sich nur über die Konditionen der Befriedigung der Forderung aus, so kann kaum durch Auslegung ermittelt werden, wer gegenüber dem Dritten in der Pflicht sein soll. Dies ist zudem nicht völlig unbeachtlich. Schließlich wird durch den Vertrag zugunsten eines Dritten ein Dreiecksverhältnis konstruiert, das aus drei unterschiedlichen

691 Staudinger/*Peters/Jacoby*, BGB (2014), § 194, Rn. 8.
692 BGH NJW 2015, 1672, 1676.
693 BGH NJW 2015, 1672, 1675 f.

Rechtsbeziehungen besteht.[694] Dabei bildet das Valutaverhältnis den Rechtsgrund für die Zuwendung an den Dritten.[695] Möglicherweise könnte in dem Vertrag, der zwischen Schuldner und Drittgläubiger vereinbart wurde das Valutaverhältnis gesehen werden. Zwischen dem im Rang zurücktretenden Gläubiger und dem Drittgläubiger fällt es dagegen schwer, ein Rechtsverhältnis auszumachen. Allein daraus kann aber ebenso wenig gefolgert werden, dass sich stets der Schuldner in der Rolle des Versprechensempfängers und der nachrangige Gläubiger in der des Versprechenden befindet.

Insgesamt ist somit fraglich, ob für die Qualifizierung eines Vertrags zugunsten Dritter überhaupt die *essentialia negotii* bestimmt sind, wenn die Parteien der Rangrücktrittsvereinbarung keine gesonderte Erklärung hinsichtlich der übrigen Gläubiger abgegeben haben. Der Umstand, dass weder die konkrete Leistungspflicht noch die verpflichtete Vertragspartei ohne Weiteres durch Auslegung ermittelt werden können, spricht gegen die Einhaltung des Bestimmtheitsgebots mit der Folge, dass kein übereinstimmender Wille der Vertragsparteien über die Vereinbarung eines Vertrags zugunsten Dritter besteht.[696]

Darüber hinaus lässt die Begründung des IX. Senats für die Annahme eines Vertrags zugunsten Dritter vielmehr Parallelen zu der Rechtsfigur des Vertrags mit Schutzwirkung für Dritte erkennen. Bei dieser von der Rechtsprechung entwickelten Rechtsfigur stehen die Hauptleistungspflichten weiterhin nur dem Gläubiger zu, der Dritte wird aber in den Schutz des Vertrages einbezogen.[697] Der Vertrag mit Schutzwirkung für Dritte soll die Möglichkeit eröffnen, einem Dritten, der sonst nicht ausreichend geschützt wäre, einen Schadensersatzanspruch zu verschaffen.[698] Allerdings hat er nicht zur Folge, dass der Vertrag nicht ohne Mitwirkung des Dritten aufgehoben werden kann.

### *c) Widersprüche in der Begründung des Urteils des BGH vom 05.03.2015*

Weiter führt der IX. Senat als Erklärung an, die Suspendierung der Insolvenzantragspflicht könne nur gerechtfertigt werden, sofern die Gläubiger aufgrund der

694 Erman/*Westermann*, BGB, Vor § 328, Rn. 7.

695 BGHZ 91, 288, 290 = NJW 1984, 2156, 2156; Erman/*Westermann*, BGB, Vor § 328, Rn. 8.

696 Vgl. zum Bestimmtheitsgebot bei Willenserklärungen: Staudinger/*Bork*, BGB, § 145, Rn. 17 f.

697 BGHZ 61, 227, 233 = NJW 1973, 2059, 2061; BGHZ 89, 95, 104 = NJW 1984, 658, 658 f; Näheres zum Vertrag mit Schutzwirkung für Dritte bspw. bei Bamberger/Roth/*Janoschek*, BGB, § 328, Rn. 45 ff.

698 Bamberger/Roth/*Janoschek*, BGB, § 328, Rn. 54.

Vereinbarung eine gesicherte Rechtsposition erhielten.[699] Die Gläubiger sollen folglich aufgrund ihrer Schutzbedürftigkeit, die aus der Suspendierung der Antragspflicht folgt, eine eigene Rechtsposition erlangen *müssen*. Der BGH statuiert damit entweder, dass die gesetzlich angeordnete Nichtpassivierung gemäß § 19 Abs. 2 S. 2 InsO nur eingreifen kann, wenn die Rangrücktrittsvereinbarung den Drittgläubigern ein Recht einräumt, oder dass den Drittgläubigern ein Recht eingeräumt werden muss, da die Passivierungspflicht der Forderung entfällt. Das von den Parteien mit der Rangrücktrittsvereinbarung erstrebte Ziel soll demzufolge nur erreicht werden können, wenn der Schutz der Gläubiger gewahrt wird. Dieser Schutz soll darin bestehen, dass die Vertragsparteien ein *„selbstständiges Recht der Gläubiger stets miterklären“*.[700] Die Argumentationsfolge setzt voraus, dass eine „Erklärung“ eines Drittrechts in der Rangrücktrittsvereinbarung tatsächlich enthalten ist.

Hierbei bedient sich der BGH allerdings eines Zirkelschlusses, indem er eine nicht bewiesene Prämisse unterstellt. Eine logische Herleitung für das Vorliegen eines Drittrechts und damit eines Vertrags zugunsten Dritter böte die Begründung allenfalls, wenn die Parteien stets gewillt sind, die Vermeidung der Überschuldung um den Preis der Vereinbarung eines Vertrages zugunsten der Drittgläubiger zu erreichen. Nur dann führt die Auslegung der Rangrücktrittsvereinbarung zu dem Ergebnis, dass tatsächlich ein Vertrag zugunsten Dritter vorliegt. Besteht hingegen die Möglichkeit, dass die Vertragsparteien vor den Rechtsfolgen des Vertrags zugunsten Dritter – insbesondere der Einschränkung der Aufhebbarkeit – zurückschrecken, so kann nicht angenommen werden, dass sie für die Erreichung des Ziels der Vermeidung der Überschuldung in jedem Fall selbst die unerwünschten Rechtsfolgen in Kauf nehmen wollten. Folglich kann keine Regel dahingehend aufgestellt werden, dass die Parteien einer Rangrücktrittsvereinbarung stets mit der Vereinbarung eines Vertrags zugunsten Dritter einverstanden wären. Demnach kann sich der BGH nicht dieser Prämisse für seine Argumentation bedienen. Er könnte lediglich als zukünftige Voraussetzung festlegen, dass Rangrücktrittserklärungen einen drittschützenden Charakter aufweisen müssen. Für eine bereits in der Vergangenheit abgeschlossene Vereinbarung kann dies demgegenüber nicht mehr nachträglich festgelegt werden, ohne dass sich aus dem konkreten Vertrag der Wille eines Drittschutzes ergibt.

699 BGH NJW 2015, 1672, 1676.
700 BGH NJW 2015, 1672, 1676.

### d) *Widerspruch zu bisheriger Rechtsprechung*

Darüber hinaus besteht eine Diskrepanz zwischen der Rechtsprechung des BGH zu der Kündbarkeit von Patronatserklärungen[701] und zu der Aufhebbarkeit von Rangrücktrittsvereinbarungen. Zwar liegt ein nicht zu leugnender erheblicher Unterschied zwischen beiden Arten von Vereinbarungen darin, dass die Patronatserklärung lediglich eine Zuführung von Kapitalmitteln in Aussicht stellt, während bei der Rangrücktrittsvereinbarung das Kapital bereits zugeführt wurde. Allerdings stellt sich die Frage, ob eine Vergleichbarkeit nicht zumindest in Bezug auf das – für die Entscheidung des IX. Senats hier wesentliche – Schutzbedürfnis der übrigen Gläubiger besteht. In beiden Fällen kann die Insolvenzantragspflicht durch den Abschluss der Vereinbarung beseitigt oder verhindert werden und die Schuldnergesellschaft kann ihre Geschäftstätigkeit ungehindert fortführen. Dadurch besteht jeweils für die Drittgläubiger die Gefahr, dass sie im Falle einer später doch eintretenden Insolvenz eine geringere Quote erhalten. Für den Fall der Patronatserklärung zieht der BGH die Möglichkeit, dass es sich bei ihr ebenfalls um einen Vertrag zugunsten der Drittgläubiger handeln könnte, nicht ansatzweise in Betracht. Vielmehr lässt er sogar eine einseitig erklärte Kündigung der Patronin zu, wenn sich die Sanierungsbemühungen als erfolglos erweisen. Ein Argument hierfür war unter anderem, dass die Grundsätze über das Eigenkapitalersatzrecht in diesem Fall keine Anwendung fänden, da noch keine Mittel gewährt wurden.[702] Dass nun aber im Gegensatz dazu bei einer Rangrücktrittsvereinbarung die einvernehmliche Aufhebung aus Gründen des Gläubigerschutzes ausgeschlossen sein soll, lässt vermuten, dass sich der BGH in dieser Entscheidung noch von den – bereits abgeschafften – Grundsätzen des Eigenkapitalersatzrechts leiten lässt, indem er eine Annäherung der im Rang zurücktretenden Forderung an das Eigenkapital zu bewerkstelligen sucht. Zur Erreichung dieses Ziels bedient er sich des Mittels eines Vertrags zugunsten Dritter. Die Situation der Drittgläubiger ist tatsächlich bei der Patronatserklärung und bei der Rangrücktrittsvereinbarung aber durchaus vergleichbar. Im Fall der Patronatserklärung verlassen sie sich darauf, dass die Schuldnergesellschaft eine Ausstattung mit neuen Kapitalmitteln erhält und die Befriedigung ihrer Forderungen auf diese Weise sichergestellt wird. Im Fall der Rangrücktrittsvereinbarung wird, laut BGH, zu ihren Gunsten bekundet, dass aufgrund der Nichtauslösung der Insolvenz eine volle Befriedigung ihrer Forderung zu erwarten ist.[703] Bedient

701 Dazu oben F.II.2.

702 BGHZ 187, 69, 76 = NJW 2010, 3442, 3443.

703 BGH NJW 2015, 1672, 1676.

sich der IX. Senat nun jedoch ausschließlich in Hinblick auf die Rangrücktrittsvereinbarung der Rechtsfigur des Vertrags zugunsten Dritter und schließt sich in Bezug auf die Patronatserklärung der Rechtsprechung des II. Senats an, so handelt es sich um einen Widerspruch, der nicht allein auf den Unterschied der zuvor erfolgten Ausstattung mit Kapital gestützt werden kann.

### e) *Abschließende Beurteilung*

Insgesamt lässt sich feststellen, dass der BGH von der Rechtsfigur des Vertrags zugunsten Dritter Gebrauch macht, um die Unzulässigkeit der Aufhebung einer Rangrücktrittsvereinbarung in der „Zeit der Krise" rechtfertigen zu können. Da er zunächst festlegt, die Rangrücktrittsvereinbarung könne nur die Überschuldung vermeiden, wenn sie auch vor der Insolvenzeröffnung nur eine Befriedigung der Forderung aus ungebundenem Vermögen zulässt[704] und das Drittrecht denn auch nur in dieser Zeit entstehen kann[705], statuiert er damit faktisch eine Rückzahlungssperre, die während des Eigenkapitalersatzrechts von der Rechtsprechung entwickelt wurde.[706] Da die Rechtsfolge der Auszahlungssperre des Darlehensrückzahlungsanspruchs bereits aus der gesetzlichen Regelung des § 30 Abs. 1 GmbHG analog abgeleitet wurde, bedurfte es keiner dahingehenden Vereinbarung. Ebenso wenig war es den Gesellschaftern möglich, durch eine vertragliche Regelung den Folgen der Verstrickung zu entgehen. Genau diese Wirkung erreicht der IX. Senat derweil mit seiner Rechtsprechung zur Rangrücktrittsvereinbarung. Diese ist nach seiner Interpretation so auszugestalten, dass der im Rang zurücktretende Gläubiger faktisch eine dem Gläubiger eines Gesellschafterdarlehens nach altem Eigenkapitalersatzrecht vergleichbare Stellung einnimmt. In Anbetracht der neuen Rechtslage, in der eine Lösung nicht mehr über die Rechtsprechungs- und Novellenregelungen, sondern über das Insolvenzrecht erfolgt, erscheint diese Lösung fragwürdig.

Darüber hinaus lässt die Begründung des BGH, die die Annahme des Vertrags zugunsten Dritter zu belegen sucht, vielmehr an die Konstruktion des Vertrags mit Schutzwirkung zugunsten Dritter denken. Der Vertrag mit Schutzwirkung

---

704 BGH NJW 2015, 1672, 1673.

705 BGH NJW 2015, 1672, 1676: Zwar unter Berufung auf die konkrete Formulierung der Rangrücktrittsvereinbarung, aber faktisch immer Voraussetzung, da ansonsten die Überschuldung nicht vermieden werden könnte.

706 So auch *K. Schmidt*, ZIP 2015, 901, 907; zum Eigenkapitalersatzrecht vgl. oben B.II.1.b)aa).

für Dritte wäre indes nicht dazu geeignet, die Aufhebung der Vereinbarung zu verhindern.

Auch in dieser Frage wäre es zu begrüßen, wenn der Gesetzgeber durch eine Neufassung des § 19 Abs. 2 S. 2 InsO klarstellt, unter welchen Voraussetzungen eine Nichtpassivierung einer vertraglich im Rang zurücktretenden Forderung erfolgen kann. Nach der derzeit geltenden Fassung kann jedenfalls nicht angenommen werden, dass eine Aufhebung einer Rangrücktrittsvereinbarung nicht möglich sein soll. Wird die Rangrücktrittsvereinbarung aber – zulässigerweise – aufgehoben, so erlischt jedenfalls auch die Rechtsfolge, die § 19 Abs. 2 S. 2 InsO anordnet und die Forderung wäre wieder in der Überschuldungsbilanz zu passivieren.

## IV. Anfechtbarkeit der vertraglichen Aufhebung

Ausgehend von der Möglichkeit der vertraglichen Aufhebbarkeit einer Rangrücktrittsvereinbarung besteht in der Folge die Möglichkeit, dass eine dahingehende Vereinbarung einen oder mehrere insolvenzrechtliche Anfechtungstatbestände erfüllen könnte.[707] In Betracht kommen insbesondere die Tatbestände der §§ 130 und 131 InsO, da eine Benachteiligung der übrigen Gläubiger durch die Aufhebung des Rangrücktritts und damit den Wiedereintritt in den Rang der „normalen" Insolvenzgläubiger gemäß § 38 InsO regelmäßig vorliegt.[708] Allerdings wäre die Anfechtung in diesem Fall auch auf die recht kurzen Anfechtungsfristen der beiden Tatbestände beschränkt.[709] Eine Anfechtung gemäß §§ 134 und 135 InsO ist bei der Aufhebung einer Rangrücktrittsvereinbarung aus noch näher zu erörternden Gründen abzulehnen.[710]

707 *Wittig*, NZI 2001, 169, 175; Scholz/*Bitter*, GmbHG, Anh. § 64, Rn. 368; *Habersack*, ZGR 2000, 384, 406 f.

708 *Leithaus/Schaefer*, NZI 2010, 844, 848 f.

709 *Bitter*, ZIP 2013, 2, 5 f.

710 Vgl. G.I.1; *Bitter*, ZIP 2013, 2, 5 f.

# G. Rückforderung vor der Insolvenzeröffnung geleisteter Zahlungen

Wurde das Insolvenzverfahren über die Schuldnergesellschaft eröffnet, ist die Befriedigung einer gewillkürt nachrangigen Darlehensforderung jedoch bereits im Voraus erfolgt, so kommt eine Rückforderung durch den Insolvenzverwalter bei Erfüllung eines Anfechtungstatbestands und/oder nach Bereicherungsrecht in Betracht.

## I. Anfechtung vor der Insolvenzeröffnung geleisteter Zahlungen

Die Insolvenzanfechtung ist in den §§ 129 ff. InsO geregelt. Die Anfechtungstatbestände können untergliedert werden in die Tatbestände der besonderen Insolvenzanfechtung gemäß §§ 130–132 InsO, die keine Entsprechung im Anfechtungsgesetz haben[711], die Anfechtung wegen vorsätzlicher Benachteiligung gemäß § 133 InsO, die Anfechtung wegen unentgeltlicher Leistung gemäß § 134 InsO und die Anfechtung wegen Sicherung oder Befriedigung des Gläubigers eines Gesellschafterdarlehens gemäß § 135 InsO.[712] Ist ein Anfechtungstatbestand erfüllt, so tritt die Rechtsfolge des § 143 Abs. 1 InsO ein, so dass das durch die anfechtbare Rechtshandlung Erlangte in die Insolvenzmasse zurückgeführt werden muss.

### 1. Anfechtung bei insolvenzrechtlichem Rangrücktritt

#### *a) Anfechtung nach §§ 130–133 InsO*

Die Befriedigung einer Forderung, für die ein Rangrücktritt in der Insolvenz erklärt wurde, ist zunächst wie jede andere Rechtshandlung gemäß den §§ 130, 131 InsO anfechtbar, sofern die jeweiligen Tatbestandsvoraussetzungen vorliegen. In Hinblick auf die allgemeine Deckungsanfechtung gemäß § 130 Abs. 1 InsO ergeben sich keine Besonderheiten. Im Wesentlichen kommt es für das Eingreifen des Tatbestandes darauf an, ob eine Rückzahlung innerhalb der Frist des § 130 Abs. 1 S. 1 Nr. 1 InsO oder nach dem Eröffnungsantrag erfolgt ist. Auch hinsichtlich der subjektiven Erfordernisse der Vorschrift ist keine spezielle Behandlung

711 KPB/*Bork*, InsO, Vor § 129, Rn. 10; Uhlenbruck/*Hirte/Ede*, InsO, Vor § 129, Rn. 3.
712 Uhlenbruck/*Hirte/Ede*, InsO, Vor § 129, Rn. 3.

angezeigt. Ein Gläubiger, der eine Rangrücktrittsvereinbarung mit dem Schuldner abschließt, hat dadurch keine positive Kenntnis von seiner Zahlungsunfähigkeit (§ 131 Abs. 1 S. 1 Nr. 1 InsO) und die Rangrücktrittsvereinbarung ist kein Umstand, der zwingend auf die Zahlungsunfähigkeit schließen lässt (§ 130 Abs. 2 InsO).

Für den Fall der Vereinbarung eines insolvenzrechtlichen Rangrücktritts bestehen ebenfalls keine Besonderheiten in Bezug auf die Anwendung des Anfechtungstatbestands des § 131 Abs. 1 InsO. Nach der hier vertretenen Auffassung wirkt sich der insolvenzrechtliche Rangrücktritt lediglich in der Zeit nach der Eröffnung des Insolvenzverfahrens aus und hat keinen Einfluss auf die materielle Rechtslage.[713] Die Frage nach der Inkongruenz der Deckung ist dagegen eine rein materiellrechtliche.[714] Eine Inkongruenz liegt bei Abweichen der Deckungshandlung vom Inhalt des jeweiligen Schuldverhältnisses vor.[715] Es darf keine Befriedigung gewährt werden, die der Gläubiger nicht, nicht in der Art oder nicht zu der Zeit zu beanspruchen hatte, vgl. § 131 Abs. 1 InsO. Der insolvenzrechtliche Rangrücktritt führt jedoch nicht dazu, dass das Recht des Gläubigers, Befriedigung seiner Forderung zu verlangen, in der Zeit vor der Insolvenzeröffnung beschränkt wird. Eine vor Eröffnung des Insolvenzverfahrens durch den Schuldner erbrachte Leistung kann demzufolge in diesem Fall nicht zu einer inkongruenten Deckung führen.[716] Dies gilt insbesondere bei der Ausgabe nachrangiger Genussrechte, die nach ordnungsgemäßer Kündigung fällig werden.[717]

Die Anfechtungstatbestände der §§ 132 und 133 InsO sind im Fall der Erfüllung der jeweiligen Voraussetzungen anwendbar. Besonderheiten aufgrund der Vereinbarung eines Rangrücktritts gemäß § 39 Abs. 2 InsO ergeben sich bei den einzelnen Tatbestandsmerkmalen nicht.

### *b) Anfechtung nach § 134 InsO*

Der Anfechtungstatbestand des § 134 InsO setzt voraus, dass der Schuldner eine unentgeltliche Leistung an den Gläubiger erbracht hat. Nach der Definition des BGH liegt eine unentgeltliche Leistung vor,

---

713 S. dazu oben B.III.3.b).

714 KPB/*Schoppmeyer*, InsO, § 131, Rn. 32.

715 *Kayser* in MüKo, InsO, § 131, Rn. 9; Braun/*de Bra*, InsO, § 131, Rn. 7; FK-InsO/*Dauernheim*, § 131, Rn. 3.

716 So auch *Thole*, ZInsO 2012, 661, 661.

717 *Mock*, NZI 2014, 102, 105 f.

„wenn ein Vermögenswert des Verfügenden zugunsten einer anderen Person aufgegeben wird, ohne dass dem Verfügenden ein entsprechender Gegenwert zufließen soll".[718]

Eine unentgeltliche Leistung kann daher grundsätzlich gleichermaßen im Fall einer vertraglich subordinierten Forderung bestehen, soweit der Gläubiger nach dem zugrundeliegenden Verpflichtungsgeschäft keine Gegenleistung zu erbringen hatte.[719] Allerdings ist davon auszugehen, dass es sich bei vertraglich nachrangigen Forderungen im Regelfall um Darlehensrückzahlungsansprüche und damit nicht um dem Gläubiger unentgeltlich gewährte Leistungen handelt. Daneben ist die Vereinbarung eines Rangrücktritts bei dem Erwerb von Genussrechten üblich. Auch hier sind jedoch stets beiderseitige Leistungspflichten der Vertragsparteien vorgesehen.

Überdies vermag der insolvenzrechtliche Rangrücktritt nicht, eine faktisch entgeltliche Leistung in eine unentgeltliche zu verkehren. Dies folgt ebenfalls aus der erst im eröffneten Insolvenzverfahren eintretenden Wirkung. In dem der Eröffnung vorausgehenden Zeitraum ist die Forderung aus materiellrechtlichem Gesichtspunkt mit sämtlichen anderen vollwertigen Ansprüchen gleichzusetzen.

*Bork* diskutiert eine mögliche Anwendung des § 134 InsO auf den Fall, dass ein Gläubiger freiwillig in den Rang des § 39 Abs. 1 Nr. 4 InsO oder in einen Zwischenrang zwischen § 39 Abs. 1 Nr. 4 und 5 InsO zurücktritt.[720] Dem ist indes entgegenzuhalten, dass die Vereinbarung eines bestimmten Rangs im Rahmen der Verteilung der Masse in der Insolvenz des Schuldners nicht mit einer Vereinbarung über den Eintritt in eine bestimmte Rechtsstellung übereinstimmt.[721] Die Anwendung des § 134 InsO kommt demzufolge in den hier erläuterten Fallgestaltungen nicht in Betracht.

Der BGH nimmt in dem Urteil vom 05.03.2015 an, dass eine Zahlung, die der dem Sachverhalt zugrunde liegenden „qualifizierten" Rangrücktrittsvereinbarung entgegenläuft, eine unentgeltliche Leistung im Sinne des § 134 Abs. 1 InsO darstellt.[722] Auf die Anwendbarkeit des § 134 Abs. 1 InsO auf einen „qualifizierten Rangrücktritt", also einer Vereinbarung, die eine materiellrechtliche Rechtfolge beinhaltet, wird im Folgenden noch näher eingegangen.[723]

---

718 BGH NJW 1991, 560, 561; BGH NJW-RR 1993, 1379, 1381; BGH NJW 1992, 2421, 2422; BGH NZI 2006, 524, 525; BGH NZI 2015, 315, 319.

719 BGH NJW-RR 2012, 1513, 1516; BGH NJW-RR 2010, 1428, 1428; KPB/*Bork*, § 134, Rn. 37; *Kayser* in MüKo InsO, § 134, Rn. 17a.

720 *Bork*, ZIP 2012, 2277, 2279 ff.

721 Dazu näher unten G.I.1.c)bb).

722 Vgl. dazu oben B.II.2.b)ff).

723 S. G.I.2.

### c) *Anfechtung nach § 135 InsO*

Gemäß § 135 Abs. 1 InsO sind Rechtshandlungen, die für Forderungen eines Gesellschafters auf Rückgewähr eines Darlehens im Sinne des § 39 Abs. 1 Nr. 5 InsO oder für gleichgestellte Forderungen eine Sicherung innerhalb von 10 Jahren oder die Befriedigung innerhalb von einem Jahr vor Antragstellung gewährt haben, anfechtbar. Die Regelung wurde ebenfalls im Zuge des MoMiG im Jahr 2008 neu gefasst, indem unter anderem eine Verweisung auf § 39 Abs. 1 Nr. 5 InsO eingefügt wurde, wo zuvor die Anfechtbarkeit der Rückgewähr oder Sicherung eines kapitalersetzenden Darlehens normiert war.[724] Als Rechtfertigung für die ausschließlich für Gesellschafter der Schuldnergesellschaft geltende Vorschrift wird vielfach der Informationsvorsprung gegenüber den übrigen Gläubigern genannt.[725]

#### aa) *Gesetzlicher Anwendungsbereich des § 135 Abs. 1 InsO*

Der Tatbestand des § 135 Abs. 1 InsO kann durch die Befriedigung einer gewillkürt nachrangigen Forderung nur erfüllt sein, wenn der persönliche und der sachliche Anwendungsbereich eröffnet ist.

##### (1) Persönlicher Anwendungsbereich

Der persönliche Anwendungsbereich des § 135 Abs. 1 InsO setzt voraus, dass der Darlehensgeber an der Gesellschaft beteiligt ist und diese die Merkmale des § 39 Abs. 4 S. 1 InsO erfüllt.[726] Für den Fall, dass ein außenstehender Dritter mit seiner Forderung in der Insolvenz zurücktritt, scheint die unmittelbare Anwendung des § 135 Abs. 1 InsO damit ausgeschlossen. Denkbar wäre allenfalls die Erweiterung auf Dritte durch das Merkmal der dem Gesellschafterdarlehen gleichgestellten Forderung. Allerdings muss der Dritte auch hierfür eine gesellschafterähnliche Stellung innehaben.[727] Ein danach erforderliches Näheverhältnis zur Gesellschaft, insbesondere durch die Einwirkungsmöglichkeit auf Entscheidungsprozesse, oder zu einem Gesellschafter, kann zwar im Einzelfall bei einem im

---

724 Vgl. BT-Drs. 16/6140, S. 56 f.

725 *Thole*, ZHR 176 (2012), 513, 524; *Thole*, Gläubigerschutz, S. 394 ff., KPB/*Preuß*, InsO, § 135, Rn. 5; *Gehrlein* in MüKo, InsO, § 135, Rn. 10 (aufgrund des Informationsvorsprungs soll das Gesellschafterdarlehen eine missbräuchliche Finanzierungsform sein, sobald die Gesellschaft insolvent wird); näher zum Meinungsstreit über die Sonderregelungen für Gesellschafterdarlehen oben B.II.1.b)bb).

726 KPB/*Preuß*, InsO, § 135, Rn. 14; *Gehrlein* in MüKo, InsO, § 135, Rn. 20.

727 Dazu bereits oben C.I.2.a)cc).

Rang zurücktretenden Dritten gegeben sein, das ist allerdings nicht die Regel. Üblicherweise werden bei der Vereinbarung von Nachrangdarlehen oder in Genussrechtsverträgen keine Einwirkungsmöglichkeiten auf die Führung der Gesellschaft eingeräumt. Lediglich eingeschränkte Informationsrechte finden sich in einigen Genussrechtsbedingungen.[728] Allein aus der Tatsache, dass dem Gläubiger unter Umständen aufgrund seines Rangrücktritts Einwirkungs- oder Informationsrechte eingeräumt werden können, folgt noch nicht, dass von dieser Möglichkeit regelmäßig Gebrauch gemacht wird. Insbesondere lässt sich keine Regel dahingehend aufstellen, dass mit einem insolvenzrechtlichen Rangrücktritt stets derartige Rechte vereinbart werden. Daher hat der Gläubiger der subordinierten Forderung regelmäßig keine gesellschafterähnliche Stellung inne.[729]

#### (2) Sachlicher Anwendungsbereich

Der sachliche Anwendungsbereich erfasst nach dem Wortlaut des § 135 Abs. 1 InsO zunächst das an die Schuldnergesellschaft ausgegebene Darlehen eines Gesellschafters. Als dem Darlehen „gleichgestellte Forderungen" fallen aber auch Zahlungsvereinbarungen, die einer Kreditgewährung entsprechen, unter den Tatbestand der Norm.[730] Bedeutsam ist im Zusammenhang mit dem sachlichen Anwendungsbereich jedoch insbesondere die Frage, ob sich die Regelung lediglich auf den gesetzlichen Nachrang gemäß § 39 Abs. 1 Nr. 5 InsO bezieht oder ob daneben eine Forderung erfasst ist, für die mit einem Gesellschafter ein Rücktritt in den Rang des § 39 Abs. 2 InsO vereinbart wurde. Hält man sich strikt an den Wortlaut der Vorschrift, so scheint lediglich der gesetzliche Nachrang berücksichtigt zu sein („*Rückgewähr eines Darlehens im Sinne des § 39 Abs. 1 Nr. 5*"). In der Literatur herrscht dagegen die Ansicht vor, dass der vertragliche Rangrücktritt eines Gesellschafters ebenfalls erfasst ist.[731] Die Beschlussempfehlung des

---

728 Vgl. die folgenden allgemein zugänglichen Genussrechtsbedingungen: RwEiG München § 8 (http://rewig.info/wp-content/uploads/2010/11/Genussrechtsbedingungen.pdf), german pellets Genussrechte GmbH § 11 (http://www.german-pellets-genussrechte.de/fileadmin/ PDF/Genussrechtsbedingungen.pdf) PROKON Regenerative Energien GmbH § 12 (http:// www.anleihen-finder.de/wp-content/uploads/2012/12/Prokon-Genussrechtsbedingungen-2012-12-04.pdf) (30.05.2015).

729 Diese Möglichkeit allerdings in Erwägung ziehend *Frystatzki*, NZI 2013, 609, 611 (allerdings im Fall des „qualifizierten Rangrücktritts"); a.A. *Bork*, ZIP 2012, 2277, 2278.

730 KPB/*Preuß*, InsO, § 135, Rn. 16.

731 *Bitter*, ZIP 2013, 2, 3; Uhlenbruck/*Hirte*, InsO, § 135, Rn. 8; KPB/*Preuß*, InsO, § 135, Rn. 13 (der vertragliche Rangrücktritt wird „*erst Recht*" erfasst); Ulmer/*Habersack*,

Rechtsausschusses zum MoMiG lässt den Schluss zu, dass diese Auffassung den Willen des Gesetzgebers widerspiegelt.[732] Die Verweisung auf § 39 Abs. 1 Nr. 5 InsO dient dazu, die Verknüpfung der Normen des neuen in die InsO aufgenommenen Regelungskonzepts aufzuzeigen. Es liegt nahe, dass bei der Ausarbeitung der Norm die den Gesellschaftern eingeräumte Möglichkeit, der Vereinbarung eines weitergehenden Rangrücktritts, übersehen wurde. Ferner verliert ein Gesellschafterdarlehen allein durch die Vereinbarung eines Rangrücktritts nicht die Eigenschaften, die in § 39 Abs. 1 Nr. 5 InsO beschrieben werden. Die Vereinbarung eines zusätzlichen (insolvenzrechtlichen) Rangrücktritts führt allenfalls dazu, dass eine Befriedigung der Forderung im Falle der Insolvenz erst im Rang des § 39 Abs. 2 InsO erfolgt.

In diesem Zusammenhang ist denn auch die Frage zu klären, ob ein Gesellschafterdarlehen, das durch § 39 Abs. 1 Nr. 5 InsO nicht erfasst wird, da die Gesellschaft bzw. der Gesellschafter die Qualifikation der § 39 Abs. 4 und/oder 5 InsO nicht erfüllt, durch einen vertraglichen Rangrücktritt in den Anwendungsbereich des § 135 InsO gelangen kann. Dagegen spricht, dass § 135 Abs. 4 InsO eine Verweisung auf § 39 Abs. 4 und 5 InsO enthält. Dies wäre wiederum Grund für die Annahme, dass es sich bei der Verweisung des § 135 Abs. 1 InsO auf § 39 Abs. 1 Nr. 5 InsO lediglich um eine Rechtsfolgenverweisung und nicht um eine Rechtsgrundverweisung handelt. Aus der Beschlussempfehlung des Rechtsausschusses lässt sich diesbezüglich ableiten, dass die Verweisung in § 135 Abs. 4 InsO in erster Linie eingefügt wurde, damit die Fälle der § 135 Abs. 2 (gesellschafterbesichertes Drittdarlehen) und 3 InsO (bisherige „eigenkapitalersetzende Nutzungsüberlassung") ebenfalls der Privilegierung der § 39 Abs. 4 und 5 InsO unterliegen.[733] In der vorausgehenden Fassung des Gesetzentwurfs war die Anwendung der § 39 Abs. 4 und 5 InsO noch ausschließlich über die Normenkette der § 135 Abs. 1 bzw. 2, § 39 Abs. 1 Nr. 5 InsO vorgesehen.[734] Demzufolge ist dem Gesetzgeber entgangen, dass durch die Einfügung des § 135 Abs. 4 für

GmbHG, Anh. § 30, Rn. 180; *Gundlach/Frenzel/Strandmann*, NZI 2008, 647, 651; *Gehrlein* in MüKo InsO, § 135, Rn. 18; FK-InsO/*Dauernheim*, § 135, Rn. 49.

732 „*Da § 39 Abs. 2 eine Auslegungsregel enthält, ist ausdrücklich der Rücktritt hinter die gesetzlich subordinierten Ansprüche (§ 39 Abs. 1 Nr. 1 bis 5) zu erklären. Sollte ungeachtet des Nachrangs eine Rückzahlung des Darlehens erfolgen, so gelten die Anfechtungstatbestände der §§ 44a, 135 Abs. 1 und 2 bzw. des § 6 Abs. 1, des § 6a des Anfechtungsgesetzes (AnfG).*" BT-Drs. 16/9737, S. 58; so auch *Wälzholz*, GmbHR 2008, 841, 847; *Gundlach/Frenzel/Strandmann*, NZI 2008, 647, 651.

733 BT-Drs. 16/9737, S. 59.

734 Vgl. BT-Drs. 16/6140, S. 16.

den Fall des § 135 Abs. 1 InsO eine doppelte Verweisung auf § 39 Abs. 4 und 5 InsO geschaffen wurde. Das Regelungskonzept sah daher offenbar sowohl für § 135 Abs. 1 InsO als auch für § 135 Abs. 4 InsO eine Rechtsgrundverweisungen vor. Gesetzt den Fall, dass bei vertraglichem Rangrücktritt eines Gesellschafters in den Rang des § 39 Abs. 2 InsO, § 135 Abs. 1 InsO erst Recht anzuwenden ist, kann der Anwendungsbereich des Anfechtungstatbestands dennoch aufgrund der Verweisung des § 135 Abs. 4 InsO auf die § 39 Abs. 4 und 5 InsO ausgeschlossen sein.[735] Diese Lösung entspräche wohl auch dem gesetzgeberischen Konzept. Schließlich sollten die Einschränkungen des Nachrangs und der Anfechtbarkeit für Gesellschafterdarlehen nur gelten, wenn keine persönlich haftende Person vorhanden ist oder das Kleinbeteiligtenprivileg und das Sanierungsprivileg nicht erfüllt sind. Der isoliert vereinbarte Rangrücktritt in den tieferen Rang des § 39 Abs. 2 InsO vermag für sich genommen keine andere anfechtungsrechtliche Behandlung zu begründen. Wird mit einem Gesellschafter ein Rücktritt in den Rang des § 39 Abs. 2 InsO vereinbart, so ist § 135 Abs. 1 InsO nicht „erst Recht“[736] anzuwenden. Vielmehr erlischt die Geltung des § 39 Abs. 1 Nr. 5 InsO, die den gesetzlichen Nachrang vorsieht, nicht, sondern die vertragliche Regelung geht lediglich vor, soweit sie eine abweichende Bestimmung möglich ist. Die abweichende Bestimmung liegt allerdings regelmäßig nur in der Vereinbarung eines tieferen Rangs. Damit fällt das Gesellschafterdarlehen jedoch nicht aus dem Anwendungsbereich des § 39 Abs. 1 Nr. 5 InsO heraus und § 135 Abs. 1 InsO bleibt unbeschränkt anwendbar. Ist folglich eine Forderung nicht von § 39 Abs. 1 Nr. 5 InsO umfasst, da die Gesellschaft oder der Gesellschafter gemäß § 39 Abs. 4 oder 5 InsO privilegiert sind, so führt ein Rangrücktritt gemäß § 39 Abs. 2 InsO nicht zugleich zu der Anfechtbarkeit einer Befriedigung dieser Forderung.

Diese Argumentation ist ebenso auf den Rangrücktritt eines außenstehenden Dritten übertragbar. Der Dritte fällt aufgrund der Vereinbarung nicht unter den sachlichen Anwendungsbereich des § 39 Abs. 1 Nr. 5 InsO und der Rücktritt gemäß § 39 Abs. 2 InsO allein kann eine Anwendung des § 135 Abs. 1 InsO nicht herbeiführen.[737] Zusätzlich ist der persönliche Anwendungsbereich des § 135 Abs. 1 InsO nicht eröffnet.[738]

735 So im Ergebnis auch Ulmer/*Habersack*, GmbHG, Anh. § 30, Rn. 180.

736 So aber KPB/*Preuß*, InsO, § 135, Rn. 13.

737 So im Ergebnis auch Ulmer/*Habersack*, GmbHG, Anh. § 30, Rn. 180, 184; Scholz/*Bitter*, GmbHG, Anh. § 64, Rn. 366; FK-InsO/*Dauernheim*, § 135, Rn. 49.

738 S. o. G.I.1.c)aa)(1).

### *bb) Unterwerfung unter den Anwendungsbereich des § 135 Abs. 1 InsO durch Vereinbarung eines freiwilligen Rangrücktritts*

Da eine gewillkürt nachrangige Forderung eines Nichtgesellschafters nicht unmittelbar unter den Anwendungsbereich des § 135 InsO fällt, wird einerseits vertreten, dass in der Vereinbarung zugleich eine Unterwerfung unter die Vorschrift enthalten sei[739] oder andererseits, dass eine freiwillige Unterwerfung erforderlich sei, um die Nichtpassivierung in der Überschuldungsbilanz zu erreichen.[740] Die zweite Ansicht muss sich den Einwand entgegenhalten lassen, dass eine privatautonome Schaffung von Anfechtungsgründen nicht möglich ist.[741] Gegen die erste Ansicht spricht vor allem der Grundsatz der Privatautonomie, wonach nur die von den Parteien tatsächlich gewollten Rechtsfolgen eingreifen können.[742] Allerdings ist der Grundgedanke der Vorschläge zunächst auf seinen Ursprung hin zu untersuchen. Beide Überlegungen sind auf die Auffassung zurückzuführen, dass die Regelung des § 135 Abs. 1 InsO der Absicherung des gesetzlichen Nachrangs von Gesellschafterdarlehen für die Zeit vor der Eröffnung des Insolvenzverfahrens dienen soll.[743] Ist diese Prämisse erwiesen, so erscheint es auch notwendig, dass ein vertraglicher Rangrücktritt mit einem außenstehenden Dritten auf ähnliche Weise abgesichert wird.

*Thole* verfolgt demgegenüber den Ansatz, dass nicht zwangsläufig eine Verbindung zwischen dem gesetzlichen Nachrang gemäß § 39 Abs. 1 Nr. 5 InsO und dem Anfechtungstatbestand des § 135 Abs. 1 InsO bestehen muss.[744] Dies folge aus den unterschiedlichen Regelungszielen und damit der unterschiedlichen Legitimierung der jeweiligen Vorschrift. Während die Rechtfertigung für § 135 InsO im Wesentlichen in dem Informationsgefälle zwischen Gesellschaftern auf

---

739 So *Bork*, ZIP 2012, 2277, 2278 ff. für den Fall des freiwilligen Rücktritts in einen Rang zwischen § 39 Abs. 1 Nr. 4 und 5 InsO.

740 *Adloff* in FS Hellwig, S. 441 f.

741 *Bitter*, ZIP 2015, 345, 347; Scholz/*Bitter*, GmbHG, Vor § 64, Rn. 69; laut *Thole* in FS Kübler, S. 691 kann hingegen eine dem Anfechtungstatbestand nachgebildete Vertragsbestimmung getroffen werden, die kraft privatautonomer Vereinbarung dieselben Rechtsfolgen auslöst.

742 OLG Düsseldorf, Urteil v. 20. Mai 2014, 12 U 87/13, juris Rn. 31; Scholz/*Bitter*, GmbHG, Anh. § 64, Rn. 366.

743 So *Huber* in FS Priester, S. 283; HK-InsO/*Kleindiek*, § 135, Rn. 14 f.; Schmidt/*Schröder*, InsO, § 135, Rn. 6; *Gehrlein*, BB 2011, 3, 6; *Bitter*, ZIP 2013, 2, 4; *Gehrlein* in MüKo InsO, § 135, Rn. 18.

744 *Thole*, Gläubigerschutz, S. 390 ff.; *Thole*, ZHR 176 (2012), 513, 524 ff.

der einen und sämtlichen anderen Gläubigern auf der anderen Seite liege[745], sei sie beim Nachrang vielmehr in der Fortführung des Prinzips der Finanzierungsfolgenverantwortung der Gesellschafter zu sehen.[746] Dass der Anfechtungstatbestand des § 135 InsO ein bestehendes Informationsgefälle ausgleichen soll, schließt jedoch nicht aus, dass der gesetzliche Nachrang von Forderungen aus Gesellschafterdarlehen für die Zeit vor der Insolvenz gesichert werden soll. Ist die Finanzierungsfolgenverantwortung weiterhin als Legitimationsgrundlage[747] für den Rangrücktritt anzusehen und verfolgt der Gesetzgeber eine Gleichstellung von Gesellschafterdarlehen mit dem gezeichneten Kapital der Gesellschaft[748], so liegt die Annahme nahe, dass der Gesetzgeber für Forderungen aus Gesellschafterdarlehen eine abgeschwächte Form des Grundsatzes der Kapitalerhaltung nach § 30 Abs. 1 S. 1 GmbHG und des damit verbundenen Rückzahlungsanspruchs gemäß § 31 Abs. 1 GmbHG vorsehen wollte.[749] Zwar führt die Anfechtbarkeit der Befriedigung einer solchen Forderung nicht zu einem Auszahlungsverbot, wie es bei § 30 Abs. 1 GmbHG der Fall ist.[750] Aber im Wege der Anfechtung kann zumindest nach der Eröffnung des Insolvenzverfahrens, bzw. im Falle des § 6 AnfG ebenfalls außerhalb des Verfahrens, eine Rückzahlung der Befriedigung oder Freigabe der Sicherung erreicht werden.

In einem weiteren Schritt kann in diese Überlegung die Vorschrift des § 19 Abs. 2 S. 2 InsO einbezogen werden. Aus ihr lässt sich schließen, dass auf eine Passivierung der Forderungen aus Gesellschafterdarlehen verzichtet werden kann, da sie durch Nachrang und Anfechtbarkeit dem Eigenkapital angenähert werden.[751] Dieser Ansatz vermag hingegen nicht zu erklären, warum es einer einen tieferen als den gesetzlichen Rang vorsehenden Rangrücktrittsvereinbarung gemäß § 39 Abs. 2 InsO bedarf, um die Passivierungspflicht zu vermeiden. Daraus folgt wiederum, dass zwar eine Verbindung zwischen dem gesetzlichen

---

745 *Thole*, ZHR 176 (2012), 513, 524; *Thole*, ZInsO 2012, 661, 662 f.; sich anschließend *Mylich*, ZHR 176 (2012), 547, 564 ff.

746 *Thole*, ZHR 176 (2012), 513, 527.

747 Dazu bereits oben B.II.1.b)bb).

748 So *Thole*, ZHR 176 (2012), 513, 529.

749 BGHZ 196, 220, 223 = NZG 2013, 469, 470 („*Als Ausgleich für den Verzicht auf das Rechtsinstitut des Kapitalersatzes wurden zur Vermeidung von Schutzlücken die Novellenregeln der §§ 32a, 32b GmbHG a.F. in das Insolvenzrecht verlagert und insbesondere § 135 Abs. 1 Nr. 2 InsO ausgebaut.*“); laut *Gehrlein*, BB 2011, 3, 6 „verdrängt“ § 135 Abs. 1 InsO die alte Regelung des § 31 Abs. 1 GmbHG.

750 Vgl. Baumbach/Hueck/*Fastrich*, GmbHG, § 30, Rn. 13 ff.

751 Die Begründung des RegE zum MoMiG hat diese Ansicht noch unterstützt, BT-Drs. 16/6140, S. 56.

Nachrang gemäß § 39 Abs. 1 Nr. 5 InsO und dem Anfechtungstatbestand des § 135 Abs. 1 InsO bestehen mag, dass sich diese aber nicht zugleich auf die Vorschrift über die Passivierung von Gesellschafterdarlehen in § 19 Abs. 2 S. 2 InsO erstreckt. Die gesetzliche Konzeption lässt das Ziel der Sicherung des gesetzlichen Nachrangs von Gesellschafterdarlehen durch die Insolvenzanfechtung erkennen; der vertragliche Rangrücktritt – ob mit einem Gesellschafter oder einen Dritten vereinbart – fügt sich in diesen Plan jedoch nicht ein. Damit kann in logischer Konsequenz ebenso wenig begründet werden, dass ein außenstehender Dritter, wenn § 19 Abs. 2 S. 2 InsO auf ihn (analog) angewendet werden soll, sich freiwillig dem Regelungsregime des § 135 Abs. 1 InsO unterwerfen müsste. Käme es im Rahmen der Überschuldungsprüfung tatsächlich lediglich auf den Nachrang und die Anfechtbarkeit an, so hätte der Gesetzgeber die Formulierung des Regierungsentwurfs beibehalten können.[752] Er hat sich indessen für die Notwendigkeit einer Rangrücktrittsvereinbarung entschieden und damit den direkten Zusammenhang mit § 39 Abs. 1 Nr. 5 und § 135 Abs. 1 InsO aufgelöst. Ob diese Folge beabsichtigt war, mag dahingestellt sein. Sinnvoll wäre der Verzicht auf die Normzusammenhänge aber wohl nur, wenn der Rangrücktritt gemäß § 19 Abs. 2 S. 2 InsO im Wege der Vereinbarung einer materiellrechtlichen Rechtsfolge zugleich die Zeit vor der Insolvenzeröffnung erfassen würde und müsste. Da dies nach der hier vertretenen Ansicht jedoch nicht aus dem Gesetzeswortlaut geschlossen werden kann, kommt eine mit dem Rangrücktritt erklärte Unterwerfung unter den Anwendungsbereich des § 135 Abs. 1 InsO nicht in Betracht.[753] Prämisse für die selbsttätig eintretende Unterwerfung wäre ferner, dass der vertragliche Rangrücktritt zu einer Anwendung der Regeln über den gesetzlichen Nachrang führt. Dies vertritt *Bork* für den Fall des vereinbarten Rücktritts in den Rang des § 39 Abs. 1 Nr. 5 oder „4 ½" InsO. Was aber im „Regelfall" des § 39 Abs. 2 InsO gelten soll, erörtert er nicht. Nach der hier vertretenen Auffassung folgt der gesetzliche Nachrang auch bei zusätzlichem vertraglichem Rücktritt in den Rang des § 39 Abs. 2 noch den Regeln über den gesetzlichen Nachrang und wird durch die Vereinbarung lediglich im Bereich des Möglichen ergänzt. Der vertragliche Rangrücktritt folgt im Gegensatz dazu nicht unmittelbar den Regelungen, die für den gesetzlichen Rangrücktritt gelten.[754]

752 S. dazu oben C.I.2.a)cc)(2).

753 So *Bork*, ZIP 2012, 2277, 2278 ff. für den Rücktritt in den Rang zwischen § 39 Abs. 1 Nr. 4 und 5 InsO.

754 So für das Regelungsregime der Gesellschafterdarlehen *Bitter*, ZIP 2013, 2, 6 f.

### d) *Anfechtung nach § 136 InsO*

Der Anfechtungstatbestand des § 136 Abs. 1 InsO setzt das Bestehen einer stillen Gesellschaft gemäß den §§ 230 ff. HGB voraus.[755] Eine stille Gesellschaft liegt vor, wenn sich ein „stiller Gesellschafter" an dem Handelsgewerbe eines anderen – auch einer bereits bestehenden Gesellschaft – beteiligt.[756] Diese Beteiligung des stillen Gesellschafters besteht darin, dass zwar nur der Unternehmensträger nach außen in Erscheinung tritt und auch kein Gesellschaftsvermögen gebildet wird, der Stille aber eine Gewinnbeteiligung erhält.[757] Eine derartige Vereinbarung ist in dem insolvenzrechtlichen Rangrücktritt regelmäßig nicht enthalten. Vielmehr wird die Rangrücktrittsvereinbarung üblicherweise mit einem Darlehensvertrag verbunden, der keinerlei Elemente einer Beteiligung im Sinne einer stillen Gesellschaft aufweist. *Mock* erwägt hingegen die Möglichkeit einer analogen Anwendung des § 136 Abs. 1 InsO bei der Ausgabe von Genussrechten.[758] Nach seiner Ansicht wäre hierfür erforderlich, dass in den Genussrechtsbedingungen umfassende Einsichts- und Prüfungsrechte für den Genussrechtsinhaber vorgesehen sind, damit er auch tatsächlich der Lage des stillen Gesellschafters angenähert ist.[759] Folglich müsste es sich um einen Sonderfall von Genussrechten handeln, für den eine analoge Anwendung in Betracht käme. Mit dem vertraglichen Rangrücktritt ist dieser Gedanke jedenfalls nicht verbunden, weshalb auf eine nähere Untersuchung an dieser Stelle verzichtet wird.

## 2. Anfechtung bei ergänzender Vereinbarung einer materiellrechtlichen Rechtsfolge

### a) *Anfechtung nach § 131 InsO*

Gegenüber den Erläuterungen zum rein insolvenzrechtlichen Rangrücktritt kommt eine abweichende anfechtungsrechtliche Behandlung bei einer zusätzlichen Vereinbarung mit materiellrechtlicher Wirkung insbesondere in Hinblick auf die inkongruente Deckungsanfechtung gemäß § 131 Abs. 1 InsO in Betracht. Wird das Entstehen der Forderung beispielsweise von einer aufschiebenden Bedingung abhängig gemacht, so kann der Gläubiger die Zahlung vor Bedingungseintritt nicht verlangen. Zahlt der Schuldner schon vor Eintritt der Bedingung,

---

755 Braun/*Riggert*, InsO, § 136, Rn. 3.
756 Baumbach/Hopt/*Roth*, HGB, § 230, Rn. 1.
757 Ebenroth/Boujong/Joost/Strohn/*Gehrlein*, HGB, § 230, Rn. 2.
758 *Mock*, NZI 2014, 102, 105 f.
759 *Mock*, NZI 2014, 102, 105 f.

so befriedigt er mithin eine gemäß § 131 Abs. 1 InsO nicht bestehende Forderung.[760] Ähnliches gilt bei Vereinbarung einer Stundung. In diesem Fall besteht die Forderung zwar, sie ist jedoch während der Dauer der Stundung nicht fällig.[761] Zahlt der Schuldner auf eine gestundete Forderung, so konnte der Gläubiger die Deckung nicht zu der Zeit beanspruchen.[762] Haben Gläubiger und Schuldner zum Zwecke der Rückzahlungssperre ein pactum de non petendo abgeschlossen, kommt es wiederum auf die konkrete Formulierung an. Üblicherweise soll durch eine derartige Vereinbarung mittels der Begründung einer Einrede nur die Klagbarkeit einer Forderung verhindert oder aufgeschoben werden.[763] Möglich ist hingegen ebenfalls, der Stundung ähnlich, die Fälligkeit der Forderung hinaus zu schieben.[764] Es ist folglich anhand der durch die Parteien gewählten Formulierung zu ermitteln, ob lediglich eine Einrede mit nur prozessualer Wirkung gewollt war oder ob darüber hinaus eine Auswirkung auf das materielle Recht beabsichtigt war.[765] Nur im zweiten Fall kommt ein weiterer Anfechtungsgrund gemäß § 131 Abs. 1 InsO in Betracht.

### *b) Anfechtung nach § 134 InsO*

Nach Ansicht des BGH ist die Befriedigung einer Forderung, für die ein „qualifizierter Rangrücktritt" vereinbart wurde, gemäß § 134 InsO anfechtbar.[766] Da eine Zahlung entgegen der qualifizierten Rangrücktrittsvereinbarung eine Leistung auf eine Nichtschuld darstelle, sei die Zahlung zugleich unentgeltlich gemäß § 134 InsO erfolgt.

Unabhängig von der noch nachzugehenden Frage, ob eine Durchsetzungssperre tatsächlich dazu führen kann, dass eine bestehende Schuld für einen bestimmten Zeitraum in eine Nichtschuld umgewandelt wird, ist darüber hinaus das Tatbestandsmerkmal der Unentgeltlichkeit näher zu prüfen. Ob die Leistung oder Rechtshandlung gemäß § 134 Abs. 1 InsO als unentgeltlich zu beurteilen ist, richtet sich danach, ob dieser ein entgeltlicher Vertrag zugrunde liegt.[767] Am

760 *Teller/Steffan*, Rangrücktrittsvereinbarungen, Rn. 368.

761 *Krüger* in MüKo BGB, § 271, Rn. 21.

762 *Kayser* in MüKo InsO, § 131, Rn. 40.

763 Staudinger/*Bittner* (2014), BGB, § 271, Rn. 18.

764 Staudinger/*Peters/Jacoby* (2014), BGB, § 205, Rn. 15.

765 Vgl. *Krüger* in MüKo BGB, § 271, Rn. 18.

766 Vgl. dazu oben B.II.2.b)ff).

767 BGHZ 58, 240, 244 f = NJW 1972, 870, 871; BGHZ 112, 136, 138 = NJW 1990, 3081, 3082; *Kayser* in MüKo InsO, § 134, Rn. 26; HK-InsO/*Thole*, § 134, Rn. 15; Schmidt/*Rogge/Leptien*, § 134, Rn. 15.

häufigsten wird ein Rangrücktritt in Darlehensverträgen und Verträgen über die Ausgabe von Genussrechten vereinbart. Beide Vertragstypen sind jedoch entgeltlich, da dem Darlehensrückzahlungsanspruch oder dem Anspruch auf Rückzahlung des Genussrechtskapitals jeweils das anfänglich gewährte Kapital gegenübersteht. Aus der Vereinbarung einer Rückzahlungssperre kann jedenfalls nicht folgen, dass der Vertrag endgültig seine Entgeltlichkeit verliert. In diesem Fall müsste der Gläubiger seine Forderung erlassen. Denn wird der Schuldner durch die Befriedigungshandlung gleichzeitig von seiner Schuld gegenüber dem Gläubiger frei, so handelt es sich um eine entgeltliche Leistung.[768] Zu fragen ist also, ob die Entgeltlichkeit in der Zeit entfallen kann, in der die Rückzahlungssperre ihre Wirkung entfaltet. Bei der Annahme einer bloß vorübergehenden Unentgeltlichkeit unterliegt der Anwender des § 134 Abs. 1 InsO allerdings einem erhöhten Subsumtionsaufwand. Dies betrifft insbesondere die Frist des § 134 Abs. 1 InsO. Die Rechtshandlung ist nicht mehr anfechtbar, sofern sie vier Jahre vor dem Eröffnungsantrag vorgenommen wurde. Anhand des Beispiels einer auf das Darlehen geleisteten Zinszahlung soll die Problematik verdeutlicht werden: Angenommen die Voraussetzungen für die Rückzahlungssperre träten im Jahr x ein, in welchem dennoch eine Zinszahlung erfolgt. Später entfallen die Anforderungen an die Rückzahlungssperre aufgrund gebesserter wirtschaftlicher Verhältnisse der Schuldnergesellschaft wieder. Im Jahr x+4 wird schließlich doch ein Antrag auf Eröffnung des Insolvenzverfahrens gestellt und der eingesetzte Insolvenzverwalter beruft sich bezüglich der Zinszahlungen aus dem Jahr x auf § 134 Abs. 1 InsO. Auf den ersten Blick scheint die Zahlung entsprechend der Argumentation des BGH unentgeltlich zu sein und im Rahmen der Vierjahresfrist zu liegen. Wie wirkt es sich hingegen aus, dass das Verpflichtungsgeschäft, welches für sämtliche Zinszahlungen den Rechtsgrund bildet, zwischenzeitlich wieder auflebt? Wird der Fristlauf hierdurch unterbrochen oder entfällt gar die nachträgliche Anfechtungsmöglichkeit, da die Unentgeltlichkeit nicht von Dauer war?

## II. Rückforderung vor der Insolvenzeröffnung geleisteter Zahlungen nach Bereicherungsrecht

In Betracht kommt neben der Insolvenzanfechtung die Möglichkeit der Rückforderung geleisteter Zahlungen nach dem Bereicherungsrecht. Bei Vorliegen

768 BGHZ 58, 240, 244 f. = NJW 1972, 870, 871; BGHZ 112, 136, 138 = NJW 1990, 3081, 3082.

eines bereicherungsrechtlichen Anspruchs bestünde insbesondere der Vorteil, dass der Anspruch auch außerhalb der Insolvenz geltend gemacht werden kann.

Wird eine Zahlung auf eine Forderung erbracht, für welche lediglich ein insolvenzrechtlicher Rangrücktritt mit der Wirkung des § 39 Abs. 2 InsO vereinbart wurde, ist die Erfüllung eines bereicherungsrechtlichen Tatbestands ausgeschlossen. Der insolvenzrechtliche Rangrücktritt zeitigt seine Wirkung erst nach der Eröffnung des Insolvenzverfahrens und diese Wirkungen sind überdies auf das Verfahrensrecht beschränkt.[769]

### 1. Anspruch aus § 812 Abs. 1 S. 1 F. 1 BGB aufgrund Vorliegens einer Nichtschuld

Für den Fall der „qualifizierten Rangrücktrittsvereinbarung" hat der IX. Zivilsenat des BGH entschieden, dass die betreffende Forderung eine Nichtschuld gemäß § 812 Abs. 1 S. 1 F. 1 BGB darstellt, sofern und solange die Rechtsfolge der Vereinbarung besteht.[770] Diese Rechtsfolge bestehe darin, dass die Forderung im Verhältnis zu den übrigen Gläubigern haftendes Kapital bilde und daher einem „*kapitalersetzenden Darlehen*" entsprechend gebunden sein müsse.[771] Die Zahlung auf ein derartig gebundenes Darlehen stelle eine Zahlung auf eine Nichtschuld dar.[772] Damit macht der IX. Senat deutlich, dass er nach wie vor eine eigenkapitalähnliche Bindung eines vertraglich subordinierten Darlehens als notwendig erachtet, um dessen Ausweisung in der Überschuldungsbilanz zu verhindern. Der hierdurch herbeigeführte Schutz der Drittgläubiger ist zwar zu begrüßen. Allerdings fällt es schwer, die Aussagen der Entscheidung mit der geltenden Gesetzeslage in vollem Umfang in Einklang zu bringen. Die vormals bestehenden gesetzlichen Regelungen und Rechtsprechungsregeln zum Eigenkapitalersatzrecht haben nach Inkrafttreten des MoMiG ihre Grundlage verloren.[773]. Eine auf die Bindung eines kapitalersetzenden Darlehens gestützte Begründung für das Vorliegen einer Nichtschuld verwundert daher.[774] Im Übrigen kann bei dem vom BGH kreierten Rangrücktritt nicht mehr von einem insolvenzrechtlichen Rangrücktritt verbunden mit einer materiell rechtlichen Rechtsfolge bzw. einer vorinsolvenzlichen Durchsetzungssperre gesprochen

---

769 Dazu bereits oben B.II.2.b)dd).

770 Vgl. dazu oben B.II.2.b)dd).

771 BGH NJW 2015, 1672, 1675 = NZI 2015, 315, 317 f.

772 BGH NJW 2015, 1672, 1675 = NZI 2015, 315, 318.

773 Siehe dazu oben B.II.1.b)bb).

774 Ähnlich *K. Schmidt*, ZIP 2015, 901, 909.

werden. Die vom BGH geforderte dingliche Wirkung vermögen die letztgenannten Abreden nicht herbeizuführen, da sie keine eigenkapitalähnliche Bindung vorsehen.[775]

Zusätzlich lässt die rechtliche Einordnung der subordinierten Forderung als Nichtschuld die Frage aufkommen, ob sich diese nicht auch in der Handelsbilanz widerspiegeln müsste. In der Handelsbilanz sind solche Verbindlichkeiten zu passivieren, die tatsächlich eine wirtschaftliche Last für die Gesellschaft bedeuten.[776] Stellt die subordinierte Forderung bereicherungsrechtlich eine Nichtschuld dar, so kann sie bilanzrechtlich kaum als wirtschaftliche Belastung der Gesellschaft angesehen werden. Aufgrund des Maßgeblichkeitsprinzips wäre die Nichtpassivierung der Forderung gleichermaßen in die Steuerbilanz zu übernehmen – mit der unerwünschten Folge der Gewinnerhöhung.[777]

Aus praktischer Sicht ist insbesondere abzuwägen, ob überhaupt ein Anleger oder ein Kreditinstitut einem Rangrücktritt nach den vom BGH postulierten Anforderungen zustimmen würde. Sie gingen auf diese Weise letztlich nicht nur das Risiko ein, mit der Hauptforderung insgesamt auszufallen, sondern zusätzlich kaum eine Aussicht auf Zinszahlung zu erhalten. Durch die regelmäßig erhöhten Zinsen werden jedoch die Risiken vergütet, die der Gläubiger aufgrund des Rangrücktritts übernimmt. Unterliegt die Zinszahlung hingegen ebenfalls einem Zahlungsverbot und kann sie auch im Insolvenzfall angefochten werden, so geht der Gläubiger ein geradezu unkalkulierbares Risiko ein, dem darüber hinaus keine angemessene Vergütung gegenübersteht.

## 2. Anspruch aus § 813 Abs. 1 S. 1 BGB

Bei Vorliegen einer Vereinbarung auf dem Gebiet des materiellen Rechts ist insbesondere an einen Anfechtungsanspruch gemäß § 813 Abs. 1 S. 1 BGB zu denken.[778] Eine Zahlung kann danach kondiziert werden, wenn dem Anspruch eine Einrede entgegenstand, durch welche die Geltendmachung des Anspruchs dauernd ausgeschlossen wurde.[779] Der insolvenzrechtliche Rangrücktritt allein stellt keine solche Einrede dar, da er lediglich in der Zeit nach der Insolvenzeröffnung wirkt und darüber hinaus keinen Einfluss auf die materielle Rechtslage

775 So auch *Bork*, EWiR 2015, 219, 220.
776 *Hennrichs* in MüKo BilanzR, § 246 HGB, Rn. 89 ff.
777 S. dazu bereits oben C.I.3.b)bb)(2).
778 *Bork*, EWiR 2015, 219, 220.
779 *Schwab* in MüKo BGB, § 813, Rn. 6; Staudinger/*Lorenz* (2007), BGB, § 813, Rn. 6.

ausübt.[780] Demnach kann allenfalls durch die Vereinbarung einer in der Zeit vor der Insolvenzeröffnung wirkenden Rückzahlungssperre der Anwendungsbereich des § 813 Abs. 1 S. 1 BGB eröffnet sein. Eingeschränkt wird der Anspruch aus § 813 Abs. 1 S. 1 BGB aber wiederum durch § 813 Abs. 2 BGB. Danach ist eine Rückforderung ausgeschlossen, wenn eine betagte Verbindlichkeit vorzeitig erfüllt wurde. Von dieser Regelung werden vornehmlich noch nicht fällige Forderungen erfasst.[781] Für den Fall, dass als Rückzahlungssperre für die Zeit vor der Insolvenz eine Stundung vereinbart wurde, die ein Hinausschieben der Fälligkeit zur Folge hat[782], wäre somit hinsichtlich einer Leistung entgegen der Stundungsabrede die Möglichkeit der Rückforderung verschlossen. Für die verbleibenden Fälle, in denen die Anwendung des § 813 Abs. 1 S. 1 BGB nicht ausgeschlossen ist, muss allerdings des Weiteren die Norm des § 814 Alt. 1 BGB beachtet werden. Diese Vorschrift ist entsprechend anwendbar, wenn der Leistende Kenntnis von der Einrede hatte, die dem Anspruch entgegensteht.[783] Im Falle der Vereinbarung einer Rückzahlungssperre kann demnach die erbrachte Zahlung nicht mehr zurückgefordert werden, wenn der Geschäftsführer der Schuldnergesellschaft Kenntnis von der Vereinbarung hatte und wusste, dass zur Zeit der Leistung die Sperre noch Gültigkeit hatte.[784] Folglich wird ein Anspruch aus bereicherungsrechtlichen Vorschriften nur in absoluten Ausnahmefällen in Betracht kommen.

## III. Ergebnis und Ausblick

Die Anfechtungstatbestände der §§ 134 Abs. 1 und 135 Abs. 1 InsO sind weder auf den isolierten insolvenzrechtlichen Rangrücktritt, noch auf einen Rangrücktritt verbunden mit einer Vereinbarung mit materiellrechtlicher Rechtsfolge anwendbar. Die übrigen Anfechtungstatbestände und auch die Bereicherungsansprüche können nur nach den allgemein geltenden Regeln angewendet werden. Ein besonderer Rückforderungsanspruch für den Fall des überschuldungsvermeidenden Rangrücktritts existiert nicht. Um jedoch einen Gleichlauf des gesetzgeberischen Konzepts von Rangrücktrittsvereinbarungen mit Gesellschaftern zu gewährleisten, wäre die Schaffung eines zusätzlichen Anfechtungstatbestands denkbar und aus Gründen des Gläubigerschutzes auch angezeigt. Auf diese Weise könnten Befriedigungsleistungen, die auf eine vertraglich subordinierte

---

780 S.o. B.III.3.b).

781 *Schwab* in MüKo BGB, § 813, Rn. 15; Staudinger/*Lorenz* (2007), BGB, § 813, Rn. 17.

782 *Krüger* in MüKo BGB, § 271, Rn. 21.

783 *Schwab* in MüKo BGB, § 814, Rn. 6.

784 *Habersack*, ZGR 2000, 384, 404.

Forderung erbracht werden im Insolvenzfall vom Insolvenzverwalter zurückgefordert werden. So kann einer Schmälerung der Masse nachträglich entgegengewirkt werden. Dass darüber hinaus ein vorinsolvenzliches Zahlungsverbot notwendig sein sollte, lässt sich weder dem Gesetz noch den Gesetzesmaterialien entnehmen. Ein derart weitreichender Gläubigerschutz könnte zudem bewirken, dass eine Sanierung mittels Ausgabe nachrangiger Darlehen für Geldgeber unattraktiv und damit nicht mehr realisierbar wäre.

Da die derzeit geltende Gesetzeslage in dieser Hinsicht einen unzureichenden Schutz der Gläubiger bietet, wird die Einfügung eines neuen § 135a InsO vorgeschlagen. Die Nähe zu dem Anfechtungstatbestand des § 135 Abs. 1 InsO ist nicht mit der Nähe zum Gesellschafterdarlehensrecht zu begründen, sondern vielmehr damit, dass § 135 Abs. 1 InsO ebenfalls eine Verweisung auf – wenn auch gesetzlich – nachrangige Forderungen enthält. Damit könnte ein rückwirkender Schutz vor vorinsolvenzlichen Befriedigungen nachrangiger Forderungen erreicht werden.

Die Regelung des § 135a InsO könnte folgendermaßen lauten:

*Anfechtbar ist eine Rechtshandlung, die für die Forderung eines Gläubigers, für die zwischen Gläubiger und Schuldner der Nachrang im Insolvenzverfahren hinter den in § 39 Abs. 1 Nr. 1 bis 5 bezeichneten Forderungen vereinbart worden ist, Befriedigung gewährt hat, wenn die Handlung im letzten Jahr vor dem Eröffnungsantrag oder nach diesem Antrag vorgenommen worden ist.*

Damit würden sämtliche Forderungen, für die ein Rangrücktritt hinter die Forderungen, die dem gesetzlichen Nachrang gemäß § 39 Abs. 1 Nr. 5 InsO unterliegen, vereinbart wurde, erfasst. Es wäre folglich zugleich die Frage geklärt, ob eine Befriedigung einer noch weiter im Rang zurücktretenden Gesellschafterforderung nach § 135 Abs. 1 InsO anfechtbar wäre, da sie zumindest in den Tatbestand der vorgeschlagenen Neuregelung fallen würde. Dass auf diese Weise die Befriedigungsleistungen sämtlicher sich im Rang des § 39 Abs. 2 InsO befindlicher Forderungen anfechtbar gestellt werden, ist unproblematisch. Schließlich wird ein solcher Nachrang regelmäßig mit dem Zweck der Überschuldungsvermeidung vereinbart und hierfür ist es notwendig, dass zumindest eine kurze Zeit vor der Insolvenzeröffnung gewährte Befriedigung zum Schutz der übrigen Gläubiger der Anfechtung unterliegt. Soll ein Rangrücktritt vereinbart, aber die Nebenfolge der Anfechtbarkeit umgangen werden, so bleibt es den Parteien unbenommen, einen Rang zwischen den § 39 Abs. 1 Nr. 1 bis 5 InsO zu vereinbaren.

# H. Zusammenfassung der wesentlichen Ergebnisse

1. Der insolvenzrechtliche Nachrang gemäß § 39 InsO stellt eine verfahrensrechtliche Verteilungsregelung dar. Insoweit ist die insolvenzrechtlich und somit verfahrensrechtlich wirkende Vereinbarung von einer solchen zu unterscheiden, deren Rechtsfolgen im materiellen Recht liegen. Wird der Nachrang gemäß § 39 Abs. 2 InsO durch die Parteien vertraglich vereinbart, handelt es sich um einen Prozessvertrag, da die Wirkungen des insolvenzrechtlichen Rangrücktritts erst nach der Eröffnung des Insolvenzverfahrens eintreten.
2. Auf eine Rangrücktrittsvereinbarung mit einem Nichtgesellschafter ist die Regelung des § 19 Abs. 2 S. 2 InsO analog anzuwenden. Der Wortlaut dieser Vorschrift erfordert, entgegen der Ansicht des BGH, nicht das Vorliegen einer materiellrechtlichen Rechtsfolge, die die Durchsetzbarkeit der Forderung in der Zeit vor der Insolvenzeröffnung einschränkt. Vielmehr ist entsprechend der mit dem MoMiG eingeführten gesetzlichen Systematik die Vereinbarung eines insolvenzrechtlichen Rangrücktritts in den Rang hinter § 39 Abs. 1 Nr. 5 InsO ausreichend, um die Nichtpassivierung einer Forderung im Überschuldungsstatus der Schuldnerin zu erreichen. Eine Neufassung des § 19 Abs. 2 S. 2 InsO würde zu einer Klärung beitragen. Sie könnte folgendermaßen lauten:

   *Forderungen von Gesellschaftern oder von außenstehenden Dritten, für die gemäß § 39 Abs. 2 zwischen Gläubiger und Schuldner der Nachrang im Insolvenzverfahren hinter den in § 39 Abs. 1 Nr. 1 bis 5 bezeichneten Forderungen vereinbart worden ist, sind nicht bei den Verbindlichkeiten nach Satz 1 zu berücksichtigen.*
3. Weder der gesetzliche noch der vertragliche insolvenzrechtliche Nachrang kann die insolvenzrechtliche Fälligkeit beseitigen. Soll eine Forderung nicht bei der Prüfung der Zahlungsunfähigkeit in die Liquiditätsbilanz aufgenommen werden, so bedarf es stets einer Vereinbarung, deren Rechtsfolgen im materiellen Recht liegen und zu einem Hinausschieben der Fälligkeit der Forderung führen.
4. Der Gläubiger einer gewillkürt nachrangigen Forderung verliert grundsätzlich nicht das rechtliche Interesse an der Stellung eines Insolvenzeröffnungsantrags. Wird ein Rangrücktritt allerdings mit dem Ziel und

der tatsächlichen Wirkung vereinbart, die Insolvenzeröffnungsgründe der Überschuldung und der Zahlungsunfähigkeit zu verhindern, so verliert der Inhaber der Forderung insoweit seine Gläubigereigenschaft und ist dementsprechend nicht dazu berechtigt, einen Insolvenzantrag zu stellen.

5. Werden die Zinsansprüche, die neben der vertraglich nachrangigen Hauptforderung bestehen, nicht in die Rangrücktrittsklausel einbezogen, so sind sie dennoch gemäß § 39 Abs. 3 InsO im gleichen Rang zu berücksichtigen wie die Hauptforderung.
   Für die Erfassung von vertraglichen und außervertraglichen Schadensersatzansprüchen von einem vertraglich vereinbarten Rangrücktritt kommt es in erster Linie auf die konkrete Formulierung der Rangrücktrittsklausel an. Ist diese in Bezug auf die einbezogenen Ansprüche weit gefasst, so kommt zumindest eine Erstreckung auf vertragliche Schadensersatzansprüche in Betracht. Außervertragliche Schadensersatzansprüche unterliegen dem Nachrang dagegen allein, wenn diese Geltung ausdrücklich in die vertragliche Regelung aufgenommen wurde. Bereicherungsansprüche, die aufgrund der Anfechtung des Vertrages entstehen, können jedoch keinesfalls von einem vertraglichen Rangrücktritt erfasst werden.
6. Bestellt die Schuldnerin dem Gläubiger eine Sicherheit für die nachrangige Forderung, so ist im Fall der Eröffnung des Insolvenzverfahrens die abgesonderte Befriedigung aus dem Gegenstand uneingeschränkt möglich. Soll der Rangrücktritt dazu dienen, die Nichtpassivierung der Forderung in der Überschuldungsbilanz zu ermöglichen, so kann der Vertrag zwischen Gläubiger und Schuldnerin dahingehend ausgelegt werden, dass die Sicherheit im Fall der Eröffnung des Insolvenzverfahrens keinen Bestand mehr hat.
   Gewährt ein Dritter eine Sicherheit für die nachrangige Forderung, so erstreckt sich der Rangrücktritt nicht auf den Anspruch auf Befriedigung aus dem Gegenstand. Die Regressforderung, die dem Dritten gegen den Schuldner nach Befriedigung des Gläubigers zusteht, unterliegt ebenfalls keinem Nachrang.
7. Der insolvenzrechtliche Rangrücktritt stellt keine gemäß § 305c Abs. 1 BGB überraschende Klausel dar, sofern der Vertragspartner das damit einhergehende Risiko erkennen konnte. Eine Rangrücktrittsklausel unterliegt darüber hinaus der Inhaltskontrolle nur, wenn sie neben dem insolvenzrechtlichen Nachrang eine materiellrechtliche Rechtsfolge vorsieht, die die Durchsetzung der Forderung vor der Eröffnung des Insolvenzverfahrens einschränkt.

Der vom BGH geforderte „qualifizierte Rangrücktritt" stellt regelmäßig eine unangemessene Benachteiligung des Gläubigers dar. Die Vereinbarung des „qualifizierten Rangrücktritts" in AGB führt damit zur Unwirksamkeit der betreffenden Klausel.

8. Die weitreichenden Anforderungen des BGH an eine überschuldungsvermeidende Rangrücktrittsvereinbarung birgt für den Gläubiger der nachrangigen Forderung derart weitreichende und unkalkulierbare Risiken, dass der Rangrücktritt in der Praxis als Sanierungsmittel bedeutungslos werden könnte.
9. Rangrücktrittsvereinbarungen sind vor Eröffnung des Insolvenzverfahrens unbeschränkt aufhebbar. Die Vereinbarung stellt keinen Vertrag zugunsten der Drittgläubiger des Schuldners dar.
10. Die Anfechtungstatbestände der §§ 134 Abs. 1 und 135 Abs. 1 InsO sind im Fall der Befriedigung der Forderung vor Eröffnung des Insolvenzverfahrens weder bei Vereinbarung eines isolierten insolvenzrechtlichen Rangrücktritt, noch auf einen Rangrücktritt verbunden mit einer Vereinbarung mit materiellrechtlicher Rechtsfolge anwendbar. Die übrigen Anfechtungstatbestände und auch die Bereicherungsansprüche können nur nach den allgemein geltenden Regeln angewendet werden. Ein besonderer Rückforderungsanspruch im Falle des überschuldungsvermeidenden Rangrücktritts existiert nicht. Um nachträglich die Verringerung der Insolvenzmasse durch die Befriedigung einer nachrangigen Forderung eines Nichtgesellschafters vor der Eröffnung des Insolvenzverfahrens zu verhindern, wird die Einfügung eines § 135a InsO vorgeschlagen:

    *Anfechtbar ist eine Rechtshandlung, die für die Forderung eines Gläubigers, für die zwischen Gläubiger und Schuldner der Nachrang im Insolvenzverfahren hinter den in § 39 Abs. 1 Nr. 1 bis 5 bezeichneten Forderungen vereinbart worden ist, Befriedigung gewährt hat, wenn die Handlung im letzten Jahr vor dem Eröffnungsantrag oder nach diesem Antrag vorgenommen worden ist.*

**Schriften zum Gesellschaftsrecht und Unternehmensinsolvenzrecht**

Herausgegeben von Hans-Friedrich Müller und Peter Reiff

Band 1 Björn Müller: Haftungsprivilegierung der Geschäftsleitung durch fachkundige Beratung. Entwicklung eines gesellschaftsrechtlichen Vertrauensgrundsatzes unter Berücksichtigung anglo-amerikanischen Rechts. 2016.

Band 2 Sonja Keller: Die Einziehung unbelasteter sowie sicherungsabgetretener Außenstände im Insolvenzverfahren. 2016.

Band 3 Teresa Trutnau: Der insolvenzrechtliche Rangrücktritt durch Nichtgesellschafter. Notwendigkeit, Grenzen und Auswirkungen der Erweiterung der gesetzlichen Rechtsfolgen mittels ergänzender Vereinbarung. 2016.

www.ingramcontent.com/pod-product-compliance
Ingram Content Group UK Ltd.
Pitfield, Milton Keynes, MK11 3LW, UK
UKHW021851290926
8980IPUK00005B/778

9 783631 679012